技术类知识产权交易的权利识别、侵权防范与违约责任

国家重点研发计划资助项目“科技成果与数据资源产权交易技术”（2017YFB1401100）研究成果

冯晓青 等 —— 著

Right Identification, Infringement Prevention and Liabilities in Technological IP Transactions

中国法制出版社
CHINA LEGAL PUBLISHING HOUSE

本书撰写人员

冯晓青　杨利华　付继存　佘力焓
刘艳花　朱泽楷　陈锶崎　郭书辰

前　言

当前，我国正在深入实施创新驱动发展战略。建立以企业为主体、市场为导向、产学研深度融合的技术创新体系，是党和国家提出的提高我国自主创新能力、建设创新型国家的重要举措。在建设社会主义强国的新发展格局下，我国经济社会发展也越来越需要依靠技术创新和核心技术突破，实现经济转型升级与经济发展方式的改变，由要素经济跃变为创新型经济。创新，尤其是技术创新，始终是我国经济社会发展和变革的内在动力和根本出路。也正是基于创新在当代我国经济社会发展中极端重要的地位，实施创新驱动发展战略、建设创新型国家已成为党和国家在全面推进国家治理体系和治理能力现代化进程中的国家战略。

知识产权制度则被公认为保护和激励创新、促进创新成果推广应用的法律制度和激励机制。“保护知识产权就是保护创新。”在当前竞争日益激烈的知识产权国际保护环境和知识产权保护水平不断提高的制度和政策导向下，创新成果，尤其是对技术创新方面的成果，基本上体现为受知识产权保护的成果，尤其是技术类知识产权保护的成果。技术创新的实现，则离不开技术交易市场。通过以专利技术为核心的技术交易，知识产权人能够及时有效地实现其知识产权的经济社会价值，确保知识产权的保值增值，并不断提高其自身市场竞争力和产业竞争力。在知识产权交易中，基于人们的利益诉求、法律意识等多方面原因，难免发生各式各样的纠纷，尤其是因权属不明而产生的权属纠纷、因涉嫌侵权而产生的侵权纠纷，以及因合同不规范或其他原因导致的合同纠纷。这些问题如果不能得到妥善解决，将严重影响技术交易的实现，进而严重损害相关当事人的合法权益。而且，在出现相关纠纷后，各方当事人为解决这些纠纷所付出的成本也将不菲。为此，需要加强发生纠纷前的“前端”研究，以防患于未然，更好地维护相关当事人的合法权益以及技术市场和社会经济关系的稳定。

也正是基于上述考虑，国家重点研发计划资助项目“科技成果与数据资源产权交易技术”（2017YFB1401100）设立了“知识产权交易中权利识别、侵权防范与违约责任研究”方面的研究主题。本书就是上述研究主题的课题研究成果，立足于当前我国大力实施创新驱动发展战略和国家知识产权战略的政策背景，探讨技术交易及其法律管控、技术类知识产权权属、专利技术交易中的侵权风险及其防范、技术类知识产权交易违约风险防范、技术类知识产权交易纠纷实证研究等方面的问题，旨在有效地预防我国各类技术交易中存在的知识产权风险，并对出现的问题提出行之有效的解决对策。

由于本课题研究时间紧迫，加之研究水平有限，本书难免出现错漏之处。敬请读者批评指正。

冯晓青

2021 年 3 月 8 日

目　录

第一章　技术交易及其法律管控概述

技术交易，是随着技术发展和进步及其在经济社会生活中地位不断提升而出现的与传统有形商品贸易相对而言的技术贸易形式。改革开放以来，我国技术交易的蓬勃发展繁荣了技术市场，技术的转化利用为技术的创新提供了新的动力，逐步形成了技术创新发展的科学路径。1981年12月13日，第五届全国人民代表大会第四次会议颁布《经济合同法》，首次以法律形式将科技协作合同纳入科技工作。1984年，国务院常务会议作出“加速技术成果商品化，开放技术市场”的决定，确定以技术市场为突破口改革科技体制。1985年1月7日，国务院发布《关于技术转让暂行规定》，为以技术转让为代表的技术交易提供了法律手段和制度机制，从而规范了全国范围内的技术交易行为。此后，在法律框架下运行的技术交易市场逐渐建立起来，技术交易市场秩序得以确立。改革开放后，各行各业迎来了蓬勃发展的春天，技术交易也迎来了其发展契机。1985年《关于科技体制改革的决定》正式发布，国家进一步放开了对于科技发展和技术交易的管理和限制。自此，技术市场这只“看不见的手”在技术资源配置和技术交易、转化、利用等过程中发挥着越来越重要的作用。到今天，我国科技体制改革已经走过了多年的历程。在此期间，一个统一开放竞争有序的现代技术交易市场体系已形成并正在逐步完善，市场逐渐在优化配置科技资源中发挥了基础性和决定性作用，技术交易和技术市场已经全面进入崭新的发展阶段。

在当代法治社会中，技术交易从法律的层面看，也可以视为特定法律关系建立、变更和消灭的过程，其涉及产权归属、利益分配和实现、风险防范等多方面问题。因此，技术交易需要借助法律的手段加以规范，受到法律的管控。本章即从技术交易的基本概念与内涵出发，对于技术交易及其法律管控相关问题进行探讨。

一、技术交易概述

（一）技术、技术交易的概念与特征

技术交易是实现技术创新、技术转化利用与技术传播共享的重要渠道，是将技术所蕴含的经济和商业价值兑现的重要媒介。明确技术交易的概念，首先需要对“技术”的概念作出基本理解。

世界知识产权组织（WIPO）1977 年版《供发展中国家使用的许可证贸易手册》中将“技术”定义为：“技术是制造一种产品的系统知识，所采用的一种工艺或提供的一项服务，不论这种知识是否反映在一项发明、一项外形设计、一项实用新型或者一种植物新品种，或者反映在技术情报或技能中，或者反映在专家为设计、安装、开办或维修一个工厂或为管理一个工商业企业或其活动而提供的服务或协助等方面。”该定义将技术概括为涵盖制造某项产品及所采用的工艺或提供的服务的系统知识。故对于“技术”的定义，应当是“关于制造产品、应用生产方法或提供服务的系统知识”。技术的表现形式多种多样，既包括发明、实用新型专利和植物新品种等知识产权，也包括技术情报、技能等信息和知识。

技术交易则是通过一定方式和手段，如借助于交易平台，将具有特定产权归属的技术转让到更好地发挥其经济技术价值的人手中，实现技术的保值增值的行为和过程。20 世纪 60 年代末期，美国学者布鲁斯（Bruce）率先提出“技术转移”的概念，并开始在西方国家技术经济领域广泛运用。对于技术转移这一概念，早期人们将其理解为科技成果通过人类活动传播的过程。也有学者认为，“技术转移就是某一领域中产生的或使用的科学技术信息在一个不同领域中被重新改进或应用的过程”①。《联合国技术转移行动守则（草案）》中明确提出，技术转移是指关于制造产品、

① 吴亚娅：《我国技术交易市场现状与发展对策研究》，载《江苏科技信息》2018 年第 6 期。

应用生产方法或提供服务的系统知识的转移，但不包括货物的单纯买卖或租赁。经济合作与发展组织（OECD）将技术转移看作一国作出的发明（包括新产品和新技术）转移到另一国的过程。《深圳经济特区技术转移条例》第3条则规定："本条例所称技术转移，是指将制造某种产品、应用某种工艺或者提供某种服务的系统知识从技术供给方向技术需求方转移，包括科技成果、信息、能力（统称技术成果）的转让、移植、引进、运用、交流和推广。"该条例沿用了《联合国技术转移行动守则（草案）》对于技术的定义，并且将技术细化为科技成果、信息、能力等技术成果，将技术等同于技术成果。实际上，从字面意义上理解，科技包含科学和技术两方面的内容，科学在此处主要用以修饰和限定技术一词，故科技、科学技术、科技成果等用语基本上是可以通用的，只是在不同的场合和语境下使用的偏好有所不同。同时，在某些领域，将技术理解为科学技术的上位概念是一种更为严谨的做法。例如，《深圳经济特区技术转移条例》以列举式的方式概括了技术的外延，科技成果与信息、能力是并列关系，并同属于技术成果的范畴，当技术成果作为科技成果的上位概念时，不仅包括了创造和利用科学技术产生的一切成果，也包含诸如产品工艺、服务等其他技术。可见，关于技术转移的概念，存在诸多不同的解释。无论如何，在理解这一概念时，需要把握技术转移的本质，即技术成果①从一方向另一方移转的过程。

不同于技术转移，交易一词本身带有互为支付对价的含义，因而技

---

① 严格地说，本书探讨的"技术交易"中的"技术"，应当是指"技术成果"。关于技术成果的内涵，《最高人民法院关于审理技术合同纠纷案件适用法律若干问题的解释》（2004年11月30日最高人民法院审判委员会第1335次会议通过，2020年12月23日最高人民法院审判委员会第1823次会议修正，自2021年1月1日起施行，以下简称《审理技术合同案件适用法律解释》）第1条规定，技术成果是指利用科学技术知识、信息和经验作出的涉及产品、工艺、材料及其改进等的技术方案，包括专利、专利申请、技术秘密、计算机软件、集成电路布图设计、植物新品种等。《技术合同法实施条例》（现已废止）第3条则规定，技术成果是指利用科学技术知识、信息和经验作出的作品、工艺、材料及其改进等技术方案。通常指向具有一定完整性、实用性以及兼具技术和经济竞争力的技术方案。

术交易往往是一种有偿的技术转移过程。在我国技术交易市场中，对技术交易这一概念使用得更为频繁，而技术转移则常常被技术交易所替代，理由是技术交易更侧重于技术的有偿性和商业性，强调技术的所有者在向技术需求方转移技术的同时要获得相应的回报；相反，技术转移则更强调技术交易中的一个方面，即由技术的所有者向技术需求方转移技术这一过程。对此，以技术转移的有偿性为标准，可以将技术转移划分为有偿技术转移和无偿技术转移，其中有偿技术转移就是以技术转移的商业性为显著特征的技术交易，无偿技术转移是以非商业性为区分标志的技术援助。多年来，从零散、自发的技术交易的偶然发生，到如今各国已经基本建立起较为完善的技术交易制度和统一的技术交易市场，技术创新的不断进步与技术转移、技术交易的发展是密不可分的，二者互为促进，相辅相成，为科学技术的创造、转化和利用提供了广阔的发展平台。

技术交易是指技术供应方与技术需求方之间就一项技术权益（如所有权、使用权等）的移转所进行的磋商、立约及履约的全过程。更通俗地解释，技术交易就是指技术供应方即技术交易中的卖方出让技术的所有权或使用权并从中获取收益，技术需求方即该交易中的买方以支付必要费用为代价从交易中获得技术。根据技术交易类型的不同，交易中的技术可以是已研发成功的现有技术，就此类技术所展开的技术交易往往是技术转让或技术许可交易，就这一类型的交易所订立的合同一般是技术转让合同或技术许可合同。根据我国自 2021 年 1 月 1 日起施行的《民法典》实施前的《合同法》关于技术合同的分类，技术许可合同一般属于一类较为特殊的技术转让合同。① 由于技术的研发成本较高，在明确某项技术的应用前景及其市场需求情况前，由技术供应方根据自身对技术的掌握情况以及对市场的初步评估，贸然开发该项技术需要承担较高

① 我国《民法典》在合同编部分整体接纳《合同法》时，对其中涉及技术合同部分作了优化，尤其是将技术许可合同从技术转让合同中分离。

的研发风险。同时，当前技术市场中，技术需求方对于技术所能实现的功能基本都有其预期目标，技术需求方在技术交易中的需求通常指向借助该项技术去解决某一具体层面的问题，这种市场供需的现实情况推动了技术开发交易的迅速发展，以技术委托开发和技术合作开发为典型的技术开发是当前技术交易市场中的主要交易类型之一。技术的发展与进步日新月异，技术交易的内涵也随着技术的更新而不断发展和丰富。因此，在理解技术交易的基本内涵时，需要结合技术交易的现实情况进行整体把握和理解，而不是闭门造车、不切实际，试图以一个详尽、全面的定义覆盖技术交易的方方面面。

（二）技术交易的重要意义

"技术市场是技术商品交换关系的总和，涉及与技术开发、技术转让、技术咨询和技术服务相关的技术交易活动及各相关主体之间的关系和技术产权交易，业务范围包括为科技成果向现实生产力转化、满足用户对技术商品的现实需求和潜在需求所进行的一系列业务活动。"① 在技术投入市场后，技术交易就是技术市场发展中的重点和主线，是实现技术商品交换的重要途径，也是一个国家实现技术进步，提升经济实力和核心竞争力的关键所在。技术交易为我国技术市场发展提供了新的机遇，有助于全面建成小康社会、实现伟大复兴中国梦的早日实现。这就需要"坚持把科技进步和创新作为加快转变经济发展方式的重要支撑，改造升级传统产业、培育和发展战略性新兴产业、加快发展现代服务业的战略布局，为技术市场加快发展带来良好机遇"②。通过完善技术市场、促进技术转移来催化科技创新，发展高技术产业，调整优化产业结构。加速区域经济和科技发展，正在成为我国经济大势和主流之一。因而，就

① 戴力新、郑宁、朱晨晨等：《技术交易服务规范及其应用》，东南大学出版社 2015 年版，第 46 页。

② 雷光继、林耕：《我国技术市场发展面临的机遇、问题和对策研究》，载《科学管理研究》2013 年第 10 期。

国家层面而言，重视技术发展，促进技术交易的意义在于实现技术发明创造、技术转化利用到技术再投入再创造的技术发展激励作用，从而实现国家技术领域的不断创新。同时，通过技术的国内和国际交易，能够有效提升我国技术成果对于世界技术市场的贡献，在世界范围内树立起中国创造大国的全新形象，进而提升我国在科技发明领域的话语权，推动我国成为科技强国。通过科技创新增加国家核心竞争力，进而促进发展方式升级改革，也是技术交易对于国内技术产业发挥的正向促进作用之一。

“技术交易本质是技术知识的流动过程，是技术转化为生产力的重要方式。可以说，技术交易是科技成果转化和技术转移工作的最终归属。”① 技术交易为加速实现技术转化和利用提供了媒介，是实现技术创新经济价值、促进技术再创造的重要基础。《关于加快发展技术市场的意见》明确提出，发达国家的经验证明，技术转移已成为推动技术创新和技术进步的重要手段之一。技术转移可以成为高等院校、科研院所、企业、政府等各个创新主体都参与的发展战略。《促进科技成果转移转化行动方案》强调，要充分发挥市场配置资源的决定性作用，大力发展技术市场，进一步健全市场化的技术交易服务体系。可见，当前我国已经逐步形成了以《促进科技成果转化法》为统摄的科技成果转移转化制度体系，技术交易正是科技成果转化转移的核心和关键环节，是实现技术商业和经济价值的主要渠道。因此，发展技术市场、推动技术交易对于技术创新行业而言，具有十分重要的激励和促进作用。只有当技术成果最终通过技术交易等手段得以转化利用，技术发明创造的创新和使用价值才能得以实现，技术创造所投入的各项成本才能得到现实回报。在此意义下，对于科技发明者、创造者而言，将其智力成果投入实际应用无疑帮助其实现了个人理想和价值，由此创造的经济价值和商业效益也

① 姜慧敏、崔颖：《基于技术合同分析的我国技术交易发展现状与对策研究》，载《科技管理研究》2018 年第 19 期。

能够相应地折合为一定价值的物质和精神奖励，促使其继续从事发明创造活动。对于整个技术创新领域、行业而言，技术交易的发展标志着技术成果折现率的提升，能够形成技术创新创造行业正常发展和运营的秩序，激发技术交易的发展潜力。

（三）当前我国技术交易现状、问题与成因

当前，我国技术交易已经形成了以技术服务、技术开发、技术转让和技术咨询为核心的技术交易发展新格局。我国技术市场迈进了高速发展的新阶段，技术类知识产权交易总量实现了新的增长。2018 年，全国登记技术合同[①]总量达到 411985 项，技术交易金额累计达到 17697.42 亿元，较 2017 年全年同比增长 12.08% 和 31.83%。“2012—2016 年 30 个省份的‘四技合同’成交额均有较明显的增长，尤其是技术服务合同成交额增长较多，占总成交额的比例由 2012 年的 40.86% 提高到 2016 年的 51.29%，2015 年所占比例首次突破 50%；技术咨询合同成交额增速最快，年均增长率达到 32.88%；技术开发和技术转让合同成交额保持平稳增长。”[②] 国家重视技术交易，施以各项激励政策的驱动发展，作用也得以显现。从各项数据来看，我国技术市场整体保持着稳中向好的发展态势，技术交易各项数据呈现出积极的增长态势。

值得进一步指出的是，在看到技术交易市场日益活跃、技术交易量不断攀升的同时，也应重视隐藏于技术类知识产权交易过程中的各种法律风险和问题，主要体现在以下几方面。

1. 区域性技术市场发展不均衡

技术市场的发展很大程度上取决于一个区域内的经济和科技发达程度。由于我国经济发展总体上还呈现出较大的地区差异性，各地区科技

---

① 根据《民法典》第 843 条规定，技术合同是指“当事人就技术开发、转让、许可、咨询或者服务订立的确立相互之间权利和义务的合同”。

② 姜慧敏、崔颖：《基于技术合同分析的我国技术交易发展现状与对策研究》，载《科技管理研究》2018 年第 19 期。

发展的基础和土壤存在较大的差异，这种差异性不仅体现在经济发展模式中，也较直观地展现出技术交易的地域不均衡。这一问题主要表现在，我国东部沿海地区及长江中下游地区的技术市场发展水平在全国领先。从技术交易的基本情况来看，我国技术交易发生地主要集中于一定范围内的经济、政治乃至文化中心，围绕高校、研究所等科研机构分布，兼具技术研发人才与资金、技术等研发基础和优势条件。在种种优势因素的助力下，我国技术交易市场的分布并不平衡，相较于中心城市，其他地区尤其是我国中西部技术市场欠活跃，在全国范围内表现出技术发展区域性不均衡的现实问题。这种不平衡的格局，影响了技术市场的区域性联动发展，进而抑制了全国技术发展的内在动力，制约了技术交易和技术市场的长远发展。

2. 技术交易配套服务不够完善

技术类知识产权交易中，交易客体所涉及的技术成果往往服务于特定的技术目标和功能需求。如在技术开发合同中，合同通常不能一次性履行完毕，对于技术成果的要求预期、开发、调试、修改调整等贯穿于技术开发合同履行的整个过程。由于技术具有不断重复利用的特性，这种特殊的技术商品需要不断的更新换代和技术维护，以满足技术成果买方的需求，这种后期的跟进服务是技术交易后续的重要一环。这一技术交易的特殊性质凸显了技术交易过程的复杂性，无形中成为技术交易中的障碍。这是技术交易的增值服务，在技术市场的激烈竞争中，这种后续服务的质量也在一定程度上影响了技术交易卖方提供服务的附加值和市场美誉度，影响了交易买方的选择。有时，卖方的确提供了一定程度的配套服务，但这些交易平台所提供的服务具有滞后性，大多落后于技术市场交易需求的实际变化，以至于增值服务的实际使用率并不高。尤其是在大数据和互联网时代，许多大数据技术交易和服务尤其需要提供精准到位的后续与增值服务，无论是大数据分析，还是技术和市场预测评估、决策咨询与市场开发等环节，都对技术交易后续服务提出了更高的要求。

3. 技术交易过程信息不对称

信息技术的飞速发展不可避免地导致了技术交易信息的传递出现信息不对称的情况。一些技术交易方率先获取技术信息，从而在交易中具备了逆向选择的优势地位。这种非对称信息的存在加大了技术交易的交易成本，大大增加了交易中的各种风险，不利于构建技术市场中的正常交易秩序，最终也不利于技术市场的长远发展。同时，技术信息的不对称性会对技术交易造成更多的负面影响。“交易双方所掌握信息的不对称性，一方面体现在人为因素，另一方面体现在技术因素。人为因素主要是指双方在交易过程中无法对彼此进行视察、监督和检验，从而造成信息不对等。技术成果供给方比需求方更加了解技术成果，但是在交易前，技术供给方为了保密，无法向买方提供技术成果的全面信息，而买方在无法充分掌握信息的情况下，对达成交易存在一定的疑虑，从而影响交易的顺利进行。技术因素主要是指技术本身的价值高低很难衡量，没有一个标准尺度来给技术的价值衡量一个确切的价格。”① 所谓技术的第三方评估，正如前面所说，作为一种技术交易的配套服务，其平台和业务发展亦处于一个不完善的阶段。诚然，技术合同中的非对称信息既包括交易双方对技术本身的接触和了解程度不一致，也包括交易双方对彼此行为的了解和把握情况不一致，技术的开发者或所有者对于技术优劣程度的了解，远胜于技术交易中的委托方或购买方，这种信息不对称恰恰是吸引和促成技术交易的关键。认识到这一点有助于双方增进对彼此的理解，在协调和磋商中达成信息的合理共享。然而，由于技术市场发展的不完善和不健全，这种信息不对称优势地位和逆向选择问题没有得到妥善的解决，进而提高了技术交易的信息和沟通成本，成为技术交易中的障碍。

---

① 吴亚娅：《我国技术交易市场现状与发展对策研究》，载《江苏科技信息》2018 年第 18 期。

（四）从知识产权保护角度看技术交易需要着重解决的问题

技术交易之所以涉及知识产权问题，是因为在当前知识产权保护环境下，技术交易的标的往往是享有某种知识产权的客体，尤其是专利和技术秘密。基于此，技术交易绕不开对知识产权问题的关注，特别是在技术交易中如何防范知识产权风险、加强知识产权保护十分重要。为此，在本书系统研究技术类知识产权交易问题时，需要先简要对“知识产权”及“技术类知识产权”的基本内涵有所了解。

知识产权，是知识产权人对其“知识成果”或者说“知识产品”享有的专有权利的总称，根据知识产权的保护对象“知识产品”的不同特性，可以进一步将其划分为“创造性智力成果”“工商业标记”“具有商业价值的信息”等不同类型的知识产品。“在法学领域，知识产权是相对于物权和债权而言的独立权利类型。在管理经济学领域，知识产权是企业等组织获得和保持竞争优势的战略资源。”① 从不同学科和领域的角度界定知识产权的内涵，所给出的定义都会不可避免地染上该领域的色彩，体现该领域对于知识产权的理解和侧重。总体而言，我国知识产权法学界对于知识产权的定义和内涵并没有形成完全统一的观点，主要的原因在于不同的定义中对知识产权抽象性特征有着明显不同的概括和归纳方式，如创造性智力成果和工商业标记之间的共性与特征问题、将知识产权概括为创造性智力成果权能否覆盖工商业标记。鉴于本书以技术类知识产权为主要研究对象，较少涉及商标权，故对此问题不展开讨论。

由于技术类知识产权的保护对象是特定的专利或专有技术，而不涉及商业标记、商誉等内容，故能够对技术类知识产权下一个比较明确的定义，即“技术类知识产权是指在工业、农业、商业等产业领域中，发明人或设计人通过智力劳动所作出的，具有技术属性并作用于技术的实

① 参见肖延高等：《知识产权管理：理论与实践》，科学出版社2016年版，第1页。

践或商品的形成的发明创造，以及由此所产生的专有权利”①。简言之，技术类知识产权就是以技术为核心的知识产权，发明、实用新型、技术秘密、集成电路布图设计、植物新品种、计算机软件的知识产权都可以统归于技术类知识产权。其中，“技术秘密”在我国以前的相关法律文件中被称为“专有技术”。有研究成果即指出：“专利、专有技术是以不同方式受有关法律保护的、合理的、垄断的专有技术。其有用性与垄断性，使其具有资产的特征，因而在无形资产评估中将专利、专有技术称为技术类资产，是知识产权类无形资产的重要组成部分。”② 据此，专利和技术秘密是构成技术类知识产权的两大核心客体。

从我国立法和司法机关对于技术类知识产权案件的诉讼程序规定来看，自 2019 年 1 月 1 日起施行的《关于专利等知识产权案件诉讼程序若干问题的决定》规定，“一、当事人对发明专利、实用新型专利、植物新品种、集成电路布图设计、技术秘密、计算机软件、垄断等专业技术性较强的知识产权民事案件第一审判决、裁定不服，提起上诉的，由最高人民法院审理。二、当事人对专利、植物新品种、集成电路布图设计、技术秘密、计算机软件、垄断等专业技术性较强的知识产权行政案件第一审判决、裁定不服，提起上诉的，由最高人民法院审理”。这一规定表明，技术类知识产权包括专利、植物新品种、集成电路布图设计、技术秘密、计算机软件等内容。与此同时，自 2019 年 5 月 1 日起施行的《最高人民法院关于技术调查官参与知识产权案件诉讼活动的若干规定》第 1 条规定，“人民法院审理专利、植物新品种、集成电路布图设计、技术秘密、计算机软件、垄断等专业技术性较强的知识产权案件时，可以指派技术调查官参与诉讼活动”，该规定沿用了《关于专利等知识产权案件诉讼程序若干问题的决定》对于技术类知识产权的定义，鉴于外观

① 蒋坡：《知识产权管理》，知识产权出版社 2007 年版，第 77～88 页。

② 金奕敏、夏虹：《期权定价理论在技术型无形资产评估中的应用研究》，载《技术与市场》2011 年第 2 期。

设计专利与发明和实用新型专利不同，其本身并不涉及技术因素，其第1条并不涉及外观设计专利。

进言之，从知识产权保护角度看，技术交易需要着重解决的相关知识产权问题如下。

1. 明晰知识产权的权属关系，降低技术交易违约的发生风险

技术类知识产权交易的基础在于交易本身和作为交易对象的知识产权本身具备合法性。为确保交易基础的合法性，在技术交易之初，应当审慎审查技术成果的权利来源和权利基础，亦即明晰知识产权及其相关的权利和权属关系，对相关权利人的权利基础、交易对象归属等基本情况作出明确的认定。明晰知识产权，就是指对以交易客体为核心的知识产权的权利范围（包括权利有无、权利类型等）以及责任承担和风险负担等基本情况加以明确，如合理使用、强制许可、获得报酬权等权利限制情况也需要在这一过程中予以明晰。由于明晰产权意味着在技术交易开始前界分交易客体所附着的权利和义务负担，以保证交易双方充分的知情权、公平权和交易选择权，从而协调各方利益关系，促使技术交易建立并发展出健康良性的交易机制，因而在技术类知识产权交易过程中，明晰产权有助于维护技术交易的稳定性和安全性，维护技术市场的正常秩序和公平正义。

确定技术类知识产权交易客体的种类、价值和权利基础、权利范围等基本情况是实现技术交易的基础。当前，我国并不具备制定统一的知识产权法的条件，而是以具体的知识产权种类划分并进行单行立法，故我国法律对于知识产权交易客体没有作出统一的规定，[①] 在技术类知识产权交易中更是如此。于是，明晰产权对于技术交易的顺利进行具有更为突出的重要性。明晰产权不仅是了解技术交易客体的基本要求，也是对技术交易中交易主体在合同缔结过程中明晰其权利义务关系所提出的

① 值得指出的是，我国《民法典》第123条第2款明确列举了受知识产权保护的客体类型。

一项基本要求。技术类知识产权交易的特殊性决定了技术交易主体在合同缔约阶段，要遵循一定的程序和范式，依法享有一定的权利并履行相应的义务，明确交易双方的权利和义务关系有助于订立一份合法、有效、符合交易双方利益并能够有效履行的合同，从而保障技术交易的顺利进行。此外，技术类知识产权交易存在诸多风险，这些风险将影响技术交易主体的利益，为技术交易带来不确定因素。因此，明晰产权还有助于在交易开始之初，明确风险负担和责任承担的情况，以确保技术交易的顺利进行。

2. 规范知识产权交易的配套产业，打造优质高效的中介服务机构

规范技术类知识产权交易配套产业发展，为技术交易提供更加丰富、多元的技术中介服务是消除信息壁垒和信息不对称、解决技术市场配套服务发展不完善的必要措施。“中介组织可以促进信息交流和人才流通，加强企业、科研院所和高校之间的合作，通过引导激励，可以激发科研院所和高校的科研主动性、目的性和成效性。积极培育技术中介，壮大技术经纪人队伍，促进技术转移转化市场体系与技术转移转化服务体系的融合。”[①] 加强技术中介服务机构建设，也有利于构建和完善多层次、多领域的技术交易市场体系，促进形成政府、行业、机构三位一体的技术交易服务体系。也只有当技术交易市场中的各个主体各自分工并各司其职，才能齐心协力，繁荣技术类知识产权交易市场，促进技术成果转移转化。加强技术交易市场建设，不仅需要行业和机构的共同发展，也需要政府对市场行为的规范和扶持。各级科技行政管理部门不仅要对技术类知识产权交易市场进行更加强有力的监管，切实落实技术合同登记制度，规范技术交易的全过程，也要加快培育发展各类技术交易中介服务机构，推动其向规范化、专门化、专业化方向发展。

---

① 吴亚娅：《我国技术交易市场现状与发展对策研究》，载《江苏科技信息》2018 年第 18 期。

3. 加强知识产权行政执法和司法保护，加大知识产权侵权的打击力度

当前，我国知识产权保护政策走向和立法变革趋势是进一步强化对知识产权的保护。2019 年，中共中央办公厅和国务院办公厅还联合发布了《关于强化知识产权保护的意见》，规定了全面加强知识产权保护的各项措施。在技术交易开展的过程中，加强知识产权保护也是国际社会普遍重视和期待的问题之一。随着中国在国际技术市场中占据着越来越重要的地位，国际社会对于中国知识产权保护问题给予了更多关注。对此，必须加强在技术交易过程中出现的知识产权行政保护和司法保护，加大对技术类知识产权侵权问题的惩处力度。具体而言，可以从以下几点着手解决：一是加强技术类知识产权的立法保护。主要措施是，根据我国现有的知识产权法规体系，从立法和政策制定上查漏补缺，不断修改和完善技术类知识产权保护的法规体系，对于法律法规和政策的不足之处，有针对性地进行修改和调整。二是加强技术类知识产权的行政执法，在追求知识产权行政执法案件结案率和执行率不断提高的同时，重视知识产权行政执法行动的合法性、合理性和公正性，维护技术类知识产权交易主体的合法权益。三是加强知识产权的司法保护。需要不断适应经济发展和技术类知识产权创新的需求，拓宽传统知识产权司法保护的范围。与此同时，也要在提高技术类知识产权案件结案率和执行率的基本要求之上，重视知识产权司法审判所具备的公平和正义价值，切实保护技术类知识产权交易主体的实体权利和程序权利。2019 年 5 月 1 日起施行的《最高人民法院关于技术调查官参与知识产权案件诉讼活动的若干规定》第 1 条规定，“人民法院审理专利、植物新品种、集成电路布图设计、技术秘密、计算机软件、垄断等专业技术性较强的知识产权案件时，可以指派技术调查官参与诉讼活动”。从我国技术交易纠纷处理的司法实践看，对于技术问题的处理越精细化，技术本身所蕴含的科学规律在具体案件的处理过程中就会越受到重视，科技工作者的合法权益也就越能得到充分保护。

二、技术交易的交易规则构建及其适用条件

为促进技术交易，使技术发挥应有的作用，需要建立技术交易的交易规则。在这方面，其他国家和地区的相关经验值得参考和借鉴。因此，以下将从透视国外以专利技术为代表的技术交易规则入手，探讨技术交易规则的构建及其适用条件。

（一）国外及我国台湾地区技术交易规则透视

1. 专利实施许可交易

专利实施许可是专利制度中一个非常重要的环节，也是实现专利权制度的重要手段之一。专利实施许可交易可以使专利实施许可人尽快收回研发投入成本，激发其创造热情；被实施许可方则可以方便、快捷地获得先进成熟技术的使用权，并借此获得市场竞争优势；社会公众也能够通过专利许可尽快使用先进技术成果，享受到技术转移和技术扩散给经济发展和社会进步带来的红利。可以说，构建高效合理的专利实施许可规则，对于实现专利权人、被许可人及社会公众都是非常重要的，可以有效地实现三者之间的利益平衡。专利实施许可内容复杂，其交易规则也较为繁多。以下主要对专利实施许可的方式、专利实施许可合同的内容及其生效的规则等进行讨论。

（1）专利实施许可方式

专利实施许可可以按不同标准分类。如根据授权范围的大小，我国台湾地区将其分为专属授权和非专属授权。① 两种被授权人的权利范围不同，从能否转授权的角度来看，如无相反约定，专属授权人可以进行转授权，但是非专属授权人想要转授权其专利实施许可权需要经过专利

---

① 我国台湾地区“专利法”第63条规定：“专属被授权人得将其被授予之权利再授权第三人实施。但契约另有约定者，从其约定。非专属被授权人非经发明专利权人或专属被授权人同意，不得将其被授予之权利再授权第三人实施。再授权，非经向专利专责机关登记，不得对抗第三人。”

权人或者专属被授权人的同意。除此之外，两种被授权人的诉权也不同，我国台湾地区“专利法”第96条第4款规定：“专属被授权人在被授权范围内，得为前三项之请求。但契约另有约定者，从其约定。”可以看出，专利实施许可合同中，如无相反约定专属被授权和发明专利权人均享有向法院起诉的权利。《日本专利法》也有类似分类，其将专利实施权分为通常实施权人和专用实施权人，如该法第98条和第99条对于两种实施许可的成立设定了不同的条件。

专利实施许可根据法律关系中当事人的不同，也可以被分为一般许可和当然许可。所谓一般许可，是指专利权人和被实施许可人遵循普通合同的订立规则，经过自愿协商后达成共识，并签订专利实施许可合同的许可方式。当然许可不同于一般许可，其是由专利权人向专利行政机关主动申请，事先约定许可费用，自愿许可任何人均可以使用其专利的行为。当然许可的成立需要专利权人自愿、主动向专利机关申请，将自己的专利向全社会开放，许可任何人在支付一定费用后均可以使用自己的专利。除此之外，当然许可还具有单向性，由许可人单方提出许可使用的条件，如许可使用费，许可使用的时间、方式、地域等，由被许可方决定是否达成许可合同。从国外实践来看，当然许可是一种普通许可方式，但许可使用费用一般为普通许可的50%，成本较低，如《英国专利法》第46条第3款第d项规定：“在登记日期以后的专利转期费，应是登记前应付费用的一半。”

英国专利当然许可制度比较完善，在其专利法第46条和第47条对该制度进行了详细规定。在申请条件上，申请当然许可的许可人需要保证申请当然许可的专利无瑕疵并在有效期限内，且应当明确专利许可年费并保持不变。在程序上，先由专利许可人向专利审批机关提出申请，经过批准后由专利审批机关通过专门平台进行发布，意欲实施专利者，在支付费用后获得当然许可专利的使用权，其注册登记后即可实施该当然许可专利。当然许可申请人可以随时取消申请，但是除非经过当然许可实施者的同意，不对其生效。专利权保护期限届满后，当然许可自动取消。在法律后果上，当然许可成立后，专利年费政府给予减半优惠，之前已经获得普通许可的，可以转化为费用相对较低的当然许可方式继续使用。在当然许可的专利权被侵权时，专利权人和实施人均可以提起诉讼，专利侵权人只要答应当然许可条件，就可以自然转化为当然许可中的被许可人继续使用，且侵权赔偿不高于当然许可费用标准的二倍。① 不同于英国，在德国已经实施独占许可使用的专利不得申请当然许可，被当然许可的使用人有权随时放弃使用，且专利许可费用由双方协商，协商不成的还可通过法院裁定。②

除此之外，专利许可还涉及对交叉许可的相关规定。例如，国外将交叉许可细分为封闭的交叉许可和开放的交叉许可。前者也被称为狭义的交叉许可或双向交叉许可，是指当事人仅限于专利权人之间的许可，即专利实施许可合同的当事人必须拥有某项专利，想要取得他人基于专利实施许可的前提是自己拥有他人也需要的某项专利权。③ 后者则是一个广义的概念，既包括封闭的交叉许可，也包含了专利联盟。专利联盟被认为是“不同专利所有人将其组合专利相互许可或者向第三方许可的联盟”。④ 交叉许可特别是开放的交叉许可往往具有强大的市场垄断能力，如果这种具有强大垄断能力的专利联盟在市场竞争中追求自己利益的最大化，则会违背专利制度的目标，损害公平、自由的竞争秩序。因此，在欧盟、美国这些专利联盟受到了政府的关注，加强了对其反垄断的规制，如美国的《知识产权许可的反托拉斯指南》、欧盟的《欧共体条约第81条关于技术转让合同适用指南》以及日本的《反垄断法下专利和Know—how许可合同指南》中对于防止交叉合同带来的垄断问题进行了规制。

---

① 参见李文江：《我国专利当然许可制度分析》，载《知识产权》2006年第6期。

② 参见《德国专利法》第23条第1款。

③ 参见马碧玉：《专利权交易法律制度研究》，中国社会科学出版社2016年版，第71页。

④ 参见岳贤平、李廉水、顾海英：《专利交叉许可的微观机理研究》，载《情报理论与实践》2007年第3期。

（2）专利实施许可合同成立、生效的相关规则

①专利实施许可合同的标的及其可转让性

专利实施许可合同的标的是专利实施权，许可他人实施专利是专利权人的一项权利，也可以为被许可人带来一定的垄断权和竞争优势，进而带来可以期待的经济利益，因而为很多国家的法律所明确规定。

世界贸易组织《与贸易有关的知识产权协定》（以下简称 Trips 协定）强调了知识产权的私权性质，并在其第 28 条规定了专利权人有权订立许可合同。大陆法系国家（如德国和日本）都在其专利法中分别规定了专利权人有权以独占许可或者非独占许可的方式许可他人实施专利，《日本专利法》将专利实施许可权分为普通许可权和独占许可权，其中独占许可权还能够进行转让，但在转让时需要连同企业一并转让。《日本专利法》第 77 条规定："独占实施权仅与经营一起，并得到专利权人许可、继承或其他概括继承之时方得转移。"

英美法系国家更加突出专利权的私人财产属性，直接在法律中明确宣称专利是私人财产，允许专利实施权可以像个人财产一样授予他人，也可以转让或抵押。如《美国专利法》第 261 条规定："专利权具有个人财产的属性，但应遵守本编的规定。"《英国专利法》第 30 条规定："任何专利或专利申请案都是个人财产（凡无涉讼事端者），任何专利，任何申请案以及有关专利的直接、间接权利都可以按照下述第（2）到（7）款实行转让、授予和赠送。"这种立法突出了专利权的本质，有利于促进专利权的转移和交易以及专利成果的转化，更能够激发专利发明主体的积极性。

②专利实施许可合同的形式要求

专利实施许可人和被许可人之间建立法律上的权利义务关系主要通过专利实施许可合同来实现，所以域外发达国家对于专利许可合同的形式要求相当严格，要求以书面形式为之。在美国，专利许可合同要经过州法律和联邦法律的双重评价。专利许可合同首先作为合同的一种，根

据联邦合同法的一般规定，并不一定要具有书面形式，但是联邦成文《专利法》却明确规定了专利许可合同应当具有书面形式。专利许可合同既要遵守州法律的一般规定，也要符合联邦成文法的特殊规定，因此在美国专利许可合同应当具有书面形式。法国对于专利许可合同书面形式要求更为严格，根据其《知识产权法典》的规定，专利许可合同不具有书面形式将会直接导致专利合同无效。[①]

③专利实施许可合同的内容规则

除当然许可外，专利实施许可合同通常由许可方和被许可方协商，约定权利义务关系，如专利实施的地域、范围、使用方式、专利使用费用、专利使用费用支付方式、争议解决机制等。这些属于意思自治的范围，满足合同成立的一般规则即可，在此不再讨论。本部分主要关注各国对于专利实施许可合同中禁止性内容以及瑕疵担保责任的规则。

专利许可合同在授权被许可人权利的同时，往往还会对被许可人附加一定的义务或限制，但是这种义务或限制应限于法律允许的范围之内。为了防止被许可人滥用专利权，域外发达国家对专利许可合同中的禁止性内容的规定比较细致，如美国、日本和欧洲采用分级制度。分级制度下，专利许可合同中的限制条款被划分为白色条款、灰色条款和黑色条款，不同条款适用不同的法律规定。其中，白色条款因其符合法律规定，属正当行为，是法律允许的正当限制；黑色条款因其存在严重影响竞争的可能性，属法律禁止内容。所以，许可合同中如果存在黑色条款，可能需要承担反垄断法上的责任；灰色条款介于白色条款和黑色条款之间，则属于当事人可选择条款，许可合同中的限制条款可由当事人自由协商。从世界范围来看，各国对限制竞争行为的认定和调整手段不尽相同，限制性条款是否合法也没有形成统一的标准。根据 Trips 协定第 40 条规定，“排他性反授条件、阻止对许可效力的质疑条件和强制性一揽子许可应

---

① 参见《法国知识产权法典》第 L. 613 – 8 条。

当由各国立法禁止出现在专利许可合同当中”。

④专利实施许可合同的登记备案规则

专利许可交易过程中面临着较大的风险，强调专利许可合同的书面性可以清晰界定合同约定的权利和义务，备案制度则在进一步规范合同的形式和内容上发挥着重要作用。专利许可合同备案可以提高交易安全，备案不仅可以证明许可合同效力、许可费用的数额，由于备案的公示效果，也可以起到对抗善意第三人的效果。因此，在备案登记的成本可控和带来的积极效果突出的情况下，其有利于促进专利权交易的发展。[①]在美国[②]、法国[③]，专利登记备案制度是典型的对抗主义，即法律不要求专利许可合同的双方进行登记备案，是否备案完全由双方当事人决定，不登记备案不会影响合同本身的效力，但是一经备案登记就具有对抗善意第三人的效力。与美国、法国不同，日本的登记备案制度具有其本土化特色，其对独占许可和普通许可进行了区别规定，特别强调只有独占许可合同才采用登记生效主义，即未经登记不产生法律效力，而普通许可协议依旧采用登记对抗主义。[④]

2. 专利权和专利申请权交易

（1）专利权和专利申请权转让合同的标的

Trips 协定明确了专利权的可转让性，在建立专利制度的国家中，专利权也都是可以进行转让的，而且在大多数国家专利权转让的范围都属于合同双方当事人意思自治的范围。《法国知识产权法典》还强调了当事人的这种意思自治的权利：“专利申请案和专利所固有的权利可以全部或部分转让。”[⑤] 对于专利申请权能否转让，Trips 协定则没有明确表

---

① 参见马碧玉：《专利权交易法律制度研究》，中国社会科学出版社 2016 年版，第 102 ~ 103 页。

② 参见《美国专利法》第 261 条。

③ 参见《法国知识产权法典》第 L. 613 – 9 条。

④ 参见《日本专利法》第 98 条、第 99 条。

⑤ 参加《法国知识产权法典》第 L. 613 – 8 条。

示，但专利申请本身专业性较强、风险性较大，将通过交易的方式，通过市场配置将专利申请的风险转移到承受能力更强的受让方身上，不仅可以使其在高风险中获得高收益，还能够帮助专利申请转让方尽快获得收益，激发其进行后续发明创造的积极性。基于此，专利申请权的可转让性得到了大多数国家的认可。如《美国专利法》第261条规定："专利申请案、专利权或其有关的利益，法律上均可以书面形式转授。"《德国专利法》第15条则规定："获得专利的权利、请求授予专利的权利以及基于专利产生的权利可以由继承人继承，也可以有限制地或者无限制地转让给其他人。"

（2）专利权和专利申请权转让合同的形式要件

专利权和专利申请权转让在交易过程中也面临着较多的风险，为了提升交易的安全性，各国法律都对专利权和专利申请权转让的形式进行了规定，旨在通过牺牲交易效率的方式来提高交易的安全性。如《美国专利法》第261条规定："专利申请案、专利权或其有关的利益，法律上均可以书面形式转授……一项转授、赠送或转移行为，如不在成立后三个月内，或在以后的转售或抵押之先在专利与商标局登记，则以后如有售或抵押情节，无需事先通知，以前的转授、赠送或转移对以后的购者或抵押债权人不生效力。"可以看出，在美国专利权和专利申请权转让合同均为要式合同，只有满足书面形式的要求，专利权和专利申请权转移的效果才开始发生。登记备案不影响专利权和专利申请权转让合同的效力，但如果没有在专利与商标局进行登记备案，则不具备对抗善意第三人的效力。可见，在美国登记备案是典型的对抗主义。同样采取登记对抗主义的国家还有法国，如《法国知识产权法典》第L.613－9条规定："所有系于专利申请或专利的权利的转让或变动行为，非经在国家工业产权局设立的全国专利注册簿上登记，不得对抗第三人。"不同于美国和法国，日本虽然也对专利申请和专利权转让的书面形式提出了要求，却是典型的登记生效主义①，也即双方虽然就转让达成协议，但不在法律规定的有权机关进行登记则不发生效力。值得注意的是，德国并没有专利权和专利申请权转让作出特别的规定，仅要求参照买卖、赠与及合伙的一般规定。②

（3）专利权和专利申请权转让的瑕疵担保责任

专利申请权交易不同于普通的货物交易，专利申请权本身是一种取得专利授权的机会，并不能保证申请权人一定能够获得专利。所以，普通商品交易的瑕疵担保责任不适用于专利申请权交易，也即专利申请权的受让人不能仅以专利申请权没有最终取得专利权为由主张专利申请权人的瑕疵担保责任。从国外经验来看，也没有一致的结论。如《德国专利法》没有对此进行规定，按照实践中的做法将其作为买卖合同对待。③根据买卖合同，买受人可以要求取消买卖合同或者减少价金。关于该规定是否适用于专利权，通常的观点是转让人应当承担有限的瑕疵担保责任。④

3. 专利质押交易

（1）专利权质押的范围规定

专利权作为一种私人财产权，在建立了现代专利制度的地域中，通常均可以作为担保财产。但是，对于何种形式的专利权可以作为担保财产的规定则不尽相同。如在日本，只有专利权及专利实施许可权，包括通常实施权和专用实施权才可以用于担保。《日本专利法》第 95 条规定："设定以专利权、专用实施权或通常实施权为目的的质押时，除质押权人以合同另做规定的情况外，不得实施专利发明。"其第 96 条也规定了可以用于质押的专利权的范围。我国台湾地区的规定与日本类似，

---

① 参见《日本专利法》第 98 条。

② 参见范长军：《德国专利法研究》，科学出版社 2011 年版，第 152 页。

③ 参见范长军：《德国专利法研究》，科学出版社 2011 年版，第 137 页。

④ 参见范长军：《德国专利法研究》，科学出版社 2011 年版，第 155 ~ 157 页。

也规定只有发明专利权、发明专利权的专属授权或非专属授权可以被设定为质权。如我国台湾地区“专利法”第62条规定：“发明专利权人以其发明专利权让与、信托、授权他人实施或设定质权，非经向专利专责机关登记，不得对抗第三人。前项授权，得为专属授权或非专属授权。”与日本和我国台湾地区不同，《英国专利法》第30条规定：“任何专利或申请案以及有关的权利皆可转授或抵押。”可见，在英国立法中专利权及专利申请权均被视为私人财产权，因而与专利权有关的可转让性的权利，包括专利的申请权、许可实施权等均可作为担保标的物。

（2）质押并存情况的规定

世界上不少国家和地区都明确规定了在同一质物上可以设置多个质权。如我国台湾地区“专利法”第62条规定：“发明专利权人为担保数债权，就同一专利权设定数质权者，其次序依登记之先后定之。”《日本专利法》虽然没有就专利权是否可以设立多个质权直接规定，但在《日本民法典》中规定：“为担保数个债权，而就同一动产设定质权时，其质权的顺位，依设定的先后而定。”《瑞士民法典》也有类似的规定。其第893条规定：“（1）一物负担若干债权时，质权人按其顺序清偿。（2）前款质权人顺序，以设定质权的先后日期为序。”

4. 公示制度

世界各地对专利担保物权的设定和变更都以登记为通行做法，但各地对于登记的效力持不同态度。如英国、美国、法国以及我国台湾地区采取登记对抗原则。《美国专利法》第261条规定：“一项转授、赠送或转移行为，如不在成立后三个月内，或在以后的转售或抵押之先在专利与商标局登记，则以后如有售或抵押情节，无需事先通知，以前的转授、赠送或转移对以后的购者或抵押债权人不生效力。”我国台湾地区“专利法”第62条规定：“发明专利权人以其发明专利权让与、信托、授权他人实施或设定质权，非经向专利专责机关登记，不得对抗第三人。前项授权，得为专属授权或非专属授权。”

日本对专利权进行分类[①]，专利权和专利独占实施权的质押需要采取登记生效原则，普通实施许可前的质押则不需要登记即生效，登记发生对抗效力。

5. 专利入股规则

（1）专利入股规定

世界上很多国家和地区都将专利权作为出资的一种，并且规定在本国的公司法中。例如，我国台湾地区“公司法”第41条及第43条明确了“股东得以信用、劳务或其他权利为出资”。《美国示范公司法》第6.21条则规定：“董事会可以授权批准发行股票，从而收取价金，这些价金包括有形或无形的财产或能使公司享受的利益，包括现金、本票、提供的服务、提供劳务的合同、或公司的其他证券。”从这一规定可以看出，只要经过董事会的同意，专利权作为一种无形的财产权，也可以成为公司的出资形式。

（2）专利入股的评估规则

各国虽然都允许专利权作为公司的出资形式，但是对于专利出资的评估和其在公司总出资中的比重的规定存在一定的差别。

就专利权的价值认定而言，有些国家的法律规定中不需要对专利权的价值进行专门评估，只需要公司的有权机构坚持“真实价值规则”和“诚信规则”，能够保证专利权作为出资的价金时不存在稀释股东利益等不正当交易行为即可。[②] 这种不评估模式的代表国家为美国。[③] 此外，有些国家奉行严格的评估模式，在利用专利权进行出资时需经过独立的评估机构进行专门评估，并按照评估机构出具的评估报告作价出资。奉行该模式的典型国家是法国。《法国商事公司法》规定：“当以实物出资

---

① 参见《日本专利法》第98条、第99条。

② 参见马碧玉：《专利权交易法律制度研究》，中国社会科学出版社2016年版，第200页。

③ 参见《美国示范公司法》第6.21条第c项。

时，由股东一致指定的出资审查委员会（如果不能获得股东的意志同意，基于最勤勉的未来股东的请求，法国商事法院院长也可以制定出资审查委员会）对作为实物出资的财产急性鉴定并提交评估报告，决定每一项出资财产的价值。当出资审查委员会的报告被公司采纳时，报告就将作为附件规定在公司章程中。”

（3）专利评估虚高责任

虽然对于专利权的价值是否需要评估的规定不同，但是各地公司法中都或多或少地规定了专利权出资作价虚高的责任。通常而言，估价虚高时出资股东应当承担补足的义务，如《德国有限责任公司法》第9条规定：“如果在公司申请商业登记时，实物出资的价额不够所认购的出资款额，股东须将该差额以现金缴清。”除此之外，虚高估计在德国还可能导致公司无法登记的法律后果。我国台湾地区规定，专利估计虚高者，除可能承担补足责任外，还可能会受到缩减出资者在公司的股份的惩罚。①

（4）专利入股的比例限制

专利权不宜构成公司的全部出资，其在总出资额中的比重往往也有一定的限制。如《德国有限责任公司法》第7条规定：“〔申请进行商业登记〕申请登记只能在非实物出资的股本出资已缴纳四分之一时，才得提出。”

对于这个比例，域外通常有两种限制模式。一种是限制专利出资等非现金出资的上限。如《欧盟第二号公司法指令》规定，股东以非现金形式认购股份的比例可达90%，即允许专利权出资占公司股份的90%。②另一种限制则是通过规定现金出资的最低限额来设定非现金出资的比例。采用这种方式的国家有奥地利、意大利、德国、比利时、瑞士等，如《意大利民法典》第3329条规定，“设立公司必须将至少3/10的出资额以现金

① 参见我国台湾地区“公司法”第147条。

② 参见马碧玉：《专利权交易法律制度研究》，中国社会科学出版社2016年版，第199页。

形式存入信贷银行，将现金出资额规定为占公司总资本的33%”①。

（5）专利出资的审查

在专利出资的审查程序上，国外的规定也比较严格。如美国和英国对专利出资要进行FTO分析（Freedom To Operate），也即运作自由分析，通过专利检索与分析来评估专利侵权风险，以确保公司所接收的专利资本在运作时不会侵犯他人知识产权，且不受到第三方权利人权利影响。德国还设立了双重审查机制，先由公司自行设立的审查员进行审查，再由法院任命的审查员进行审计检查。与我国只需要进行价值评估并满足登记转移手续，出资行为就合法有效的规定相比，国外严格的规定虽然增加了设立公司成本，但是对于源头控制专利风险、解决公司出资不实的风险具有较大的优势。

（二）我国技术交易规则的现状和问题

1. 我国技术交易规则的现状

我国关于技术交易的规定由国内法和我国参加的国际公约共同构成。我国加入的与技术交易有关的国际公约有《保护工业产权巴黎公约》《专利合作条约》《专利法条约》《建立工业品外观设计国际分类洛迦诺协定》《国际专利分类斯特拉斯堡协定》，以及Trips协定等。国内法主要由《民法典》《专利法》《专利法实施细则》《促进科技成果转化法》《科学技术进步法》以及涉及专利技术入股的《公司法》、涉及专利进出口交易的《技术进出口管理条例》、最高人民法院颁行的《审理技术合同案件适用法律解释》等司法解释。从我国法律规范和加入的国际公约来看，我国目前对于技术交易的规则已经比较完备。以下将对主要的类型进行研究。

（1）专利实施许可及技术秘密使用许可

根据我国《民法典》合同编第二十章第三节规定，技术许可包括专

① 马碧玉：《专利权交易法律制度研究》，中国社会科学出版社2016年版，第200页。

利实施许可和技术秘密使用许可两种形式。

关于专利实施许可方式，前述《审理技术合同案件适用法律解释》（2020）第25条明确规定，专利实施许可包括以下方式：（1）独占实施许可，是指许可人在约定许可实施专利的范围内，将该专利仅许可一个被许可人实施，许可人依约定不得实施该专利；（2）排他实施许可，是指许可人在约定许可实施专利的范围内，将该专利仅许可一个被许可人实施，但许可人依约定可以自行实施该专利；（3）普通实施许可，是指许可人在约定许可实施专利的范围内许可他人实施该专利，并且可以自行实施该专利。当事人对专利实施许可方式没有约定或者约定不明确的，认定为普通实施许可。专利实施许可合同约定被许可人可以再许可他人实施专利的，认定该再许可为普通实施许可，但当事人另有约定的除外。由此可见，在我国专利实施许可权再许可时，如无特殊约定，该再许可为普通实施许可。

在我国，专利实施许可通常是以签订和履行专利实施许可合同的方式加以实现的。根据《民法典》合同编第二十章第三节规定，专利实施许可合同属于“技术许可合同”的范畴。所谓技术许可合同，是指“合法拥有技术的权利人，将现有特定的专利、技术秘密的相关权利许可他人实施、使用所订立的合同”。由此可见，除了专利实施许可合同，技术许可合同还包括技术秘密许可合同。①

在我国《民法典》实施前，《合同法》第342条规定了包括专利实施许可合同在内的技术转让合同需要采用书面形式，但在2008年修订的《专利法》中删去了“应当与专利权人订立书面实施许可合同”中的“书面”两字。按照特殊法优于普通法的法律适用原则，与日本、美国这些国家相比，我国对专利实施许可合同的形式要求较低，专利实施许可合同在我国可以非书面形式存在。但是，如果当事人申请备案，依照

① 《民法典》第862条第2款。

《专利实施许可合同备案办法》第 4 条规定，则需要当事人提供书面的专利实施许可合同。值得注意的是，备案登记并不是我国法律的强制性要求。《专利法实施细则》第 14 条第 2 款规定：“专利权人与他人订立的专利实施许可合同，应当自合同生效之日起 3 个月内向国务院专利行政部门备案。”因此，当事人只需要达成合意，专利实施许可合同便已成立并生效，登记备案产生对抗善意第三人的效力。不过，还必须指出，《民法典》第 863 条第 3 款明确规定，技术转让合同和技术许可合同应当采用书面形式。因此，根据上述规定，专利实施许可合同也应当采取书面形式。

在专利实施许可合同、技术秘密使用许可合同中，许可人在谈判中一般处于优势地位，为了防止许可人利用法律授予的垄断地位作出限制对方主要权利，免除己方主要义务，甚至是妨碍市场竞争的条款，我国《民法典》对此也作出了规定。其第 864 条规定，技术转让合同和技术许可合同可以约定实施专利或者使用技术秘密的范围，但是不得限制技术竞争和技术发展。将可能限制竞争效果的条款列入实施许可合同，可能会导致这些条款内容的无效，甚至是整个合同的无效，严重的还可能会受到反垄断法的规制。

（2）专利权和专利申请权规则现状

在我国，专利权和专利申请权都是可以转让的对象。《专利法》（2020）第 10 条第 3 款规定：“转让专利申请权或者专利权的，当事人应当订立书面合同，并向国务院专利行政部门登记，由国务院专利行政部门予以公告。专利申请权或者专利权的转让自登记之日起生效。”从该规定可以看出，专利申请和专利权转让合同的形式要求较高，需要以书面形式为之，登记备案的效力也不同于专利实施许可合同，专利申请和专利权转让的合同成立之后并不当然生效，只有在向专利行政部门登记之后方可生效，也即在专利申请和专利权转让的问题上，我国采取“登记生效”主义。

在普通的交易合同中，转让方应当对标的物承担瑕疵担保责任。我国《民法典》对技术转让合同的瑕疵担保责任也进行了规定。《民法典》第870条针对技术转让合同让与人和技术许可合同许可人保证义务进行了规定："技术转让合同的让与人和技术许可合同的许可人应当保证自己是所提供的技术的合法拥有者，并保证所提供的技术完整、无误、有效，能够达到约定的目标。"该规定是转让方的瑕疵担保责任规定，要求转让方保证转让技术的处置权无瑕疵以及技术无瑕疵。从这里可以看出，法定的瑕疵担保责任有两项：第一项是权属瑕疵担保责任，转让人需保证自己对所转让技术拥有合法处置权；第二项是技术瑕疵担保责任，即转让人需保证自己所转让的技术无瑕疵。但是，在专利申请转让合同中，由于专利申请的这种专业性、高风险性，转让方并不能百分之百地保证受让方能够成功申请到专利。因此，受让方不能仅因为没有成功申请专利而要求转让方承担瑕疵担保责任。《专利法》（2020）第47条就对专利权转让交易中的瑕疵担保责任作了一定的豁免。其第47条第2款规定，因专利权人的恶意给他人造成的损失，应当给予赔偿。其第3款规定，依照前款规定不返还专利侵权赔偿金、专利使用费、专利权转让费，明显违反公平原则的，应当全部或者部分返还。这被视为对专利交易中瑕疵担保责任的一定豁免。该条虽然可操作性不太强，但是相较于适用民事普通法而言还是具有一定的积极意义的。

（3）专利质押

在我国《民法典》实施前，关于专利质权的规则主要由《担保法》和《物权法》调整。其中，《物权法》规定"可以转让的专利权中的财产权"可以作为担保财产，《担保法》规定"以依法可以转让的商标专用权，专利权、著作权中的财产权出质的，出质人与质权人应当订立书面合同，并向其管理部门办理出质登记"。但是，对于专利权和专利转让申请权能否作为质押登记的标的物并没有明确规定。

在我国，质押登记合同是要式合同。采用书面形式具有"降低社会成本，定纷止争之作用”[①]。实际上，在专利技术交易、转让过程中，法律对交易合同的书面形式作出了要求，这也从侧面反映出立法者在交易的效率和交易的安全性之间力图实现平衡。

专利质权本质上是一种担保物权，需要遵守物权设立的公示规则。现行《专利法实施细则》第 14 条规定：“除依照专利法第十条规定……以专利权出质的，由出质人和质权人共同向国务院专利行政部门办理出质登记。”由于我国专利权才能够用于质押，因此并没有对专利权质押的情形进行分类。我国在《民法典》实施之前通过《物权法》和《担保法》规定专利担保行为，规定为“专利质权自有关主管部门办理出质登记时设立”。《民法典》第 444 条第 1 款则规定：“以注册商标专用权、专利权、著作权等知识产权中的财产权出质的，质权自办理出质登记时设立。”由此可见，专利权出质不仅需要当事人之间达成合意，还需要根据法律规定办理相应的登记手续方能生效。

专利质权并存的情形在很多国家都有规定，法律虽然没有明确限制在同一个专利权上设置多个质权，但是《专利权质押登记办法》第 12 条规定，对于专利权已被申请质押登记且处于质押期间的，不再进行登记。我国质权设立遵循登记生效原则，不予登记则意味着质权不能设立。因此，在我国，不论专利权的价值是否超出了担保债务的金额，都不得再次设立质权。

（4）专利入股

专利入股本身具有重要意义，既可以将专利权人的专利转化为经济效益，又可以增加企业的竞争力，而且在国家普遍支持鼓励技术交易、技术转移和技术成果转化的政策下还能够得到政府的政策支持。我国《专利法》并没有对专利入股作出规定，关于专利入股的规定主要见于《公司法》中。《公司法》第 27 条直接列举了可以出资的类型，其中知

① 谢黎伟：《专利权质押设立制度之比较分析》，载《电子知识产权》2011 年第 7 期。

识产权可以作为公司出资的一种形式，而专利权作为知识产权的一种，自然可以用作出资。但是，专利权也是一个权利束，至于专利权的哪些内容可以出资入股，法律也没有明确规定。严格意义上的专利出资，是指专利权出资，专利权出资同专利交易相同。《公司法》第 28 条第 1 款规定："……以非货币财产出资的，应当依法办理其财产权的转移手续。"在我国专利出资需要履行专利权转让的程序，将专利权转移到公司名下，这个过程还需要履行登记手续，在国家知识产权局登记公示之后生效。对于专利实施权和专利申请权能否作为出资入股一直以来都存在争议，我国法律对此也并未给出明确的回答。

2013 年《公司法》再次修订，将我国公司的募资方式由"法定资本制"改为"认缴资本制"，并将实物出资的限额部分删除，仅留下"以非货币财产出资的，应当依法办理其财产权的转移手续"的规定。因此，目前我国对于专利权的出资限额没有作出限制。

专利权价值的确定不仅需要得到公司或者其他股东的同意，还需要得到法律的认可，不可高估或者低估。我国《公司法》第 27 条第 1 款即规定："对作为出资的非货币财产应当评估作价，核实财产，不得高估或者低估作价……"如果非货币财产出资估价虚高，或抽逃出资将承担专利权出资瑕疵的担保责任。① 资本充实责任，股东未履行或未全面履行出资义务，公司或其他股东请求其向公司依法全面履行出资义务的，人民法院应予支持。资本充实责任是一种"法定责任，不以当事人的约定为必要，也不能以公司章程或者股东会决议来免除"。②

2. 我国技术交易规则的问题

（1）专利实施许可合同中缺少当然许可的相关规定

专利制度的重要目的在于鼓励创新、提高创新能力、促进科学技术

---

① 参见《最高人民法院关于适用〈中华人民共和国公司法〉若干问题的规定（三）》第 13 条。

② 参见李建伟：《瑕疵出资股东的资本充实责任》，载《人民司法》2008 年第 17 期。

进步。为了实现这一目的，公开发明创造的内容和实施发明创造至关重要，尤其是专利的实施是专利的生命力，只有对发明创造进行利用才能带来经济效益和社会效益。基于此，促进专利技术实施是专利制度应当关注和重点解决的问题。不论是 Trips 协定第 7 条还是我国《专利法》（2020）第 1 条，都对此进行了强调。

专利许可制度基于专利的私权属性而产生。在私权语境下，意思自治是民事主体之间进行民事活动的基本原则，只要不违反公序良俗和法律的强制性规定，就可以获得法律的肯定性评价和保护。专利当然许可作为专利许可的一种形式，仍然属于民事活动的范畴，也应当奉行意思自治原则。奉行这一原则，意味着是否申请当然许可公告、设定何种授权条件、是否申请当然许可授权、是否接受授权条件，以及在发生争议时如何解决都取决于当事人双方的意思自由，这也使得当事人积极有效地行使专利权或者积极获得许可，对促进专利权的利用是非常有利的。

此外，基于专利权是一种垄断权，专利制度固然可以起到抑制搭便车现象的出现，对于创造起到激励作用，也可以对经济效益作出一定的贡献，但只有在衡量了这些潜在收益和潜在成本之后才能够确信专利制度真正实现了“促进经济发展和科技进步”的目的。有观点即认为对发明创造的专利进行保护的专利制度的实施存在巨大的经济成本。对于专利制度的负外部性，通过当然许可制度可以进行有效的缓解。例如，在当然许可制度中，专利权人需要遵循市场规律，对其专利进行信息披露，这种信息披露和供需对接机制极大地鼓励了专利权人公开许可专利的积极性，促进了专利技术的传播。又如，当然许可制度面向不特定的被许可人，极大地降低了许可谈判的时间、金钱等成本，降低了专利许可费用，对于促进资金技术力量薄弱的中小企业来说，无疑提供了新的发展机会。同时，交易成本和许可费用的降低，也能间接带动专利产品价格的降低，对于消费者也是极为有利的。再如，当然许可制度需要专利部门的参与，这也意味着整个交易过程具有较高的信用保障，有利于实现对专利资源的共享和充分利用。

事实上，近年来我国专利制度出现的最大问题不在于专利数量的创造和保护，而在于专利的运用和转化。《2015 年度世界知识产权指标》指出，中国在专利、商标等知识产权领域的申请数量均位居世界第一，已成为世界知识产权发展的主要推动力。但据统计，发达国家专利的实施比例在 60% 左右，而总体上我国的专利转化率却平均不足 15%。所以，如何提高专利转化率是我国面临的一个巨大的问题。专利当然许可制度可以有效地解决专利市场的信息不完整、不对称导致的供需不匹配问题，建立这一制度也是解决我国当前专利率过低的优先选择。也正是基于这一考虑，我国 2020 年 10 月 17 日第四次修正并于 2021 年 6 月 1 日施行的《专利法》第 50 ~ 52 条规定了类似于前述国外当然许可制度中的“开放许可制度”。如根据其第 50 条规定，专利权人自愿以书面方式向国务院专利行政部门声明愿意许可任何单位或者个人实施其专利，并明确许可使用费支付方式、标准的，由国务院专利行政部门予以公告，实行开放许可。就实用新型、外观设计专利提出开放许可声明的，应当提供专利权评价报告。专利权人撤回开放许可声明的，应当以书面方式提出，并由国务院专利行政部门予以公告。开放许可声明被公告撤回的，不影响在先给予的开放许可的效力。可以预料，专利开放许可制度的推行，必将有利于我国专利技术交易和专利价值的实现。

（2）专利权质押交易中存在的问题

专利权质押是当前我国企业特别是中小型企业融资的新途径。在实践中，却面临着尴尬的处境。从国家知识产权局公布的数据来看，专利权质押总数不断增多，但在有效专利权中所占的比重仍旧微不足道。这其中既有专利质权本身存在的固有问题，也有我国专利资本化市场不够健全的问题。

专利的价值难以准确评估是影响专利作为质权进行融资的一大影响因素。我国非常重视专利权的价值评估。早在 2008 年 6 月 5 日国务院发布的《国家知识产权战略纲要》就明确指出，要“建立知识产权价值评估、统计和财务核算制度”。专利权本身涉及较为广泛的产业领域，其估值具有较强的专业性和复杂性，对估值人员的专业水平要求较高。专利权的评估方法也并非只有一种，常见的有定性估值法和定量估值法。从实际运作情况看，不同估值法所得到的结果也会有所出入，即使采用同一评估方法，不同评估机构也可能得出不一样的评估结论。除了专利权评估固有的难题之外，我国的评估机构不够完善也是导致专利权难以准确评估的重要因素。从我国评估机构的目前情况来看，我国评估机构数量少，从事无形资产评估注册评估师数量较少，由审计人员兼任现象严重，由于缺乏统一的标准和专业性较差，专利评估的权威性也受到一定的影响。①

专利价值的波动性及我国信用担保体系不完善等问题，也影响专利质权的设定。专利作为一种无形财产，其波动性较有形财产大，科技政策、经济政策、市场需求都会影响到专利的价值，尤其是随着科学技术的进步，往往会使很多专利面临着迅速贬值的可能。金融机构在接受专利作为质押物之后，只有在专利的价值保持稳定或者上升时才能够确保其贷款能够得到按时的清偿，专利价值波动带来的巨大风险严重阻碍了金融机构的积极性，导致金融机构对专利质押抱有谨慎的态度。通过信用担保机构的信用担保则可以降低银行信贷风险，强化企业对银行的还贷能力，增加银行的信心和企业从银行获得贷款的金额。在我国，常见的信用担保机构有三种：第一种是由地方政府扶持的政策性担保机构，第二种是不以营利为目的的企业间互助担保机构，第三种是有偿性的民间担保机构。按照各国同行做法，信用担保机构和金融机构按不同比例共同承担担保贷款的风险。然而在我国，这种风险全部由信用担保机构承担，不仅缺乏合理的风险分担机制，而且信用担保机构的注资压力很

① 参见黄宏斌、苑泽明：《论我国高新技术企业知识产权融资问题与成因》，载《经济与法制》2011 年第 8 期。

大，尤其在我国前两种担保机构比较常见的情况下，担保机构的资金来源主要是政府注资，既不利于担保机构的长远发展，也很难满足企业担保的需求，不利于助力企业通过专利质权进行融资。

此外，专利质押变现困难也是我国专利质押中存在的问题。专利质押变现，也即在债务人不能清偿债务时，用其质押的专利来抵偿其债权的行为。根据我国法律的规定，质权的实现方式有拍卖、折价或变卖，这几种方式不太适用作为无形财产的专利。根据我国《专利法》（2020）的规定，专利权人有权转让、实施、许可实施其专利，这也是专利权人获得利益，将其专利权“变现”的主要形式。然而，如前所述，专利的价值是不断波动的，是否能够实施专利和许可专利，取决于专利技术的先进性、实用性以及市场的需求等诸多因素，具有很大的不确定性。尤其是，我国的专利交易规范缺失、制度匮乏、市场不完善等因素不仅导致了谈判成本和交易成本的上升，而且可能导致由于交易市场的缺失而使专利丧失价值。

（3）专利出资入股中存在的问题

与国外相比，我国对专利出资入股的规定比较笼统。在专利出资的公示、监督、审计、履行以及专利出资瑕疵时的责任承担和救济方面不够详细。过于笼统的规定，不利于使公司从源头上防范专利风险，也增加了公司交易人的交易风险。

从专利出资的公示来看，我国《公司法》第25条和第81条分别规定了有限责任公司章程中应当载明股东的出资方式、出资额和出资时间，股份有限公司章程中应当载明发起人的姓名或者名称、认购的股份数、出资方式和出资时间。这两条规定可以看作法律对专利出资入股的公示要求，但是仅对出资方式、出资额作出要求，既没有规定专利出资事项的公示方式，也没有规定专利出资入股公示的具体内容，更没有规定公示程序瑕疵和补救程序，与其他国家的要求相比显得非常笼统。

（三）完善我国技术交易规则的对策和建议

1. 落实开放许可制度

类似于国外当然许可制度的我国专利开放许可制度，在降低交易成本，增加交易机会，提高专利技术的转化率方面具有诸多优势，有利于实现专利权人、被许可人和社会公众三者之间的利益平衡。如前所述，《专利法》（2020）第50～52条规定了专利开放许可制度，其对开放许可的公告、撤回、争议解决、使用费确定等问题进行了规定。但是，不同于《英国专利法》，其并没有给予专利权人明确的政策鼓励和优惠。虽然开放许可本身可以降低交易费用，但是出于政策引导，促进开放许可的推广，必要的政策鼓励和税收优惠不失为一种手段。

2. 完善我国专利登记制度

在我国专利权交易规则中，登记主要有两种功能：一种是登记生效，如专利权和专利申请权转让及专利质押以登记为生效要件；另一种是登记对抗，如专利实施许可不以登记为生效要件，只要合同成立，便发生专利实施权转移的法律效力，但是登记可以对抗善意的第三人。登记除了这两个功能之外，还有一定的社会功能，如促进专利信息的公开、构建健康的专利权交易市场、为行政监管提供有效的信息、为科技政策的制定准备充足的分析数据等。[①] 因此，有必要完善专利登记制度，为专利权交易保驾护航。完善专利登记制度，笔者认为可以从以下几个方面进行：

一是专利实施许可交易中独占许可交易适用登记生效规则。独占实施许可登记生效制度在国外存在立法例，如《日本专利法》第98条规定："下述事项若不进行登记就不发生效力……（三）以专利或专用实施权为目的抵押权的设定、转让（因继承及其他一般继承除外）变更而取消（因混同或担保债权的取消除外）或处分的限制。"对于专利独占

① 参见马碧玉：《专利权交易法律制度研究》，中国社会科学出版社2016年版，第106页。

实施权采取登记生效原则，符合独占实施许可制度的要求。独占实施许可可以排除专利权人及其他人的专利实施权，相较于普通实施许可而言，具有显著的财产属性。但专利的无形性使得这种财产权的界限并不明确，通过登记制度这样一种公示手段来强化其独立财产权属性，则有利于专利独占实施权的稳定。而且，随着科学技术的发展和互联网技术的运用，网络登记是大势所趋，也不会增加过多的交易成本。

二是完善专利质押登记制度。2010 年国家知识产权局出台的《专利权质押登记办法》优化了专利权质押登记程序，其中很多地方有了改进，如扩大质押双方当事人的协商权利、缩短登记时限，还详细规定了不予登记的情形，赋予登记机关主动撤销登记的权利等内容。但是值得注意的是，该办法只规定了邮寄、直接交送的方式，并没有考虑通过网络来实现登记备案。实际上，通过网络进行登记，完全具有可行性，能够节省大量的时间金钱成本，提高效率。此外，赋予登记机关撤销登记的权力也值得商榷。根据《专利权质押登记办法》，质押登记被撤销的，质押登记的效力自始无效，自始无效意味着登记机关的行为直接消灭了一项物权，这对于交易的安全性和稳定性产生一定的冲击。对于行政机关而言，应当加强对登记之前行为的审查，而非采取这种直接消灭物权的做法。

我国尚未建立专利出资入股登记制度。专利出资包括专利权出资、专利申请权出资和专利实施权出资，在我国专利权的转移登记生效，在以专利权出资时出资义务的履行以在专利行政机关办理转移登记为标志，但是专利实施权的转移在我国是不需要进行登记的。所以，当论及专利出资入股时，我国并没有一个统一的专利入股登记管理制度。虽然我国目前存在企业注册的工商登记管理制度，但是如前文所述，这些登记相当笼统宽泛，关注的焦点在于专利的价值。专利权作为一种法律授予的垄断权，对其流转进行登记也是专利行政管理的要求。因此，我国应当建立统一的专利入股登记制度，在以专利入股时应先向专利机关登记备案，然后再办理入股手续。

3. 扶持专利交易中介机构和交易平台

专利交易中存在的最大问题在于信息的不对称，交易双方信息不对称会直接导致搜索成本、风险调查成本以及谈判成本增多，阻碍双方交易的实现。专利中介服务机构和专利网络交易平台则通过信息收集、整理、统计、发布，降低双方的交易成本，促成交易，实现双方利益的最大化。

我国中介机构发展迅速，自2006年“全国专利技术展示交易平台计划”实施以来，截至2016年国家知识产权局认可的技术交易中心在全国范围内共有41个，[①] 除了国家知识产权局认可的技术交易中心之外，地方政府和各专利代理机构也积极建设各类专利交易场所。这些专利中介机构的发展，促进了专利技术交易的发展，但是到目前为止，各专利交易展示场所的资源和影响力有限，尚未形成专利交易的核心市场，在降低专利交易成本上作用有限。而且这41家主要的交易中心的依托主体多为政府，并非完全市场化的运作机构。因此，有必要继续加大扶持力度，给予税收财政优惠，吸引商业机构加入。

4. 规范、强化专利评估机构的行为和法律责任

资产评估机构，包括资产评估机构和律师事务所等，其职责与专利交易中介机构不同，不在于促成专利交易，而在于对专利进行专业评估、定价、风险预判等，其专业意见往往可以影响到交易结果和交易双方当事人的利益。如在专利入股出资时，专利权评估机构出具的评估报告及验资报告对专利权的作价起到决定性作用。如果专利权的评估价值过低，专利权人的利益就会受到损害，如果评估价值虚高，则会影响到交易方的利益。因此，预防专利评估机构的道德风险是非常有必要的。

当前我国评估机构数量少，从事专利评估工作的专业人员匮乏，且

① 参见国家知识产权局网站：http：//www. sipo. gov. cn/ztzl/zldhsdgc/gjzljzzsjyzx/1062391. htm，最后访问时间：2020年10月15日。

缺少统一的标准，加强对这些机构的职业道德教育和专业培训至关重要。同时，为了督促评估机构勤勉、规范地完成评估任务，还应当明确其责任。我国《刑法》第229条规定了提供虚假证明文件和出具证明文件重大过失的刑事责任，《公司法》也规定了恶意提供虚假材料和过失提供重大遗漏报告的行政责任，但是对于其民事责任缺少规定，只能在损害公司债权人利益时才应当承担一定的赔偿责任，这显然存在法律上的漏洞。因此，法律应当规定，如果中介机构不能证明自己不存在过错，应当对其他因为评估而承担责任的当事人承担连带的赔偿责任。

5. 专利许可中的反垄断问题

我国也逐渐开始重视规制专利等知识产权领域的反垄断法问题。例如，2019年1月4日，国务院反垄断委员会印发了《关于知识产权领域的反垄断指南》，其第8条、第9条、第18条等也规定了涉及交叉许可的反垄断问题。在专利许可中涉及反垄断问题时，应当考虑反垄断法规制。

三、技术交易的风险管控

（一）风险及风险管控

1. 风险

风险，即可能发生的危险或灾祸，在经济生活中指收益与成本之间无法达到预期目标的不确定性，即损失的可能性，带有负面语义色彩。现代意义上的风险是与传统社会中的风险概念相对应而存在的，传统社会中风险是以外部自然力量的威胁来体现的，如旱涝灾害、地震或者自然火灾等，这类风险的发生不受人类自身行为和决定的控制，具有明显的自然属性；而现代意义上的风险，是随着人类社会文明的进步和工业化的发展而出现的，受人类决策的影响而具有相当的不确定性。本书所谈及的技术交易风险及如何进行风险管控的问题，是以现代意义上的风险为基点而展开的。因此，必须明确现代意义上的风险的含义。

1986年，德国学者乌尔里希·贝克（U. Beek）最先提出了“风险社会”这一理论，认为人类面临着威胁其生存的由社会所制造的风险。西方社会中主导性的经济制度、法律制度和政治制度不仅卷入风险制度，而且参与了对风险真相的掩盖。现代化正在成为它自身的主题和问题，因此变得具有反思性。[①] 贝克将工业化、现代化社会中的“风险”话题引入到了学界视野中，并吸引了众多专家、学者及社会公众的关注，引发了风险问题讨论的热潮。继贝克之后，安东尼·吉登斯（A. Giddens）、尼古拉斯·卢曼（N. Luhmann）等学者也对“风险”这一问题进行了深刻的探讨，丰富和完善了风险社会理论。对现代意义上风险概念的界定，可以从“风险社会”理论中的“风险”概念特征上进行把握。

贝克在《风险社会》一书中批判性地提出“风险社会”这一概念，认为风险是社会现代化、工业化的产物，风险的发生与人们的种种决策有着密切的联系。有学者指出，贝克的风险社会理论中，风险的概念既具有实在性，又具有构建性。所谓实在性，是指工业社会以来的风险是由不断发展的工业化与科学生产所引起，是人类运用知识与技术改造而引发的结果，具有客观存在性。构建性则是指对风险的定义会受历史及文化符号、知识的社会结构因素的影响，体现出人类文化感知这一主观特性。[②] 实在性与构建性并存的现代社会风险，具有明显的人为性和不确定性，即吉登斯提出的风险的“人为制造的不确定性”。现代社会中的风险是人为制造出来的，而由人类的行为引发的风险具有一定的不确定性。这不仅体现在风险诱发的因素多样，具有随机性和突发性，还体现在诱发因素与风险之间因果关系的不确定性、风险时间的不确定性以及风险导致结果的未知性。

现代风险除了具有人为性和不确定性，还具有主观性和二元性的特征。人们对于风险的主观感受是价值判断的产物，风险的核心是风险意

---

① 参见［德］乌尔里希·贝克：《风险社会》，何博闻译，译林出版社2004年版，第19页。

② 参见劳东燕：《风险社会与变动中的刑法理论》，载《中外法学》2014年第1期。

识，即面对不确定危险时，所产生的担忧、恐惧、害怕等负面情绪。[①]风险的主观性一定程度上决定了人们对风险大小的认识，这一认识受文化、历史、社会认知等因素影响明显，不同社会主体对风险的认识也存在较大的差别。风险的二元性，是指需要从正反两方面认识风险。一方面，人们作出决策，会带来一定的风险，且风险通常与收益成正比，收益期待值越高，越可能遭遇冲击性强、复杂性高、破坏力大的风险；另一方面，风险的消极影响也督促人们采取相应的风险防御措施，提高技术水平和创新能力，加强企业制度管理，完善风险防御机制，蕴含了一定的积极影响。

此外，现代社会中风险的存在是普遍性、全球性的问题，不论各个领域和阶段，风险社会这一环境永恒存在。风险随着人们的行为、技术的发展和社会财富的增减而变化，只要前述因素存在，风险就无法完全消除，仅可以通过特定的措施和制度进行风险识别、风险转移、损失控制等行为，尽可能控制风险的发生和损失的范围。

2. 风险管控

风险管控，是指风险管理者采取各种措施和方法，消灭或减少风险事件发生的各种可能性，或者减少风险事件发生时造成的损失。在实践中，风险的管理控制通常通过风险回避、损失控制、风险转移和风险承担四个基本方法来实现。[②] 风险回避，是管理者在预估未来风险后，直接放弃实施风险行为的风险管控方式，这种方式最为简单直接，也体现了管理者对可能发生的风险的极端厌恶或无力承受可能导致损失的状态，管理者放弃风险行为的同时也放弃了行为潜在的利益，是一种消极的风险应对方式。相较于风险回避而言，损失控制是采取积极态度应对风险的一种管控模式，即在预估到行为风险时，积极通过有效方式减小风险，

① 张素华、孙畅：《合乘车法律规制的缺漏与完善路径——以风险社会理论为视角》，载《上海政法学院学报》2009 年第 3 期。

② 欧阳恩钱：《风险社会的经济法适应》，载《法学评论》2012 年第 11 期。

或减少相应损失。根据控制行为采取的阶段不同，可以分为事前损失控制、事中损失控制及事后损失控制，其中事前损失控制通常指在损失发生前采取措施，降低损失发生的可能性，而事中及事后损失控制则主要针对已经实际发生的损失，通过管理及控制措施减轻损失带来的后果。风险转移，是本书所探讨的技术交易中最实用的规避风险方式，是指通过合同约定或签订保险的方式，将风险让渡给一方或多方相对人，有效降低自己承受风险的概率，由受让人承担可能的风险及损失。风险承担，是在损害发生时，经济主体通过当下自身可利用的资金承担亏损的风险应对方式，根据是否在损失发生前作出资金安排，可以将风险承担区分为无计划自留与有计划自我保险两种，风险预留基金就是有计划自我保险的主要方式。

（二）技术交易中可能存在的风险及其原因

在技术交易中，由于技术本身在开发和使用时即具有一定的不稳定性，市场环境中客观供求关系不断变化波动，加之各方当事人在技术交易中主观能动性较强，各种无法预知的因素使得技术交易的实际结果可能与预期目标存在明显的落差，投入的成本不能被收益弥补或无法取得预期成果，进而造成损失，也就形成了技术交易中的风险。技术作为一种无形资产，具有专业性和依赖性强、复杂程度和市场价值高的特性，技术转化为技术成果后可以商品化，作为交易客体进入市场交易活动中。技术较之一般市场交易客体所具有的独特性质，一方面使技术所有人能够在现代市场竞争中占据技术优势，提高自身竞争力，另一方面却也造成了技术交易的复杂化，增加了技术交易中的风险。影响技术交易风险的因素多种多样，除了客观的外在因素，相关当事人的主观因素也是重要方面，且技术交易过程的每一个环节中都存在不同类型的风险，其既难以全面地预见也无法实际掌控，导致技术交易的风险具有相当的不确定性。以技术交易中的技术转移为例，技术转移风险的大小取决于实施者对于信息掌握的完备程度和对所掌握信息的运用。从理论上说，这种信息的不完备情况能够通过人们的努力而降低，却无法消除。[①] 为了降低技术交易中的风险，人们需要尽可能完备地掌握信息并熟练运用，通过了解风险的来源、风险的影响因素，知悉风险影响因素的控制手段，采取相应措施进行管理和控制，即通过风险的管控手段，避免不必要的风险，并降低风险带来的损失。

风险社会是一个高度技术化的社会，科学技术的高度发展既是风险社会的特征，也是风险社会的成因。[②] 知识产权具有鲜明的现代性，知识产权的技术领域凸显出时代的进步与发展。现代科技研究开发的过程中，现有技术得到了不断的发展完善，但权利边界和道德伦理等一系列问题都暴露了技术知识产权的有限性，同时也带来了技术类知识产权的负面效益，即技术知识产权的风险。

在知识产权领域，有学者指出，知识产权制度风险的法律治理必须秉持价值理性与工具理性统一、权利观念与责任观念统一、法律控制与技术规制统一等理念，形成应对风险社会的观念体系和制度系统。[③] 知识产权相关法律要强化权利客体排除、禁止权利滥用、限制权利行使等制度，重视法制化的控制风险功能。[④] 这一观点强调了除市场经济主体自行对风险进行防御外，法律制度和技术规制也是风险管控的重要手段，宏观上加强法律控制，为技术交易提供良好的法律环境，运用法律、行政法规和社会舆论对技术交易进行规范和监督，能够更好地发挥技术交易推动技术发展、科技创新的特殊作用。

就与知识产权密切相关的技术交易而言，它是指具有民事行为能力的自然人、法人或其他组织，将其所拥有的科研成果、技术秘密、专利技术以及技术相关的知识产权等内容在不同主体、地区或所有制之间进

---

① 张友轩、于爱丽、刘冬、刘柱：《技术转移与交易的风险分析》，载《天津科技》2014年第11期。

② 吴汉东：《知识产权的制度风险与法律控制》，载《法学研究》2012年第4期。

③ 吴汉东：《知识产权的制度风险与法律控制》，载《法学研究》2012年第4期。

④ 吴汉东：《知识产权的制度风险与法律控制》，载《法学研究》2012年第4期。

行有偿转让，从而实现技术与资本有效衔接，推动技术成果产业化的过程。技术交易中涉及的知识产权，主要包括发明、实用新型、技术秘密、计算机软件、植物新品种、集成电路布图设计等对专业技术要求较高的知识产权类型，该类技术类知识产权案件通常审理难度大，与国家科技创新能力和水平关系密切，根据2018年10月26日全国人大常委会通过的《关于专利等知识产权案件诉讼程序若干问题的决定》，为了更好地协调法院裁判的尺度，尽可能实现案件的公平正义，由最高人民法院审理该类案件的上诉案件，也体现出我国对技术类知识产权以及以其为客体进行的技术交易的关注和重视。

技术交易是技术风险发生转移和重新分配的过程，包括科技成果合作开发，科技成果委托开发，科技成果转让，科技成果实施许可，技术入股及股权转让，专利技术、专有技术以及技术产权的其他合法交易内容。技术交易可以是在交易双方之间直接进行，也可以有中介机构或交易机构、平台的加入。在交易中涉及的利益主体多元，经济成分也各不相同，技术交易的每一个步骤和环节，都可能对未来风险的发生和承担产生重要的影响。因此，明确技术交易中的参与主体，有利于梳理不同性质的风险，分析并厘清不同风险的承担者。技术交易最主要的主体是交易双方，若进行更细致的划分，在技术成果开发类交易中指技术成果的供给方与需求方，在技术成果转让或许可类交易中则指技术成果的出让方和受让方、许可方与被许可方。在交易双方以外，接受产权交易委托代理业务的中介机构、产权交易所和产权交易监管机构及其工作人员等，都可能成为产权交易中的行为主体。[①] 根据技术交易中风险承担主体的不同，可以将技术交易的风险划分为技术出让方风险、技术需求方风险、技术中介机构风险和技术交易监管机构风险。以下将进行具体分析。

---

① 田增瑞、段秉乾：《技术产权交易的风险规避及其监管体系研究》，载《研究与发展管理》2007年第2期。

1. 技术出让方的风险

技术出让方的风险，主要指拥有科技成果的主体在技术转移前承担的风险。根据技术交易类型的不同，可以将其区分为技术成果开发类交易和技术成果转让或许可类交易。

（1）科技成果委托开发类交易

在科技成果委托开发类交易中，技术出让方是指接受委托方指示，研究开发技术成果并最终提供科技成果的供给方。考虑到研发的难度系数大、财力和时间成本高且回报周期长，对于技术出让方而言，面临的最主要风险是研发不成功的风险，即未按照委托方要求，在约定时间内研发出相应的技术成果，导致违约的情形，此时供给方须承担相应的违约责任。在实践操作中，由于对科技成果信息和专利情报信息了解不全面，或者对现有法律、行政法规掌握不熟练，技术供给方所研发的技术成果与现有技术相重复而无法取得相应知识产权，或因违反法律、行政法规的强制性规定而导致技术无效，技术供给方虽投入大量人力、物力和财力，消耗巨大时间成本，但最终无法取得回报，并因未完成相应的研究开发而承担一定的违约责任。目前，我国技术交易市场的规制体系不完善，存在未经审核、批准或登记的侵权产品，技术供给方在研究开发过程中，因未尽到审慎注意义务，制造、使用或以其他方式侵犯他人合法拥有的知识产权，承担的是知识产权侵权的风险。在科技成果研发过程中，涉及生产工业、技术材料、产业信息等技术秘密可能因各种原因被泄露，即出现技术秘密泄露的风险。至于收益风险，它是技术供给方要面对的一项经济风险，一方面，要提防技术需求方违反合同约定，不按照约定数额给付相关研发费用和成果报酬，另一方面，为了激励供给方研发具有市场竞争力的技术产品，交易双方通常约定“入门费加提成”的方式对技术成果的研发费用进行核算，使得技术供给方的报酬与市场交易状况直接相关，增加了其市场收益风险。此外，委托开发的科技成果权利归属问题，也是技术供给方常常面临的风险，尤其在涉及职务委托发明创造情形下，若双方约定不明确或未进行相关约定，容易因权利分配产生争议或纠纷。

（2）科技成果合作开发类交易

科技成果合作开发类交易中，由于双方均对科技成果的研究开发投入了一定的精力和成本，面临的风险也相对一致。主要有：其一，合作开发合同作为双务合同对合同双方当事人的权利义务均作出了规定，交易双方按照合同约定履行相应的义务，是合作开发正常进行的必要前提，对方违反合同约定义务，是技术成果合同开发当事人面临的最主要风险；其二，合作开发的方式能够使技术开发工作更好地取得有利条件，促成当事人之间的优势互补，有利于技术开发的顺利进行，一定程度上减小了技术开发的难度，但无法消除技术研发不成功的风险；其三，研发过程与委托开发类似，都有可能出现侵犯他人合法知识产权的情形，引发侵权风险；其四，合作开发当事人本着自身利益最大化的原则，力求从开发后的技术成果中取得更多的利益，尤其在科技成果权属问题上，一旦合同约定不明确或未进行约定，就容易产生成果权属纠纷的风险；其五，合作开发中不同主体的介入，扩大了技术秘密的知情范围，也增加了技术秘密泄露的可能性，形成产品工艺、技术信息泄露的风险。

（3）科技成果转让或许可类交易

在转让或许可类交易中，技术出让方是指通过提供技术，将科技成果的所有权或使用权转移给受让方，从而获取资金利润的一方主体。技术出让方作为提供科技成果的一方，在进行转让或许可之前要保证科技成果的真实有效，具体而言，其面临的主要风险包括：①科技成果侵犯他人专利权等合法权益，存在产品侵权的风险；②若科技成果是从其他主体处取得，需保证自身拥有的科技成果所有权或转让权无瑕疵，否则在交易时出现相关权利不完善的情形，出让方须承担违约责任；③进行科技成果实施许可交易时，可能因合同约定的许可实施范围不明确，出现界限不明晰引发的侵权或违约风险；④转让或许可交易前，如果需要对科技成果进行价值评估，可能面临评估价值低于科技成果实际市场价值的风险，影响技术出让方的经济收益和经营发展。

2. 技术受让方的风险

技术受让方承担的风险通常是在科技成果进行转移，即技术交易过程中或交易完成后出现的，相较于技术出让方的风险集中于科技成果的研发本身，技术受让方的风险往往与市场营销、产品销售等市场行为，以及后续的权利维持行为有关。这尤其体现于以下几类风险。

一是委托开发技术受让方受让的技术失败的风险。委托开发技术受让方是通过提供资金或设施委托技术供给方进行技术开发，在科技成果开发完成后取得相关技术的需求方。在委托开发技术成果的技术交易中，考虑到技术研发难度大、失败概率较高，技术受让方承担的首要风险就是在投入资金后无法取得预期的技术成果。在科技成果转让或许可的技术交易中，受让方可能面临购买的技术成果与预期技术指标不符，导致合同目的无法实现的风险。

二是委托开发技术受让方技术成果布局风险。这是指未根据市场规划和目标对创新产品或技术进行布局而形成的风险。[①] 这一风险针对的主要是市场供求关系，因未关注市场需求，或因市场快速变化导致的不适应市场需求的技术成果，无法充分发挥其市场价值，影响技术受让方的收益和发展。

三是侵权及被侵权风险。在取得科技成果后，技术侵权或被侵权的风险均由出让方转移至受让方，受让方需要承担许诺销售、销售、使用等过程中可能出现的侵权问题，承担相应的侵权或被侵权风险。此外，在技术咨询合同或技术服务合同中，技术供应方提供的专业咨询或服务所形成的专业技术咨询报告或技术方案等，由供应方享有著作权，技术受让方不得未经其许可擅自使用或发表，否则将面临侵犯著作权的风险。

---

① 李文超：《基于知识产权管理体系的企业知识产权风险管理》，载《中国发明与专利》2017 年第 12 期。

四是泄密风险。由于在技术交易中参与主体众多，技术或经营秘密可能因人力资源管理不善、保密措施不到位等相关因素而泄露，产生技术秘密泄露风险。

五是技术转让行为无效的风险。在技术交易过程中，需要特定的技术成果转让手续（如登记、公告等）才能进行转让的，可能出现技术转让合同生效，但技术转让行为无效的风险。以专利为例，双方当事人在意思自治的前提下达成合意并签订合同，该专利转让合同有效，但由于案件所涉专利的转让需要在国家专利主管部门进行登记和公告，而转让方在进行转让时未按照此流程办理手续，导致专利或专利权不能有效转移。专利转让合同生效但专利权未转移，受让方未实际取得相应专利权，会遭受损失。

3. 技术中介机构风险

技术中介机构，是指在技术交易中承担桥梁角色，促成技术与资金有效衔接的重要中间力量。中介机构既要承担提供和宣传交易信息、扩大科技成果宣传范围的责任，也要保证信息的真实度和有效性，加快科技成果交易的效率，提高交易成功率。在技术交易中，技术中介机构承担的风险主要体现在三个方面：其一，投入无法取得回报的风险。虽然中介机构是促成技术交易双方交易达成的有效方式，但其无法预测交易结果，在实践中可能出现中介机构按照交易双方需求提供相应的信息和服务，但最终技术需求方和供应方因供需不对应或其他原因未达成合作，导致中介机构前期投入成本失效，回报无望。其二，委托方违约风险。中介机构是按照委托方要求促成交易实现的，在中介机构与委托方之间存在委托合同，如果委托方不能按照合同约定履行支付费用或提供信息的义务，将致使中介机构介于尴尬境地，面临合法权益受损的风险。其三，为技术交易提供服务平台的机构，如果对交易信息的真实性审查不到位，可能面临因交易一方提供虚假信息而导致对方受损时产生的连带责任。

4. 技术交易监管机构风险

技术交易的监管机构负责技术交易的监督管理，在此过程中，监管机构可能面临来自机构内部和外部两方面的风险。机构内部风险是指监管机构内部工作人员可能为谋取私利，违反监管制度，为交易一方谋取不正当利益，导致技术交易不公现象的发生，有损监管机构的公信力和社会公共秩序。机构外部风险发生在交易双方为进行不正当的技术交易，采取非法途径躲避监管机构的审查管理，逃避相应法律责任的情形中。监管机构的监督力度需要理性衡量，过宽、过严都不利于技术交易的有序进行和社会技术水平的进步和发展。因此，监管机构对内的人员管理和对外的审查力度，都是监管机构在技术交易中面临的风险和挑战。

（三）技术交易风险管控的实证研究

在实践操作中，各方交易主体都会采取一定方式或措施避免技术交易中的各类风险，或尽可能减少风险造成的损失。对技术交易风险管控的实证研究，可以根据应对的技术交易风险不同进行类型化区分。以下以违约类风险、侵权类风险、技术秘密泄露类风险为主，考察实务中交易主体所采取的管控方式。

1. 违约类风险的管控

在绝大多数情形下，技术交易是以合同约定的方式进行的，与一般合同纠纷类似，在技术交易中，违约是造成当事人利益受损的首要风险。实践中，技术合同交易双方为降低遭遇违约风险的可能性，通常会采取以下几种管控方式。

（1）在合同中明确约定双方权利义务

技术交易合同通常为双务合同，要求合同双方均按照合同约定，全面、及时地履行合同义务，才能实现技术交易目的，有效推动技术的市场价值的实现。合同中明确的双方权利义务约定，是当事人履行义务以及判断是否违约的前提条件，也是当事人之间发生纠纷时主张权利一方的有力证据。在法院审理的技术交易诉讼类案件中，法官判断被告方是否承担违约责任，需要从双方合同约定的权利义务出发。以山东某置业公司与某能源公司技术合同纠纷案为例，某能源公司认为案涉《技术服务合同》中明确约定了某置业公司支付施工首款的时间节点和金额，但某置业公司拒绝支付，该行为构成违约。法院经审理认为，双方签订的案涉合同明确约定了某置业公司的支付义务，某置业公司拒绝支付相关款项的行为违反合同约定，构成违约，应承担相应的违约责任。①

（2）强化违约行为的责任承担

技术交易合同签订前，交易双方已经预见交易存在违约的风险，加重违约责任是减小违约风险的有效方式。在技术交易合同履行过程中，一方当事人衡量违约责任与继续履行之间的利弊，若因违约需承担的赔偿责任明显重于继续履行带来的不利后果，则当事人会选择继续履行合同义务，以此避免因违约而给自身带来的风险及损失。

2. 侵权类风险的管控

（1）对专利权利要求书进行细化

技术交易中容易涉及技术产品侵权或自有产品被侵权的风险，应对此类风险，首先要从如何判断侵权入手。以专利侵权为例，对是否构成专利侵权行为的判断，应依据《专利法》（2020）第64条第1款的规定，“发明或实用新型专利权的保护范围以其权利要求的内容为准，说明书及附图可以用于解释权利要求的内容”。这表明我国对发明专利、实用新型专利保护范围的确定，是以权利要求书的内容为主要依据。确定专利产品的保护范围后，还需要从技术特征上将涉案产品与专利产品进行比对分析，根据全面覆盖原则、等同原则、禁止反悔原则等，进行严格的判断。以田某与北京某科技公司、某建材公司侵害实用新型专利权纠纷案为例，田某主张某科技公司、某建材公司侵犯其享有的“一种下水管返水装置”实用新型专利。但法院经审理查明，根据权利要求书

---

① 山东省高级人民法院（2018）鲁民终901号民事判决书。

的技术特征等内容的对比，案涉专利与被控侵权产品设计的发明目的不同，技术效果也不同，两者不构成等同，不存在专利侵权行为。[①] 由此可见，细化权利要求书内容，在纠纷发生时能够起到关键性的作用。

（2）谨慎甄别技术产品的来源

专利侵权产品的销售者或使用者如果能够提供证据证明侵权产品的合法来源，证明自己是善意且对销售产品系侵犯专利权的产品这一事实并不知情，可以免除侵权的损失赔偿责任。谨慎甄别技术产品的来源，保留相关的购买票据，证明自己取得侵权产品的合法来源，在发生侵权纠纷时，即使认定侵权也可以避免赔偿相应的经济损失，是减轻侵权风险损失的有效方式。以深圳某电子有限公司与中山市某加工店加工合同纠纷案为例，被告某加工店销售的被诉侵权产品有合法来源，原告请求赔偿数额过高，无事实依据。法院经审理认为，客观要件上被告无法证明其产品来自合法途径，主观上未对销售产品的主体施以合理的注意义务进行询问、了解、核实，主观上至少存在过失，不符合“不应当知道被诉侵权产品属于侵权产品”的主观要件，故综合考虑主客观方面，某加工店的合法来源抗辩不能成立。[②] 再以陈某与东莞某公司侵害实用新型专利权纠纷案为例，陈某主张其采购的被诉侵权产品有合法来源，并提供了明确来源，不应承担赔偿责任，而某公司认为陈某存在主观恶意且合法来源抗辩不成立。法院经审理认为，不知案涉产品是专利侵权产品，能够证明产品合法来源的，不承担赔偿责任，“主观不知情”和“合法来源”均为合法来源抗辩的成立要件，并以此驳回陈某请求，认定陈某虽能够证明技术产品来源，但不符合主观不知情要件而不成立合法来源抗辩。[③] 在上述案件中，合法来源抗辩虽未得到法院支持，但能够证明产品合法来源是进行抗辩的有力武器，如果能够证明主观上不知

① 北京市高级人民法院（2009）高民终字第5390号民事判决书。

② 广东省广州知识产权法院（2016）粤73民初617号民事判决书。

③ 广东省高级人民法院（2017）粤民终597号民事判决书。

情这一要件，则可以避免赔偿责任这一风险。

3. 技术秘密泄露类风险的管控

在涉嫌技术秘密泄露或侵权的纠纷案件中，首先可以参考《反不正当竞争法》第9条第4款对“商业秘密”的法律定义，从非公知性、商业价值性以及须采取保密措施入手，判断涉案信息是否构成技术秘密。技术秘密须采取特殊措施进行保密，实务中要求涉密人员签订保密协议、约定竞业限制及相关保密义务是最常见的保密措施。例如，在黑龙江某机械设备公司与哈尔滨某科技公司侵害商业秘密纠纷案中，法院首先对涉案信息是否构成商业秘密进行认定，根据某科技公司采取制定《公司保密制度》《员工手册》、签订保密协议等与实际情况相适应的合理保密措施，认为案涉信息构成商业秘密，进而认定某设备公司使用该技术秘密的行为构成侵权。① 在制定竞业限制协议时，用人单位要注意明确竞业限制协议的主体范围，即负有保密义务的人员名单，明确竞业限制的期限、范围和领域，竞业限制相应的补偿标准以及违约的责任承担，以此既有效保障技术秘密在有限的人员范围内安全使用，又可以减小涉密人员泄露技术秘密的风险，维护企业自身利益。

（四）技术交易风险的防范策略与对策

知识产权是企业经营活动中的重要风险因子，而知识产权管理是企业整体经营发展的重要组成部分，② 针对技术交易中存在的各项风险进行控制管理，有利于增强企业的市场竞争力，提高对相关技术及其知识产权的保护力度，推动技术交易的有序进行，进而推动社会整体技术水平的进步和发展。

根据采取技术交易风险的防范策略与对策的主体不同，可以从国家、企业及个人三个层面进行讨论。

---

① 黑龙江省高级人民法院（2018）黑民终636号民事判决书。

② 李文超：《基于知识产权管理体系的企业知识产权风险管理》，载《中国发明与专利》2017年第12期。

1. 国家层面：法律制度与技术规制的制约管理

现代社会的风险防范与治理，需要人类构造新的价值理念与新的知识体系。立法者必须重视控制风险功能的法制化，同时通过法律规范、政策规定和伦理规则等加强技术规制。① 一方面，为了应对技术交易中普遍存在的风险，国家可以制定相关法律法规，对技术交易中的行为进行规制和引导，对严重危害交易进行的行为制定限制或惩戒机制，引导良好交易环境的形成；另一方面，对技术交易给予信任的同时，也要提防其中存在风险的不确定性，即国家鼓励支持技术的创造发展，推动技术交易的达成，但也需要注意技术交易可能的负面效益，对其进行适当的规制，使其在法律、政策和社会公众的监督下合法地进行。

2. 企业层面：加强风险识别、评估与控制体系

作为技术交易的主要参与者，企业要面临各种各样、各个环节中的风险，需要建立系统、全面的风险管控机制，有效降低甚至消除技术交易风险的发生可能性。这一管控机制首先需要基础性的风险识别，及时、准确地发现技术交易中蕴藏的风险，并分析出风险产生的原因、风险可能发生的时间以及带来的损害后果。在识别出企业面临的未来风险后，由风险评估体系对风险进行总体评价和判断，梳理风险发生的概率和风险损害程度，并根据评估结果对风险的等级进行划分，确定对企业交易和经营影响深、破坏力大的风险类型。最后，根据风险识别和风险评估，企业可以有针对性地对相关风险进行预防和应对，根据不同类型的风险采取相应的管控措施，并形成公司管理制度模式，进行常态化规制。例如，对技术交易中权属纠纷的风险，可以要求在合同中加以明晰，完善合同制定的管理制度；针对技术交易前后出现的侵权或被侵权风险，需要建立科技成果侵权预防机制，实施侵权风险的有效化解策略；应对科技成果布局风险，则需提高对市场需求和技术成果供给之间供求关系的敏

① 吴汉东：《知识产权的制度风险与法律控制》，载《法学研究》2012 年第 4 期。

感度，加强对市场供求变化的应变能力等。不同企业在市场交易中面临的技术交易风险各不相同，但总体而言，对于技术交易风险的管控，可以从识别、评估和控制体系着手，预防相关风险的发生，减小损失的范围。

3. 个人层面：权利意识与责任观念相统一

知识产权立法的本来目的，在于合理界定权利和义务的范围，明确本权和他权的构成，通过权利行使而实现其确定性的利益。[①] 正如贝克在《风险社会》中所论述的，与传统社会风险相区别，现代意义上的风险建立在决策基础上，其不确定性源于人为的决策。[②] 技术交易的风险也是由人为决策所导致的。个人必须树立权利与责任相统一的观念，权利的享有以履行相应义务为必要前提，违背应履行的义务，则需要承担相应的不利后果和责任。通过个人责任意识的树立，督促个人及时、全面履行义务，将责任意识贯穿于技术交易的全过程和各方面，可以减少甚至避免除不可抗力以外的、违反诚实信用原则和公序良俗的交易风险，有效推动技术交易市场的平稳运行。

四、技术交易纠纷的处理

我国社会矛盾纠纷类型、特点、规律发生了新的变化，社会矛盾纠纷的复杂性和多样性，客观上要求解决矛盾纠纷的机制必须多层次和多元化。党的十八届四中全会明确要求，健全社会矛盾纠纷预防化解机制，完善调解、仲裁、行政裁决、行政复议、诉讼等有机衔接、相互协调的多元化纠纷解决机制。矛盾纠纷多元化解机制，不仅是国家治理体系和治理能力现代化的重要内容，是平安建设的重要方面，也是国家法治化发展水平的重要标杆。2015 年 10 月 13 日，十八届中央全面深化改革领导小组第十七次会议审议通过了《关于完善矛盾纠纷多元化解机制的意见》，将矛盾纠纷多元化解机制从法院系统的纠纷解决制度体系，上升

---

① 吴汉东：《知识产权的制度风险与法律控制》，载《法学研究》2012 年第 4 期。

② 参见［德］乌尔里希·贝克：《风险社会》，何博闻译，译林出版社 2004 年版，第 20 页。

为国家治理体系和治理能力现代化的战略行动。2016 年 6 月 29 日，最高人民法院出台了《关于人民法院进一步深化多元化纠纷解决机制改革的意见》，总结了人民法院推动多元化纠纷解决机制改革发展的历史经验，明确了进一步深化多元化纠纷解决机制的指导思想、主要目标和基本原则，对完善诉调对接平台建设、健全诉调对接制度、创新诉调对接程序、促进多元化纠纷解决机制发展等提出了系统的指导意见。因此，深入推进多元化纠纷解决机制改革，是人民法院深化司法改革、实现司法为民公正司法的重要举措，是实现国家治理体系和治理能力现代化的重要内容，是促进社会公平正义、维护社会和谐稳定的必然要求。具体而言，在技术交易纠纷解决过程中，主要涉及的纠纷解决方式包括以下几种。

（一）和解

我国《民事诉讼法》第 50 条规定，双方当事人可以自行和解。诉讼和解是指在民事诉讼过程中，当事人双方在自行协商的基础上达成解决争议的协议，并请求法院结束诉讼程序的制度，不同于调解，诉讼和解是双方当事人在诉讼中对自己诉讼权利和实体权利的处分。当事人在诉讼中和解的，应由原告申请撤诉，经法院裁定准许后结束诉讼，和解协议不具有执行力。诉讼和解可以发生在一审程序中，也可以发生在二审程序、再审程序中，但都必须在法院作出裁判之前进行。《关于人民法院进一步深化多元化纠纷解决机制改革的意见》中明确提出鼓励当事人先行协商和解，鼓励当事人就纠纷解决先行协商，达成和解协议。当事人双方均有律师代理的，鼓励律师引导当事人先行和解。特邀调解员、相关专家或者其他人员根据当事人的申请或委托参与协商，可以为纠纷解决提供辅助性的协调和帮助。同时，发挥诉讼费用杠杆作用以减轻司法机关诉累。当事人自行和解而申请撤诉的，免交案件受理费。当事人接受法院委托调解的，人民法院可以适当减免诉讼费用。一方当事人无正当理由不参与调解或者不履行调解协议、故意拖延诉讼的，人民法院可以酌情增加其诉讼费用的负担部分。

（二）调解

诉讼调解，亦称法院调解，是指对民事案件在人民法院审判组织主持下，诉讼双方当事人平等协商，达成协议，经人民法院认可，以终结诉讼活动的一种结案方式，是当事人用于协商解决纠纷、结束诉讼、维护自己的合法权益，审结民事案件、经济纠纷案件的纠纷解决制度，也是人民法院审理民事案件的一项基本原则。我国《民事诉讼法》第93条至第99条规定了调解原则、组织形式、协助调解、调解协议、调解书等基本内容。法院审理民事案件，应根据当事人自愿的原则，在事实清楚的基础上，分清是非，进行调解。调解可由审判员一人主持，也可以由合议庭主持。人民法院进行调解，可以邀请有关单位和个人协助。被邀请的单位和个人，应当协助人民法院进行调解。调解达成协议，必须双方自愿，不得强迫。调解协议的内容不得违反法律规定。调解达成协议，人民法院应当制作调解书。调解书应当写明诉讼请求、案件的事实和调解结果。调解书由审判人员、书记员署名，加盖人民法院印章，送达双方当事人。调解书经双方当事人签收后具有法律效力。调解未达成协议或者调解书送达前一方反悔的，人民法院应当及时判决。《民事诉讼法》第122条规定了当事人的调解拒绝权，当事人起诉到人民法院的民事纠纷，适宜调解的，先行调解，但当事人拒绝调解的除外。

（三）仲裁

仲裁是指由双方当事人协议将争议提交具有公认地位的第三者，由该第三者对争议的是非曲直进行评判并作出裁决的一种解决争议的方法，仲裁活动和法院司法审判活动都关乎当事人的实体权益，是解决民事争议的方式之一。仲裁主要解决平等主体的公民、法人和非法人组织之间发生的合同纠纷和其他财产权益纠纷。仲裁不同于诉讼和审判，仲裁需要双方自愿，是自愿型纠纷解决方式，区别于诉讼等强制型公断。仲裁一般是当事人根据他们之间订立的仲裁协议，自愿将其争议提交由非司法机构的仲裁员组成的仲裁庭进行裁判，并受该裁判约束。没有仲裁协议，一方申请仲裁的，仲裁委员会不予受理。因此，当事人申请仲裁应当符合下列条件：（1）有仲裁协议；（2）有具体的仲裁请求和事实、理由；（3）属于仲裁委员会的受理范围。

（四）诉讼

诉讼是指国家审判机关即人民法院，依照法律规定，在当事人和其他诉讼参与人的参加下，依法解决讼争的活动。人民法院受理公民之间、法人之间、非法人组织之间以及他们相互之间因财产关系和人身关系提起的民事诉讼，适用《民事诉讼法》解决纷争。民事诉讼中的起诉，是指民事法律关系主体因自己的或依法受其管理、支配的民事权益受到侵犯，或者与他人发生争议，以自己的名义请求法院予以审判的诉讼行为。在法律无特别规定时，对于技术交易过程中包含知识产权纠纷在内的各类案件，原则上遵循《民事诉讼法》的一般规定。需要特别注意的是，如果涉及知识产权案件，则在管辖上有着较为特殊的规定，《最高人民法院关于知识产权法院案件管辖等有关问题的通知》明确提出，原则上知识产权法院所在市辖区内的第一审知识产权民事案件，除法律和司法解释规定应由知识产权法院管辖外，由基层人民法院管辖，不受诉讼标的额的限制。对知识产权法院所在市的基层人民法院已经发生法律效力的知识产权民事和行政判决、裁定、调解书，当事人依法可以向该基层人民法院或者知识产权法院申请再审。在技术交易纠纷中，还需要特别注意《专利法》的有关规定，凡涉及专利权侵害的案件，根据《专利法》（2020）第65条的规定，专利权人或者利害关系人可以向人民法院起诉，也可以请求管理专利工作的部门处理。

本章小结

当前，国家全面深化改革正在如火如荼地进行，技术交易对于提高国家自主创新能力，建设创新型国家，进一步推动产业结构优化升级、提高经济发展整体质量，促进高质量发展无疑具有举足轻重的作用。技术市场的发展推动了科学技术的更新和进步，生产力的进一步解放、生产工具、生产要素的升级更新和优化配置为技术创新提供了良好的基础，各种因素的优化组合都离不开技术市场的基础调节作用。一项技术交易的顺利实现，离不开技术作为生产要素能够合理配置的特点以及技术市场规律的引导和制约。因此，以技术类知识产权为交易对象的技术交易，既具有无形资产交易的个性特征，又遵循着商品市场交易的基本规则和秩序，科技成果转化亦已经基本建立起以企业为运行主体的整体格局。国家对技术市场的宏观调控管理模式已经由提供各类优质可靠的技术交易平台代替对技术市场的直接干预和管理，一个由技术市场自发调节、由企业运作的技术交易运行整体机制正在共同推动科技成果的商品化交易进程。深刻理解技术交易的核心理念与交易规则，深入把握技术交易中所反映出来的种种问题及应对措施，对于处于技术交易市场中的交易者而言，是提高风险防范意识和本领的必然要求，也是我国技术市场良性发展的必经之路。对此，无论是政府、行业还是技术工作者，都应充分重视，在掌握技术交易特性和技术市场规律的基础之上，分工合作，各司其职，为我国科技的不断进步作出应有的贡献。

第二章　技术类知识产权权属问题

技术类知识产权的权属确定是对其进行使用、处分、交易的基础，是在技术交易过程中进行风险防范的第一道防线。但由于技术类知识产权自身的特点和相关的法律规范体系不够完善，从事技术研发的单位和人员的权属确定意识较薄弱，在实践中经常出现复杂的权属纠纷，影响技术类知识产权的使用和推广。本章通过界定技术类知识产权的概念、特点，讨论权属判断时可能会涉及的权利主体；梳理实践中存在的技术类知识产权权属问题，并就国内外相关的法律规定进行剖析，结合法院裁判进行实证研究。最后，针对技术类知识产权权属问题的风险，提出防范对策。

一、技术类知识产权权属问题概述

科技的进步能够推动经济和社会的发展，而知识产权保护是技术发展和创新的重要环节。随着经济发展和技术进步，技术交易在市场经济中的地位与日俱增。与此同时，在技术交易中出现了各类侵权难题、合同风险，造成了当事人的巨大损失。综观技术交易中出现的问题，我们会发现，很多隐患其实在技术类知识产权的权属确定环节就已经出现了。由于技术类知识产权通常具有高度的专业性和复杂性，当事人在实践中难以把握其权利归属，继而在后续的交易和使用中引发一系列的合同乃至侵权风险。故有必要对技术类知识产权，尤其是其权属问题进行深入研究，进而提出风险防范对策。

（一）技术类知识产权的概念

近年来，与技术类知识产权相关的交易和案件日益受到重视。2018年10月26日全国人大常委会通过的《关于专利等知识产权案件诉讼程序若干问题的决定》就规定了当事人对专业技术性较强的知识产权案件第一审判决、裁定不服，提起上诉的，由最高人民法院审理。自2019年5月1日起实施的《关于技术调查官参与知识产权案件诉讼活动的若干规定》则明确了审理技术类知识产权案件的人民法院可以指派技术调查官参与诉讼活动。但是，在相关的法律规范中没有明确规定技术类知识产权的具体概念，学界对此也尚没有统一的界定。在对技术类知识产权的权属问题进行研究之前，需要明确"技术类知识产权"的概念。为此，笔者先从技术类知识产权的客体技术类知识产品论起。

1. 技术类知识产品

研究技术类知识产权，首先要掌握其保护对象，即技术类知识产品的内涵。理解技术类知识产品的含义可以从两个方面入手：一是"技术类"，该限定突出了该类产品是科学技术活动的产物，具有技术属性。科学技术活动包括科技知识的产生、发展、传播和应用相关的活动。技术类知识产品主要产生于技术研究开发活动，即由具有专业知识的人员或者团队提前设定研发目标，投入一定的资本，通过实验观察、调查研发、综合分析等一系列智力劳动后完成。在技术交易和应用活动、技术成果服务活动中，也可能会产生新的技术类知识产品。二是"知识产品"，即该类产品不是有形的财产，而是无形的智力创造性劳动成果。且其应具有一定的价值，包括经济、技术价值等。

在现行的法律规范中没有直接对"技术类知识产品"的界定，但有对"技术成果""科技成果"等与之类似的概念的规定：

我国《民法典》合同编第二十章将技术合同的规范对象称为"技术成果"。对于"技术成果"的具体含义，最高人民法院在印发的《全国法院知识产权审判工作会议关于审理技术合同纠纷案件若干问题的纪要》中规定："技术成果，是指利用科学技术知识、信息和经验作出的产品、工艺、材料及其改进等技术方案，包括专利、专利申请、技术秘密和其他能够取得知识产权的技术成果（如植物新品种、计算机软件、集成电路布图设计和新药成果等）。"前面提到的《审理技术合同案件适用法律解释》（2020 年修正）第 1 条对技术成果的定义，实际上借鉴了上述定义。

"科技成果"一词的含义，可以在《促进科技成果转化法》中找到。该法第 2 条规定，本法所称科技成果，是指通过科学研究与技术开发所产生的具有实用价值的成果。可以看出，较之于强调该类成果的技术方案，该法更重视成果的实用价值、价值转化。《中国科学院科学技术研究成果管理办法》中即将"科技成果"定义为："某一科学技术研究课题，通过观察试验和辩证思维活动取得的，并经过鉴定具有一定学术意义或实用意义的结果。"学界通常也认为，一项新的科技成果的确认需要经过一定形式的鉴定。李玉香教授就曾指出科技成果的基本特征包括"应通过一定形式予以确认：通过专利审查、专家鉴定、检测、评估或者市场以及其他形式的社会确认"①。

通过以上可以明确，技术类知识产品来源于对科学技术知识和信息的运用，由科学研究和技术开发而得，成品经过认定具有技术属性和实用价值。

2. 技术类知识产权

技术类知识产权是由技术类知识产品产生的专有权利，是在科学、技术领域内，技术类智力创造成果的完成人、所有人依法享有的专有权利，主要包括专利权、技术秘密、计算机软件著作权、植物新品种权、集成电路布图设计权等技术性较强的知识产权。

专利权和技术秘密是技术类知识产权最主要的两种形式。在专利制

① 李玉香：《科技成果转化法律问题研究》，知识产权出版社 2015 年版，第 3 页。

度建立之前，人们只能以技术秘密的形式保护自己的技术。其中，技术秘密属于商业秘密的范畴，而根据我国现行《反不正当竞争法》第9条第4款规定，商业秘密是指“不为公众所知悉、具有商业价值并经权利人采取相应保密措施的技术信息、经营信息等商业信息”。又根据《最高人民法院关于审理侵犯商业秘密民事案件适用法律若干问题的规定》①（以下简称《审理侵犯商业秘密案件适用法律规定》）第1条第1款规定，“与技术有关的结构、原料、组分、配方、材料、样品、样式、植物新品种繁殖材料、工艺、方法或其步骤、算法、数据、计算机程序及其有关文档等信息，人民法院可以认定构成反不正当竞争法第九条第四款所称的技术信息”。技术秘密保护的优势在于，只要能够有效保密，就能够一直拥有权利，无需公开和缴费。不过，保密通常需要的成本高，且容易发生技术泄密等问题。② 在专利制度建立后，部分技术类知识产品所有人通过申请专利保护其技术。我国《专利法》规定了三种专利，分别是发明专利、实用新型专利和外观设计专利。其中，申请发明专利和实用新型专利需要满足新颖性、创造性和实用性三个条件，而申请外观设计专利的条件包括新颖性、美感性和实用性等。专利制度的建立和发展对保护权利人的专有权利，促进技术公开和鼓励创新都起着重要的作用。如今，专利已经和我们的生活息息相关、密不可分。

计算机软件包括计算机程序及其有关文档，是指以源程序或者目标程序表现的、用于电子计算机或者其他信息处理装置运行的指令。③ 计算机软件的实用性强，编写程序复杂，需要拥有专业知识技能的人进行研发，对计算机软件的知识产权保护通常被认为技术性较强。

植物新品种是指经过人工培育的或者对发现的野生植物加以开发，

---

① 2020年8月24日最高人民法院审判委员会第1810次会议通过，自2020年9月12日起施行。

② 周云祥：《论技术类知识产权保护方式的选择》，载《科技管理研究》2009年第5期。

③ 冯晓青：《知识产权法》，中国政法大学出版社2015年版，第81页。

具备新颖性、特异性、一致性和稳定性并有适当命名的植物品种。植物新品种是重要的农业生产资料，是科研人员通过人工培育或开发野生植物而产生的，具有较高的技术要求和实用价值。植物新品种在我国以《植物新品种保护条例》予以保护，但在美国等部分国家作为一种特殊的专利，即植物专利进行保护，这也可以看出其类似于专利，具有专业性、技术性强的特点。

我国《集成电路布图设计保护条例》对集成电路的定义如下：集成电路，是指半导体集成电路，即以半导体材料为基片，将至少有一个是有源元件的两个以上元件和部分或者全部互连线路集成在基片之中或者基片之上，以执行某种电子功能的中间产品或者最终产品。集成电路是一种工业产品，本应受到专利法保护。但因为自身特点，大部分集成电路在实践中经常难以达到专利法所要求的创造性高度，无法获得专利法保护。集成电路产业包括布图设计、芯片制造和封装检测等，其中创造性和技术含量最高的是布图设计，在我国以专门的行政规范对其进行保护。

（二）技术类知识产权的特征

技术类知识产权作为知识产权中的一类，具备一般的知识产权所具有的无形性、专有性和法定性等基本的属性，除此之外还有自身特点。

1. 专业性和复杂性

技术类知识产权的保护对象是技术类知识产品，该类产品主要通过科学研究和技术开发活动产生，需要拥有专业技能的科研人员应用专业知识进行研发和评估，通常需要配以专门的研发设备和环境，有时候还会有多人分工，组成专门的团队共同进行研发，具有高度的专业性和复杂性。不具备相关知识的人很难对相关案件的技术事实进行认定和判断，进而作出审理。

为了更好地解决因技术类知识产权的专业性和复杂性所引发的问题，我国在立法和司法上采取了一些措施。前述《最高人民法院关于调查官参与知识产权案件诉讼活动的若干规定》就体现了对技术类知识产权该特点的应对。根据其规定，人民法院在审理复杂的技术类案件时，可以安排技术调查官参与。技术调查官可以就案件所涉的技术性问题以及调查的方法等，提出自己的看法和建议。技术调查官是掌握一定科学、技术知识和能力的司法辅助人员，他们的参与能够让法官对于案件的技术性事实和问题有更准确的了解，提高法官审理该类案件的效率和正确性。至于最高人民法院专门设立审理技术类知识产权案件的知识产权法庭，则更体现了这类案件的专业性和复杂性以及最高人民法院对解决技术类知识产权案件的高度重视。

2. 创新性和先进性

技术类知识产品的发展和更迭依靠创新，紧随着科学技术的发展步伐前进。以专利中的发明为例，《专利法》明确规定，能够被授予专利权的发明和实用新型需要满足新颖性、创造性和实用性条件。其中，新颖性指的是该发明和实用新型不属于现有技术，也没有任何单位或者个人就同样的发明或者实用新型在申请日以前向国务院专利行政部门提出过申请。创造性指的是与现有技术相比，该发明具有突出的实质性特点和显著的进步。这都体现了对发明的创新性要求，能被授予专利的发明要与现有技术有本质上的不同，并且将其与之最接近的现有技术相比，还要有显著的进步，这种进步可以表现为克服了现有技术中存在的不足，或是为解决问题提供了新的技术方案，抑或是代表了一种新的技术发展趋势。至于实用性要件，则体现了发明创造的社会属性和专利法的社会本位法的特点。

由于技术类知识产权具有创新性，与之相关的新型、疑难案件比较多，对审理的要求通常也比较高。随着科学技术的迅猛发展，在实践中经常会出现法律未对其进行规范的新的技术类知识产品，法官在审理案件时可能会遇到没有相关法律或者案例可以参照的情况。这一方面要求立法的调整及时跟上技术的发展步伐，另一方面也要求法官提高自身的法律专业能力和对科技、社会发展的洞察力，与时俱进，在相关司法活动中能够结合科技发展的新形势进行裁判。

3. 高风险和高收益

技术类知识产品的研发通常需要投入较多的成本，研发时间长、研发难度大。随着科学技术的发展，目前多数科研活动都不是一个人单独完成的，而是由一个团队有组织地、持续地进行的，这类项目的设立和推进要承担很大的科研失败风险。但同时，该类知识产品通常具有较高的应用价值，若能顺利地投入市场得到推广和使用，能给权利人带来巨大的经济利益。

前些年，一则新闻轰动一时。据报道，2011 年，由山东理工大学教授毕玉遂研发团队发明的“无氯氟聚氨酯新型化学发泡剂”历时十余年完成，该专利技术在 2017 年卖出 5 亿元的天价，其中毕玉遂教授的研发团队获得了 80%，也就是 4 亿元的收入。在研发过程中，由于项目缺乏研究基础和本身存在的保密性问题，毕玉遂教授团队难以获得科研经费的支持，研发过程中遇到的资金难题大多只能由毕玉遂教授本人和团队内部人员解决。除此之外，化学发泡剂研发完成后，团队在专利申请上也遇到了一些阻碍，直到 2016 年，山东理工大学了解情况后，由学校出面向国务院直接呈报了建议报告。之后国家知识产权局调研组进驻山东理工大学，指导国内、国际专利的布局、撰写和申请等工作，最终完成了四件国内核心发明专利和一项国际专利的撰写，让该科研成果得以获得最大的保护。① 该发明不仅让毕玉遂及其团队获得了巨大的收益，也使山东理工大学在 2018 年的科技成果转化报告中名列前茅，更被国家知识产权局专家认为属“颠覆性技术发明”，解决了一个世界难题。② 但我们也同样可以看到该发明产生过程中整个研发团队对此投入了巨大的时

① 《山东理工大学一教授转让化学发泡剂专利收益 4 亿》，载平阴新闻网：http：//www.pingyin.cn/a/jiaoyu/18008.html，最后访问时间：2020 年 9 月 15 日。

② 《山东理工大学一科研成果卖出 5 亿元天价》，载《中国青年报》2017 年 4 月 11 日。

间、资金和智力劳动成本，假如项目最后研究失败，要承担的责任也是极大的。

除了研发失败可能产生的风险，技术类知识产权的所有人还要承担技术类知识产品推广和应用过程中可能产生的侵权责任等。由于技术类知识产品具有高风险和高收益并存的特点，在立法和实践中要注重对这两者的合理分配，力求公平。

（三）技术类知识产权保护的重要意义

科学技术是第一生产力。一个国家如果没有好的制度保护由科学技术创新产生的发明创造，鼓励科研人员和其他掌握专业知识技能的人才投入科学技术创新活动，规范技术交易的秩序，保护相关权益人的利益，就难以保证科学技术能够持续地为经济和社会发展服务，也难以在科技创新、经济增长和社会发展之间形成良性循环。加强对技术知识产权相关问题的研究，一方面有助于规范技术类知识产品的交易，最大限度地防范风险，保护技术类知识产权人和交易相对人、使用人的合法权益，另一方面能够有效地鼓励技术创新，实现智力资源和财力资源的合理分配，促进经济社会发展，提高国家创新能力和综合竞争力。技术类知识产权保护的重要意义，可以从以下几方面加以理解。

1. 对技术交易的意义

在市场经济环境中，资产的价值可以通过以下两个方面得以实现：一是通过资产的所有人对该资产的控制和使用实现，二是该资产作为一种商品进入交易和流通中，为资产所有人创造经济和社会价值。没有良好的产权保障制度，所有人就无法有效地控制其资产或将其投入市场，资产的价值将得不到充分的实现。①

从经济学的角度来说，技术类知识产权是一种特定的无形资产，其价值同样也需要通过以上两个方面得以实现。一方面需要技术类知识产

① 王景、王淳佳：《技术转移中的知识产权问题探讨》，载《价值工程》2017 年第 2 期。

权人对其有效控制和使用，另一方面需要通过投入市场进行交易，为权利人创造价值。由于技术类知识产品具有无形性和可复制性，可以同时为不同主体所使用且本身不会受到任何减损，如果没有有效的产权制度对其进行保护和限制，这些技术一旦公之于众，就容易被无偿使用，所有人难以凭借一己之力对其进行控制，也没有人会愿意出资购买或者有偿使用该技术类知识产品。因此，在实践中，通过产权制度保护权利人对其知识产品的有效控制，对于促进技术交易、实现产品价值来说是首要和基本的环节。以专利为例，专利保护制度可以使发明创造从没有产权依据和明确界限的、容易被复制难以得到有效控制的无形财产，变成能够被有效控制、有明确界限的知识产品。发明人为获得专利，需向国家知识产权局递交申请，经过审查合格的专利申请将得到授权，发给专利证书并得以登记、公告，至此权利申请人成为专利权人，在该发明创造上的权利得以被法律的形式确定和保护。专利权人可以放心地对其所拥有的专利进行许可、转让等处分。

2. 对科技发展的意义

知识产权制度是科学技术发展的产物，知识产权制度的每一步发展都与科技的进步息息相关。一方面，知识产权制度保护和激励了科学技术的发展；另一方面，随着高新技术的迅速发展，出现了越来越多传统的知识产权保护未触及的高科技智力成果，如人工智能、卫星传播、生物遗传工程等，这对知识产权保护又提出了新的挑战、新的要求。

科学技术的发展急需相应的知识产权制度予以保障，知识产权制度是科技得以稳定健康发展的保障和激励。同时，科技的发展又给知识产权保护提出了更高的要求。为了能够及时跟上科学技术前进的步伐，为科技发展提供助力，要持续加强对技术类知识产权的保护。

3. 对经济社会发展的意义

知识产权法具有二元价值目标。知识产权保护的直接目的是保护知识产品的创造者等知识产权人的利益，激励知识产权人从事智力创造，而最终目的是通过保障知识产权人的利益的激励机制，推动知识和信息的传播，从而促进经济的发展和社会的进步。① 对技术类知识产权的保护同样具有经济、社会发展层面上的意义。技术是推动生产力发展的一大动力，一个良好的技术类知识产权保护体系能够有效地鼓励科技创新，还能吸引国外的先进技术和投资，促进技术产品向社会生产力的有效转化。

随着时代的发展，技术交易已成为市场经济中的重要环节，规范技术交易，防范技术交易中的侵权风险、合同风险，加强对企业技术类知识产权的平等保护，对于优化市场经济环境也越来越重要。最高人民法院院长周强在全国人大常务委员会第六次会议上作《关于专利等案件诉讼程序若干问题的决定（草案）的说明》时就指出，最高人民法院知识产权法庭以审理发明和实用新型专利等技术类上诉案件为主，是因为这类案件的专业技术性更强，审理要求更高，与科技创新的关系更为密切，对于创新型国家建设的意义也更为重要，有利于优化科技创新法治环境，加强对中外企业知识产权的依法平等保护，促进形成法治化、国际化、便利化的营商环境。

4. 对提高我国国际地位的意义

当前，知识产权保护已经成为评价一个国家的国家实力和国际地位的重要标准之一。科学技术是经济发展的重要推动力，是国家综合实力的重要体现，一个国家掌握越多、越先进的技术，在国际上就越有话语权，而对技术的知识产权保护是推动其发展的重要因素。

目前制约我国许多高新技术发展的一大瓶颈就是知识产权。以集成电路为例，集成电路是信息产业的核心和基础，也是世界高科技竞争的制高点之一。我国有巨大的半导体消费市场，半导体需求占全球的

---

① 冯晓青：《知识产权法利益平衡理论》，中国政法大学出版社 2006 年版，第 82 页。

30%，集成电路也连续多年成为国内最大进口产品之一。2017年，我国集成电路产品出口金额669亿美元，进出口逆差额达到1932亿美元，行业对外的依存度极高，许多核心技术仍未突破。[①] 长期以来，我国的半导体产业一直是以芯片封装检测为主，芯片制造业和设计业相对不足，集成电路产业的整体创新能力不足。因此，国家在制度上应该给予集成电路企业进行布图设计创新等方面更多的保护和鼓励，同时帮助其进行创新产品的推广。在当前知识产权国际保护环境下，企业在注重研发和创新的同时，也要关注知识产权保护。在国外企业的巨大竞争压力之下，企业只有掌握了自主的知识产权并依托自主的标准，才能事半功倍。在经济形势严峻的国际环境之中，国家只有掌握了核心的技术，才能拥有更多的话语权，而促进核心技术开发和创新的制度保障就是知识产权保护制度。

（四）权属问题在技术类知识产权保护中的重要地位和作用

技术类知识产权的权属确定，旨在解决相关权利人之间的法律关系，既是技术类知识产权保护和交易的基础，也是防范纠纷和风险的第一步。明确技术类知识产权的权属——知识产权究竟归谁所有，对其的保护才能真正落实。另外，在技术类知识产权交易中，当事人在进行这类产品交易时，仍需遵守传统的交易原则——交易的当事人对其要交易的物品具有处分的权利。以自己的财产与权属不明的物品交易，或者出售所有权不明的物品，都会存在法律风险。由于知识产品具有无形性和可复制性，可以同时为多人所用，当事人无法像对待有形物一样，根据该物品由谁占有的外观来初步判断其归属，因此知识产品权利的归属对当事人来说把握的难度较高。技术类知识产品除具备一般知识产品的特质外，还有高度的专业性和复杂性，涉及的主体多且关系复杂，这更加剧了当

① 林帧、沈安琪：《半导体设备产业剖析，中国整体水平如何?》，载《申万机械》，http：//www.sohu.com/a/246685507_132567，最后访问时间：2020年10月15日。

事人把握其归属的难度。

若对技术类知识产品的权属约定不明或存在争议，不仅会阻碍技术类知识产品投入使用和推广，在之后的技术交易和使用中还可能会引发合同风险和侵权风险，损害相关权利人的利益。例如，甲企业与乙企业签订了专利权转让合同，约定将甲企业的某项专利权转让给乙企业，甚至已部分履行后，甲企业职工或者已离职的职工对该项专利主张权利，引发权属纠纷，造成双方企业在金钱和时间上的损失。又如，李某与王某进行技术交易时，曾与李某共同研发该项技术的贾某主张在该技术上的共有权利，阻止交易或者要求金钱补偿等。这些权属纠纷背后的原因多种多样，有的是法律法规本身规定存在的漏洞，即在知识产权归属问题上存在规定不明、缺乏规定或者规定之间相互冲突的情况；有的是当事人之间约定不明产生的误解，如共同参与研究开发的多人之间没有对成品的权利进行约定，引发矛盾；有的是某一方的压榨或欺骗导致权属分配不公引发的争端，如部分单位获得职务发明专利的权属后，没有依法给予职务发明人相应的奖励和报酬，甚至有的单位压制职工，不允许职工对于其非职务发明创造申请专利。

近年来，随着高新技术的发展和技术交易平台的拓展、完善，技术交易已经逐渐成为我国市场经济中的重要组成部分。与此同时，国家在制度层面对技术交易的引导和规范尚且不足，交易当事人对交易中存在的技术类知识产品的权利归属问题的关注也不够，常常在纠纷和损失发生后才后悔没有提前对权属问题进行明确。由于技术类知识产品具有高风险和高收益并存的特点，成熟的技术类知识产品如果能顺利地推广到市场中，会给权利人带来巨大的收益，但同时，若不慎侵权或违约，也可能会造成巨大的损失。为了防范风险，减少损失，有必要对技术类知识产权的权属问题进行系统研究。

目前在实践中经常出现的技术类知识产权权属问题主要包括以下三种类型：职务技术成果类知识产权权属问题、技术开发合同中技术类知识产权权属问题和由财政资金形成的技术类知识产权权属问题，以下将结合国内外的法律规范和典型案例对这三个问题进行详细的剖析，并提出风险防范的对策。

（五）技术类知识产权的主体

技术类知识产权的归属问题解决的是技术类知识产权权属问题，即权利由谁享有、义务由谁承担的问题，涉及技术类知识产权的主体。由于技术类知识产品具有高度的专业性和复杂性，在研发过程中需要投入的人力和财力成本较大，涉及的人员和单位众多，可能对技术类知识产品主张权利的主体也比较多。解决好技术类知识产权的权属问题，对于技术类知识产权的保护、使用和交易都具有非常重要的意义。

首先，个人是技术类知识产品的直接创造者，对其知识成果享有最直观的权利。由研发者单独完成的技术类知识产品上凝聚了个人的智力劳动、资本投入和专业知识，个人对其享有专有的权利。在职务技术成果创造和技术合作开发、委托开发中也需要每个研究人员的参与，此时需要根据相应法律规定确定权利归属。但无论如何，需要充分重视具体研发者的权益保护。

其次，有一部分技术类知识产品是由单位组织的，代表的是单位的意志，并由其承担责任，这类产品的权利自然归属于单位。另外，在实践中经常出现由单位组织个人完成或者个人在履行职务的期间或者利用单位的物质技术条件完成的知识产品，此时就涉及职务技术成果的权属，也包括单位和个人的权益分配问题。

最后，由于技术类知识产品的研发和推广对于社会经济的发展和国家国际地位的提高都有着十分重要的意义，部分技术类知识产品，尤其是涉及国防、电力、航天等国家安全或民生利益的技术成果，是由国家投入财政资金到法人机构开发或者由国家设立的科研机构完成的，在判断这类成果的知识产权权属问题时还要考虑国家、单位和个人的权利问题。

二、技术交易权属的相关规定解析

技术交易的权属问题可能发生在三个阶段：一是在技术交易的准备阶段，因为待交易的技术类知识产品本身的权属不明而引发问题；二是在技术交易中因对技术类知识产品的权属分配不明引发纠纷；三是在技术交易结束后，关于技术类知识产品的维护和改良后的技术类知识产品的权属问题。针对这三个阶段可能出现的权属问题，我国目前的法律法规中都有一定的涉及，但相关规定还不够完善。

（一）准备阶段待交易技术类知识产品的权属确定

技术交易的准备阶段，是待交易技术类知识产品的形成与实施策划阶段，也是对其进行确权和保护的阶段。① 综观技术交易中的各类风险和纠纷，我们会发现很多隐患在技术交易前的准备阶段就已经埋下。在这个阶段常出现的技术类知识产品的权属问题主要包括三种类型：职务技术成果知识产权归属；技术开发合同中技术类知识产权归属；由财政资金形成的技术类知识产权归属。以下将分别予以研究。

1. 对职务技术成果知识产权归属的规定与法律适用

一项技术类知识成果，根据完成该成果的个人的研究开发活动与其所在单位的岗位职责和单位的物质技术条件之间的关系，可以分为职务技术成果和非职务技术成果。我国《民法典》第 847 条第 2 款对职务技术成果概念的定义为：职务技术成果是执行法人或者非法人组织的工作任务，或者主要是利用法人或者非法人组织的物质技术条件所完成的技术成果。对于职务技术成果的权属，上述条文第 1 款规定：职务技术成果的使用权、转让权属于法人或者非法人组织的，法人或者非法人组织可以就该项职务技术成果订立技术合同。法人或者非法人组织订立技术合同转让职务技术成果时，职务技术成果的完成人享有以同等条件优先

---

① 王景、王淳佳：《技术转移中的知识产权问题探讨》，载《价值工程》2017 年第 1 期。

受让的权利。此外，《民法典》第848条还就非职务技术成果的财产权权属作了专门规定：非职务技术成果的使用权、转让权属于完成技术成果的个人，完成技术成果的个人可以就该项非职务技术成果订立技术合同。[①] 总体而言，《民法典》合同编对于职务技术成果的界定和权属分配的规定较为原则化。在实际中，职务技术成果通常表现为职务发明创造、职务作品和职务育种等，在相关的法律法规中有对其认定和权属分配更细化的规定。

职务发明创造是最典型的职务技术成果，根据《专利法》和《专利法实施细则》的规定，判断一个发明创造是否属于职务发明创造，可以从以下几方面加以认定。

第一，是否为执行本单位的任务时完成的发明创造。根据现行《专利法实施细则》第12条的规定，执行本单位的任务所完成的发明创造包括：一是在本职工作中作出的发明创造；二是履行本单位交付的本职工作以外的任务作出的发明创造，即根据单位要求，工作人员在完成单位短期或临时下达的工作任务时作出的发明创造，如为特定目的而临时设立的研究小组作出的发明等；三是退休、调离原单位后或者劳动、人事关系终止后1年内作出的，与其所在原单位承担的本职工作或者原单位分配的任务有关的发明创造。满足以上任一条件均可被认定为职务发明创造。

第二，是否为主要利用本单位的物质技术条件完成的发明创造。这里需要注意的是“主要”二字，即职工完成发明时利用的本单位包括资金、技术和信息在内的物质技术条件，对于发明创造的完成是必不可少的一部分。如果只是少量地利用本单位的相关物质技术条件且该利用也

① 根据《审理技术合同案件适用法律解释》（2020）第6条规定，上述“职务技术成果的完成人”“完成技术成果的个人”，包括对技术成果单独或者共同作出创造性贡献的人，也即技术成果的发明人或者设计人。人民法院在对创造性贡献进行认定时，应当分解所涉及技术成果的实质性技术构成。提出实质性技术构成并由此实现技术方案的人，是作出创造性贡献的人。提供资金、设备、材料、试验条件，进行组织管理，协助绘制图纸、整理资料、翻译文献等人员，不属于职务技术成果的完成人、完成技术成果的个人。

不是完成该发明不可缺少的部分，则不应认为是职务发明创造。对于利用本单位的物质技术条件完成的职务发明创造，《专利法》允许发明人和单位对其权属进行约定。

对于职务发明创造权利归属，《专利法》（2008）第6条规定，职务发明创造申请专利的权利属于该单位；申请被批准后，该单位为专利权人。非职务发明创造，申请专利的权利属于发明人或者设计人；申请被批准后，该发明人或者设计人为专利权人。《专利法》（2020）第6条第1款则在上述规定基础上作了以下补充："……该单位可以依法处置其职务发明创造申请专利的权利和专利权，促进相关发明创造的实施和运用。"据此，我国立法明确职务发明创造的专利权和专利申请权归单位所有，明显在职务发明创造归属的判定上更倾向于对单位利益的保护。

由于个人相对于单位来说通常力量比较小，个人与单位之间的雇佣关系也使得个人容易受制于单位，因此《专利法》（2020）第7条强调"对发明人或者设计人的非职务发明创造专利申请，任何单位或者个人不得压制"。在职务发明创造上，法律也考虑到了对发明人利益的保护。《专利法》（2008）第16条、《专利法》（2020）第15条规定："被授予专利权的单位应当对职务发明创造的发明人或者设计人给予奖励；发明创造专利实施后，根据其推广应用的范围和取得的经济效益，对发明人或者设计人给予合理的报酬。"根据该规定，发明人或者设计人虽然不能取得职务发明创造的专利权，但能够基于其智力创造获得一定的物质回报。《专利法实施细则》还具体规定了奖励和报酬的数额。这些规定体现了立法对个人智力创造的激励和保护，以及试图实现对发明创造者的保护和其所在单位利益的平衡。①

---

① 针对个人完成的技术成果，还存在较为特殊的情况。《审理技术合同案件适用法律解释》（2020）第5条规定："个人完成的技术成果，属于执行原所在法人或者非法人组织的工作任务，又主要利用了现所在法人或者非法人组织的物质技术条件的，应当按照该自然人原所在和现所在法人或者非法人组织达成的协议确认权益。不能达成协议的，根据对完成该项技术成果的贡献大小由双方合理分享。"

对于职务作品的著作权归属问题，这里不妨讨论技术性较强的计算机软件的权属。《著作权法》（2020）[①] 第18条及现行《计算机软件保护条例》第12条和第13条都有对职务性计算机软件作品著作权归属的规定，但两者之间存在一定的矛盾。例如，依据《著作权法》（2010）第16条第2款规定，只有“主要利用法人或者其他组织的物质技术条件创作，并由法人或者其他组织承担责任的……计算机软件职务作品”或者“法律、行政法规规定或者合同约定著作权由法人或者其他组织享有的职务作品”的著作权才归单位所有。但根据《计算机软件保护条例》第13条规定，凡属于该条规定的计算机软件职务作品的著作权都归法人或其他组织享有。《著作权法》（2020）中关于职务作品的权利归属的规定对作者更为有利。根据《著作权法》（2020）第64条规定，计算机软件的保护办法由国务院另行规定。因而，在两者存在矛盾时，应适用《计算机软件保护条例》的规定，对于属于职务作品的计算机软件，作者享有署名权，著作权的其他权利由法人或者其他组织享有，法人或其他组织可以给予作者奖励。

对于职务育种的权利归属，《植物新品种保护条例》第7条规定“执行本单位的任务或者主要是利用本单位的物质条件所完成的职务育种，植物新品种的申请权属于该单位；非职务育种，植物新品种的申请权属于完成育种的个人。申请被批准后，品种权属于申请人”。据此，职务育种的申请权和品种权归属于单位。

2. 对技术开发合同中技术类知识产权归属的规定与法律适用

根据《民法典》第851条规定，技术开发合同是当事人之间就新技术、新产品、新工艺、新品种或者新材料及其系统的研究开发所订立的合同。技术开发合同包括委托开发合同和合作开发合同。技术开发合同

① 我国2010年修正的《著作权法》在2020年11月11日进行了第三次修正。修正后的《著作权法》可以称为“《著作权法》（2020）”。《著作权法》（2020）自2021年6月1日起实施。

应当采用书面形式。其中委托开发合同是当事人一方委托另一方进行研究开发的合同，合作开发合同是当事人共同参与技术开发的合同。

关于委托开发合同的技术成果归属，《民法典》第 859 条第 1 款规定：委托开发完成的发明创造，除法律另有规定或者当事人另有约定外，申请专利的权利属于研究开发人。研究开发人取得专利权的，委托人可以依法实施该专利。该项许可不能撤销，也不能像许可使用合同一样设定期限；在研究开发人转让专利申请权时，委托人享有以同等条件优先受让的权利，即在同等条件下，委托人可以比其他人优先获得专利申请权。

关于合作开发合同的技术成果归属，《民法典》第 860 条规定：合作开发完成的发明创造，申请专利的权利属于合作开发的当事人共有；当事人一方转让其共有的专利申请权的，其他各方享有以同等条件优先受让的权利。但是，当事人另有约定的除外。合作开发的当事人一方声明放弃其共有的专利申请权的，除当事人另有约定外，可以由另一方单独申请或者由其他各方共同申请。申请人取得专利权的，放弃专利申请权的一方可以免费实施该专利。合作开发的当事人一方不同意申请专利的，另一方或者其他各方不得申请专利。

处理技术开发合同中的计算机软件的著作权归属，适用《计算机软件保护条例》的规定。对于合作开发的计算机软件，著作权的归属由合作开发者签订书面合同约定，若无约定的，对于可以分割使用的计算机软件，当事人可以就自己的部分进行使用，获取收益。但在行使权利时要尊重他人的利益，不能在未经允许的情况下将自己的权利扩张到整个软件上。对于不能分割使用的计算机软件，著作权由合作开发的当事人共同享有。对于委托开发的计算机软件的著作权，优先适用合同当事人的约定，若无约定则著作权归受托人所有。

从法律适用的角度看，在实践中当事人可能会因为合同的某些条款包含了技术的实施内容而对合同的性质产生争议，此时要注重对合同的特点、内容进行综合考察，以确定合同性质。技术开发合同是为了研究开发新的技术成果而签订的合同，不是对现有的技术进行交易或实施。在对一个合同是否为技术开发合同进行判断时，要通过合同的具体内容、当事人的客观行为等，判断当事人是否有技术开发的合意。在技术开发合同中，当事人通常会对技术研发的目标，研究开发计划，验收的标准，各方的权利义务，技术成果后续的使用、销售、转让等进行约定。以合作开发为例，当事人进行技术开发合作时，通常会订立合作开发合同，约定发明事项和归属等。但在实践中也存在未订立合同，但存在合作开发事实的情况。在没有订立合同的情况下，认定是否存在合作开发关系，关键在于合作者是否对技术的实质性特点作出了创造性的贡献。例如，在“魏某与北京某公司专利权权属纠纷上诉案”中，二审法院查明互联网新公司及其聘用人员在与北京某公司合作研究即开型彩票切票机头装置的过程中，针对该装置的技术问题，提供了明确具体的解决方案，该方案涉及的螺线管、弹簧等关键部件最终均写入了涉案实用新型专利权利要求。由此认定互联网新公司实际参与了研发工作，为涉案专利的核心技术作出了创造性贡献。①

3. 对由财政资金形成的技术类知识产权归属的规定

依据《科学技术进步法》第20条第1款的规定，利用财政性资金设立的科学技术基金项目或者科学技术计划项目所形成的发明专利权、计算机软件著作权、集成电路布图设计专有权和植物新品种权，除涉及国家安全、国家利益和重大社会公共利益的外，授权项目承担者依法取得。由国家财政资金形成的技术类知识产品属于国有资产，应归国家所有。但为了激励研究开发的单位和个人从事技术研发，现行立法通过授权的方式将大部分权利下放到单位。

权利授予项目承担者后，若得不到充分有效的运用，则研发的投入

---

① 北京市高级人民法院（2016）京民终547号民事判决书。

将失去意义。为了促进项目承担者对技术成果的保护和推广，该条第2款进而规定了获得知识产权的项目承担者应该同时对该知识产权进行保护和使用、推广，并以提交年度报告等形式定期向项目管理机构汇报实施和保护的情况。如果项目承担者没有在合理的期限内对相关成果进行使用，则国家可以无偿实施该成果，或者许可他人有偿实施或者无偿实施。

依据现行立法，针对职务技术成果的开发，个人原则上不能获得该技术成果的所有权，而只能获得相应的奖励、报酬。为了鼓励科技人员从事科研创新和成果转化的积极性，在《促进科技成果转化法》中规定了相较于《专利法实施细则》中更高的奖励和报酬的数额。

（二）交易阶段技术类知识产权的权属分配

技术交易的主要方式包括技术开发、技术转让、技术许可和技术出资等。技术交易多采取合同的方式，权属分配以当事人的约定优先，若当事人没有约定或者约定不明，则依据不同的交易形式，根据相关法律规范予以确定。

与技术开发相关的权属问题在上文中已经详细论述，此处不再赘述。现已并入《民法典》的《合同法》曾将技术转让和技术许可都规定在“技术转让合同”一节中。实际上，技术转让和技术许可在权属分配方面的差异很大。技术转让，顾名思义，是将自己拥有权属的技术转让给他人。技术转让会导致权利主体的变更，转让后原权利人对其转让的技术不再享有专有权利，受让人依约获得技术上的专有权利。技术许可则是权利人许可他人依照合同的约定来实施其技术类知识产品，技术许可不会导致权利主体的变更。以专利为例，专利权人可以和他人签订专利转让合同，将专利申请权或专利权转让给他人；也可以签订专利实施许可合同，许可他人依合同约定来制造、使用、许诺销售、销售及进口其专利产品，从而使其专利权不发生转移。需要注意的是，在专利转让中，条款的生效并非意味着专利申请权或专利权同时进行了转让。《专利法》

（2020）第 10 条第 3 款要求转让专利申请权或专利权的，当事人除订立书面合同外，还要向国务院专利行政部门登记，由国务院专利行政部门予以公告。专利申请权或者专利权的转让自登记之日起才生效。对此，受让方应特别注意敦促转让方尽快向国务院专利行政部门登记。

对于以技术出资方式进行交易的，依据《审理技术合同案件适用法律解释》（2020）第 16 条规定，当事人以技术成果向企业出资但未明确约定权属，接受出资的企业主张该技术成果归其享有的，人民法院一般应当予以支持，但是该技术成果价值与该技术成果所占出资额比例明显不合理损害出资人利益的除外。当事人对技术成果的权属约定有比例的，视为共同所有，其权利使用和利益分配，按共有技术成果的有关规定处理，但当事人另有约定的，从其约定。当事人对技术成果的使用权约定有比例的，人民法院可以视为当事人对实施该项技术成果所获收益的分配比例，但当事人另有约定的，从其约定。由此可见，当事人可以就相关技术成果的权属进行约定，也可以就其使用权进行约定。

（三）交易结束后技术类知识产品的权属问题

交易后的技术类知识产品面临的是维护和改善的问题。对于在技术交易的合同有效期内，一方或者双方对合同标的的技术成果所作出的革新和改良，即针对后续技术成果的归属与分享，《民法典》第 875 条规定：当事人可以按照互利的原则，在合同中约定实施专利、使用技术秘密后续改进的技术成果的分享办法；没有约定或者约定不明确，依据本法第五百一十条的规定仍不能确定的，一方后续改进的技术成果，其他各方无权分享。

三、职务技术成果类知识产权的认定

在信息时代，知识更新和科技发展的速度不断加快，技术的高速发展也导致其研制开发阶段所需要投入的资金和时间越来越多，所利用的精密仪器和知识信息已经超过了个人能力范围。现今，为完成一项新的技术类知识产品，科研人员通常需要依靠某个单位的财力和物力，并由多人合作组成项目组共同投入智力和体力劳动。这反映在知识产权法律环境中，即职务技术成果在技术成果的总量上所占的比例越来越高。[①] 从知识产权保护的角度而言，首先需要明确这类成果的权利归属。

（一）职务技术成果的概念与认定

一项技术类知识成果，根据完成该成果的个人的研究开发活动与其所在单位的岗位职责和单位的物质技术投入之间的关系，可以分为职务技术成果和非职务技术成果。

1. 职务技术成果的概念和认定

关于职务技术成果的概念，如前所述，根据我国《民法典》第 847 条第 2 款规定，它是执行法人或者非法人组织的工作任务，或者主要是利用法人或者非法人组织的物质技术条件所完成的技术成果。根据该规定可知，确认职务技术成果的条件有两个：一是执行法人或者非法人组织的工作任务完成的技术成果，这主要包括在本职工作中完成的或者承担法人或者非法人组织的科学研究和技术开发课题完成的技术成果；二是主要利用法人或者非法人组织的物质技术条件完成的成果。根据《审理技术合同案件适用法律解释》（2020）第 3 条规定，《民法典》第 847 条第 2 款所称“物质技术条件”，包括资金、设备、器材、原材料、未公开的技术信息和资料等。[②] 确认技术成果是否属于职务技术成果，并

---

① 张玲：《论职务发明创造与职务技术成果》，载《天津大学学报（社会科学版）》2000 年第 1 期。

② 根据该司法解释第 4 条规定，上述“主要是利用法人或者非法人组织的物质技术条件”，包括职工在技术成果的研究开发过程中，全部或者大部分利用了法人或者非法人组织的资金、设备、器材或者原材料等物质条件，并且这些物质条件对形成该技术成果具有实质性的影响；还包括该技术成果实质性内容是在法人或者非法人组织尚未公开的技术成果、阶段性技术成果基础上完成的情形。但下列情况除外：（1）对利用法人或者非法人组织提供的物质技术条件，约定返还资金或者交纳使用费的；（2）在技术成果完成后利用法人或者非法人组织的物质技术条件对技术方案进行验证、测试的。

不要求同时具备以上两个条件，只要具备其中一个就可以认为是职务技术成果。相应地，不满足以上条件的技术成果就是非职务技术成果。

由于涉及单位和个人利益的分配，正确判定一项技术成果是否为职务类技术成果就显得非常重要，对职务技术成果和非职务技术成果的定性错误，将影响其中各个主体的利益。在实际中，职务技术成果通常表现为职务发明创造、职务作品和职务育种等，不同类型的成果在是否为职务技术成果上的认定标准有所不同，在相关的法律法规中有对其概念更细化的规定。例如，根据《专利法》（2020）第15条规定，发明人或者设计人虽然不能取得职务发明创造的专利权，但能够基于其智力创造获得一定的物质回报，体现了立法对个人智力创造的激励和保护。需要注意的是，给予职务发明人相应的奖励和报酬是发明人所在单位应尽的义务，单位给予职工的报酬要合法、合理，且不得以任何理由变相免除该项义务。

2. 职务技术成果的人身权归属

前面已述及职务技术成果的财产权归属，具体规定体现于《民法典》第847条第1款。还需要指出的是，《民法典》对职务技术成果的人身权归属作了规定。其第849条规定：完成技术成果的个人享有在有关技术成果文件上写明自己是技术成果完成者的权利和取得荣誉证书、奖励的权利。

3. 职务作品和特殊型职务作品的认定与权利归属

在职务技术成果中，也包含部分受著作权保护的职务作品。所谓职务作品，是指自然人为完成其所在的法人或者非法人组织工作任务所创作的作品。职务作品的产生与个人所在单位和履行的任务息息相关，是工作人员在接受和完成单位交与的工作任务时创作的作品。

根据《著作权法》（2010）第16条规定，职务作品的著作权通常由作者享有，法人或其他组织有权在业务范围内优先使用。但“主要是利用法人或者其他组织的物质技术条件创作，并由法人或者其他组织承担责任的工程设计图、产品设计图、地图、计算机软件等职务作品”或

“法律、行政法规规定或者合同约定著作权由法人或者其他组织享有的职务作品”的著作权归属于作者所在单位。该条款规定了著作权属于单位所有的几类特殊职务作品，其中部分也属于技术成果，尤其是工程设计图、产品设计图、计算机软件。这几类作品的创作通常需要比较大的资金投入以及专业的技术条件支持，对其进行推广使用所需要承担的责任也比较大，故立法将其署名权以外的著作权规定为属于单位。

值得注意的是，《著作权法》（2020）对于上述职务作品著作权归属制度作了一定程度的修改。具体而言，其第 18 条第 1 款将上述第 16 条中的“公民”改为“自然人”，将“其他组织”改为“非法人组织”；第 18 条第 2 款则在上述第 16 条第 2 款的基础上，补充了“示意图”一类作品。此外，还增加了一类职务作品：报社、期刊社、通讯社、广播电台、电视台及所属媒体的工作人员创作的职务作品。不过，这类作品一般不属于技术成果类作品。

还需要进一步指出，针对职务作品中的技术类作品，《计算机软件保护条例》第 13 条也对计算机软件著作权的归属作了规定：自然人在法人或者其他组织中任职期间所开发的软件有下列情形之一的，该软件著作权由该法人或者其他组织享有，该法人或者其他组织可以对开发软件的自然人进行奖励：（1）针对本职工作中明确指定的开发目标所开发的软件；（2）开发的软件是从事本职工作活动所预见的结果或者自然的结果；（3）主要使用了法人或者其他组织的资金、专用设备、未公开的专门信息等物质技术条件所开发并由法人或者其他组织承担责任的软件。该条例在利用单位物质技术条件并由其承担责任的软件之外，又补充了两种由单位享有著作权的情况，即“针对本职工作中明确指定的开发目标所开发的软件”和“开发的软件是从事本职工作活动所预见的结果或者自然的结果”。

其中，在对一职工开发的软件是否属于“本职工作中明确指定的开发目标所开发的软件”进行判断时，要注意结合作者的职务职责、任职期间、单位指派的任务等进行考察。

4. 职务育种的认定及权利归属

根据《植物新品种保护条例》第7条规定，职务育种指的是育种人为执行单位的任务或主要是利用单位的物质技术条件完成的育种。除了职务育种以外，其他的育种都属于非职务育种，即既不是完成本单位的任务，也不是利用本单位的物质条件所完成的育种。该条规定，植物新品种的申请权属于该单位；非职务育种，植物新品种的申请权属于完成育种的个人。申请被批准后，品种权属于申请人。

综上，关于职务技术成果的知识产权归属，我国立法原则上将其中的财产权利明确为单位所有，个人享有署名权等人身权利和获得相应报酬、奖励的权利。

（二）国外关于职务技术成果知识产权归属的规定对比

就职务技术成果知识产权的归属，世界各国的法律制度中存在“雇主优先”和“雇员优先”的两种模式：我国和英国、法国属于前者，倾向于由雇主取得职务技术成果的知识产权，而以美国、德国为典型的国家属于后者，倾向于将职务技术成果的知识产权归属于雇员。

英国是非常典型的“雇主优先”的国家，其法律规定职工在正常工作期间和履行企业交办的特别任务的过程中作出的发明，只要这种正常工作或特别交代的任务的发生是合情合理的，则该职务发明的所有权归属于单位。在倾向于雇主利益的同时，为了保护雇员的权益，激励雇员进行发明创造的积极性，赋予发明者补偿金请求权，[①] 这类似于我国专利法中“基于发明人或设计人奖励与报酬”的规定。

法国将雇员发明分为三种类型：一是任务发明，即雇员所作的发明创造本身就是其履行的雇佣合同中规定的，或者雇员在被指派的某项在

① ［英］斯哥特·派克、陈兆霞：《职务发明英国相关法规之简介》，载《家电科技》2010年第6期。

雇佣合同规定的工作范围之外的任务中完成的发明。类似于我国法律规定的“执行本单位的任务”完成的发明。该类发明的财产权利归雇主所有。二是任务之外可归属于雇主发明，这主要包括完成于雇员的职责执行过程中的发明；在企业经营范畴内的发明；以及基于对企业的特有技术或设施或者企业提供的数据完成的发明。这类似于我国的“主要利用本单位的物质技术条件”完成的发明创造。但是，法国对该类发明的限制条件更加严格，要求该技术、设备或资料的独有性，即限于在本单位可得。关于该类发明，法国法律规定雇主按照行政法院的法令规定的条件和期限，有权将其工业产权归为己有。① 三是“任务之外不可归属于雇主的发明”，该类发明的所有权归雇员所有。可以看出，法国的职务发明创造的认定和归属与我国相似，但是“利用单位的物质技术条件”类的发明中严格了利用单位条件的限制，同时弱化了雇主的利益，雇主不是直接获得专利权，而是要在规定的时间内、履行特定的条件下取得。

与我国不同，美国实施的是典型的“雇员优先”模式。《美国专利法》中没有明确规定职务发明创造，而是适用有关发明制度的一般性规范。根据《美国专利法》，在没有特别约定的情况下，无论是职务发明还是个人发明，都应该由发明人本人提出专利申请，权利也相应地由发明人享有。雇主只享有优先受让权和非排他的使用权。《美国专利法》的规定以保护和鼓励发明人为宗旨，赋予了原本处于雇佣关系中弱势的雇员一方知识财产权利，增加了专利发明创造者和雇主谈判及博弈的筹码。

《德国雇员发明法》规定，雇员有了发明（不论是职务发明还是个人发明），首先要告知雇主，如果雇员认为发明属于个人发明，则雇主有两个月的异议期。对于雇员报告的发明，雇主有权选择是否申请专利，包括免费的一般实施权、有期限独占实施权、无期限独占实施权或产权等。如果雇主逾期未作选择，则职务发明归属于个人。如果雇主选择申

---

① 刘涛、顾晓月：《从域外经验看我国职务发明制度的权属问题》，载《法制在线》2008 年第 4 期。

请专利，则要给予雇员一定比例的补偿。为了规范报酬的数额，德国特别制定了《私有领域雇员职务发明报酬指南》。[1] 德国对于职务发明的归属采取的是比较折中的确定方式，但法律将发明的原始权利归属于雇员，经过一定的程序后才可能归于雇主，故在本质上采用的还是“雇员优先”模式。由于德国有具体明确的关于职务发明创造的确权和报酬制度，合理地分配了企业和个人之间的利益，德国每年申请的专利中约有90%都是企业或机构的雇员发明。

（三）职务技术成果知识产权归属的实证研究

关于职务技术成果的知识产权归属问题，在实务界和学术界讨论较多，争议较大的主要是职务发明创造的权利归属，在实践中经常出现纠纷的也是该类问题。以下将结合案例对实践中职务技术成果，尤其是职务发明创造的归属问题进行实证研究。

1. 职务技术成果认定问题

（1）对“本单位”的认定

职务发明创造涉及单位与职工的关系。根据现行《专利法实施细则》第12条第2款规定，专利法所称的本单位包括临时工作单位。也即专利法中的本单位不仅指劳动者的在编单位、聘用单位，还包括基于合作、协助关系而形成的临时或者兼职工作单位。实践中，如果有劳动合同能直接证明单位和发明人之间的雇佣关系，将是认定“本单位”最直接有力的证明。但是，也可以通过发明人是否实际受到单位的支配和管理来认定其是否符合专利法意义上“本单位”的要求。其中，劳动合同是证明单位与发明人之间关系最有力、最明了的证据，但专利法并不要求发明人与单位之间必须存在劳动关系，只要发明人事实上受单位的支配和管理，相关用人主体就能够符合专利法意义上的本单位。以下两个

---

① 刘涛、顾晓月：《从域外经验看我国职务发明制度的权属问题》，载《法制在线》2008年第4期。

案例即可见一斑。

在某公司与张某专利申请权纠纷案中，原告某公司主张被告张某受聘于某公司及参与蓖麻无酚裂解制备癸二酸清洁生产方法的研发工作，并提供了项目书、任务合同书、现金报销单等证明张某与某公司间为双聘、兼职的关系。张某辩称自己是某大学教授，不是某公司的员工。法院认为，“原审庭审笔录中显示张某承认曾在某公司从事微波制取癸二酸的前期研发工作。在张某认可的邮箱中，其与某公司往来的邮件内容亦显示其曾参与涉案技术项目的申请等，结合某公司提交的课题申报文件，原审判决认定张某在某公司兼职，并从事了蓖麻油提取癸二酸相关课题的前期研发工作，并无不当。张某申请专利的发明创造与其在某公司的研发工作有关，且在离职 1 年内作出，故应认定张某申请的专利系执行本单位的任务所完成的职务发明创造，该发明创造申请专利的权利应属于某公司”。该案件争论的核心问题之一是被告张某与原告某公司之间的法律关系，法院根据张某的陈述，双方的邮件往来记录和项目申请、课题申报文件等确认了张某与某公司的兼职关系，并认为某公司作为《专利法》中的“临时工作单位”，有权获得职务发明的专利权。①

在“钱某与上海某矿机科技有限公司（以下简称某公司）技术合同纠纷上诉案”中，原告某公司主张被告于 2000 年至 2011 年 6 月一直在原告处工作，从事技术研发相关工作。涉案专利是被告为执行本单位的任务所完成的职务发明创造。被告钱某辩称原告与被告之间并没有签订劳动合同，双方是以专利使用协议的方式对被告研发的专利权属进行约定。根据约定，涉案专利为非职务发明专利。法院认为，被告自 2000 年起至 2011 年 6 月一直在原告处工作，领取原告的工资，接受原告的工作安排和任务，虽然原告与被告没有签订劳动合同，但原告仍属于专利法意义上被告的“本单位”。② 该案也反映了同一裁判法理。

---

① 最高人民法院（2011）民申字第 1486 号民事判决书。

② 上海市高级人民法院（2013）沪高民三（知）终字第 129 号民事判决书。

（2）对是否为执行本单位任务、完成本职工作的认定

在司法实践中，认定一项发明创造是否属于在本职工作中完成的，还可以结合以下三个标准进行判断：

一是劳动合同中是否载明了本职工作包括涉案专利的研发；劳动合同中对职员工作职位和工作职责的描述包括了涉案专利的研发，将是对“本职工作”最有力的证明。进言之，在实践中认定一项发明创造是否属于在本职工作中完成的，可以根据劳动合同中是否载明了发明人的本职工作中包括了对涉案专利的研发、本单位的性质和经营范围是否包含涉案专利的研发内容、发明创造与发明人工作岗位的具体内容之间的关联度进行判断。在部分案件中，涉案专利的研发并非单位直接安排的本职工作，但与发明人的工作之间有较高的关联度，也被认定为职务发明创造。例如，在“王某与某空调系统（中国）有限公司专利申请权权属纠纷申请案”中，法院根据王某的本职工作和涉案专利技术均属于空调领域，且具有直接的关联性，认定涉案专利申请技术方案为王某任职某空调系统（中国）有限公司期间在本职工作中完成的发明创造。[①]

二是本单位的性质和经营范围是否包含涉案专利的研发内容。如果对职员的本职工作是否包含科研任务并未在劳动合同中明确规定，则可以结合单位的性质、经营范围、职工的日常工作内容等因素综合判断职工在该岗位上是否有从事研发的职责，职工个人发明创造的完成是否落入职工的本职工作范围内。

三是发明创造与发明人工作岗位的具体内容之间的关联度。在部分案件中，涉案专利并非单位直接规定的本职工作，而是与发明人的工作之间有较高的关联度。例如，在王某与某空调系统（中国）有限公司（以下简称某公司）专利申请权权属纠纷申请案中，法院认为审查再审申请人王某任职某公司期间的本职工作，应当结合某公司岗位体系的设

---

① 最高人民法院（2013）民申字第1190号民事判决书。

置、各岗位的职责和工作内容，重点考察王某任职期间实际承担的工作职责。结合王某2008年、2009年的《绩效管理》和某公司发布的地源热泵空调热水机组宣传资料，法院认为王某2008年、2009年任职于某公司期间，其本职工作至少包括空调领域“集制冷、制热、生活热水三位一体功能的集成系统”的研发工作、“蓄热系统的开发工作”以及“热水和冰蓄冷项目”。涉案专利申请技术在于提供一种具有蓄热功能的空调热泵热水器系统，与王某的本职工作均属于空调领域，且具有直接的关联性，可以认定涉案专利申请技术方案为王某任职某公司期间在本职工作中完成的发明创造。①

对于“履行本单位交付的本职工作之外的任务”完成的发明创造的认定，由于单位在指派本职工作以外特定的研发任务给个人时，通常会签订专门的合同列明主要的研发任务，在实践中职工和单位就一项发明创造是否为职工履行单位任务所作出的发生争议时，可以参照立项书等书面协议加以确定。例如，在总医院诉李某专利权权属纠纷案中，原告总医院认为涉案专利“沉入式髓内扩张自锁钉”是其组织的科研项目的成果，属于职务发明创造，归医院所有。被告李某则主张自己的本职工作是医生，从未参与过科研中心工作，涉案“沉入式髓内扩张自锁钉”是在原告专利的基础上的重大改进，是被告的非职务发明。法院最后结合被告的职务和原被告签订的《九七年度院科研课题协议书》，认定涉案专利的发明在协议书规定的期限和范围之内，是职务发明，归总医院所有。从本案可知，单位在指派可能会产生技术发明创造的任务给职工时，宜事先就研究范围、时间以及权属问题进行约定，以免日后发生争议。②

离退休人员因在劳动、人事关系终止后1年内作出的发明创造而与单位引起纠纷的案件在实践中也比较常见。处理这类纠纷的难点在于把握原单位已有技术与争议专利之间的关联性。在浙江某实业股份有限公

① 最高人民法院（2013）民申字第1190号民事判决书。

② 北京市第二中级人民法院（2003）二中民初字第9797号民事判决书。

司与解某专利申请权属纠纷上诉案中，原告浙江某实业股份有限公司提出被告解某于2009年2月至2012年11月，任原告销售总公司某销售公司总经理，负责天窗、消防电器控制装置的设计、研发、销售，负责推广自动开启天窗成果，管理、掌握、熟知原告天窗技术信息。被告于2012年11月从原告离职，于2013年4月申请开窗系统发明专利（诉争专利），涉及排烟窗领域，尤其涉及一种开窗系统。原告主张该发明为职务发明，专利申请权归其所有。被告答辩称该诉争专利系被告与另外四个案外人经过智力发明创造形成的，被告虽自原告单位离职不足一年，涉案专利已完成并提出申请，但是该诉争专利与其在原告处所承担的本职工作和指派的任务没有任何相关性。法院审查认为，被告申请的开窗系统发明专利是与其在原告承担的工作内容有关的发明创造。涉案专利的技术内容与被告解某在原单位利用本职工作、工作任务所掌握的原告天窗研发技术在技术上有较强的紧密性。此外，被告提供的关于其他四个案外人资历等证据不足以证明他们对诉争专利的实质性特点作出了创造性贡献。法院遂判定涉案专利是与被告解某在原告承担的本职工作和分配的工作任务有关的发明创造，属于职务发明创造的一种情形。①

在实践中，如何把握原单位已有技术与争议专利的关联性往往存在争议。如果对关联性的认定要求过高，可能会将部分主要基于原单位的物质技术投入形成，但耗时较长的发明创造排除在职务发明之外；若对关联性的认定要求过宽，又容易导致部分离职员工故意拖延发明专利的申请时间以规避“离职后一年”的规定，既违反诚实信用原则，又不利于技术的推广和使用。对关联性进行判断时，要结合不同技术的研发背景、应用范围是否重合，基本原理、主要功能和技术手段是否类似以及单位是否具有类似的研发目的。②

---

① 浙江省高级人民法院（2015）浙知终字第178号民事判决书。

② 毛明强、洪婧：《浙江大丰实业股份有限公司与解宏专利申请权权属纠纷上诉案——离职后作出的发明创造专利申请权权属认定》，载《人民司法·案例》2016年第23期。

（3）对主要利用单位物质技术条件的认定

通过“主要利用本单位物质技术条件”标准认定职务发明创造时，要特别注意把握“主要利用”这一限定性条件。在实践中，部分法院未能严格把控“主要利用”标准，只要查明发明人在发明创造中利用了单位的物质技术条件，就将其发明认定为职务技术成果，这就会不适当地扩大职务技术成果的范围。

例如，在浙江某机械有限公司诉张某专利权权属纠纷案中，法院认为专利法意义上的“主要利用”是指本单位的资金、设备、零部件、原材料或者不对外公开的技术资料对完成发明创造技术作出了主要的或者实质性的贡献。原告浙江某机械有限公司称被告张某在离职时将其在原告处完成的与涉案专利相关的图纸和技术材料全部带走，据此完成涉案专利并进行申报，但并未提供相应证据证明。原告也未能举证证明涉案专利系被告利用了原告的资金、设备、零部件、原材料等其他物质条件，因此涉案专利不属于主要利用了原告的物质技术条件所完成的发明创造。在该案中，法院通过审查原被告提供的证据与职务发明创造认定之间的联系，严格掌握了“主要利用”的标准。①

2. 职务技术成果的权利归属问题

（1）约定优先原则的适用

《专利法》（2020）第 6 条第 3 款规定，对于“利用本单位的物质技术条件所完成的发明创造”，单位与发明人或者设计人可以约定其归属，但对于“执行本单位任务所完成的发明创造”能否适用约定优先，法律没有明确规定。对于如何理解《专利法》（2020）第 6 条的有关规定，实践中存在不同的观点。例如，有的观点认为，知识产权属于私权范畴，基于法律对私权保护的一般原则，在确立专利权归属时应当以当事人意思自治优先，允许发明人与单位对“执行本单位任务所完成的”职务发

---

① 浙江省温州市中级人民法院（2015）浙温知民初字第 67 号民事判决书；上海市高级人民法院（2015）沪高民三（知）终字第 18 号民事判决书。

明的权属进行约定。有的观点则认为，《专利法》（2020）第6条第3款仅允许对利用本单位物质技术条件完成的发明创造进行约定，实际上排除了执行本单位任务的情况。在实践中，多采取后一种观点。在前述的钱某与上海某矿机科技有限公司技术合同纠纷上诉案中，法院即认为“在职务发明中，可以对专利申请权和专利权的归属进行约定的情形并不包括执行本单位的任务所完成的发明创造。本案中，涉案专利是被告为执行原告的工作任务所完成的发明创造，原告与被告签订的专利使用协议对涉案专利并不适用”①。

（2）涉及多个单位的职务技术成果归属

在过去，员工和单位之间的关系往往是长期固定甚至是终身制的，流动性小，员工在任职过程中完成的发明创造归属只需在员工个人和其所在的单位两者之间进行认定。随着经济社会的发展，职工和单位之间的关系日渐复杂，有的职工在多个单位都有任职、兼职或者挂名，其发明创造可能与多个单位有关。例如，某人在甲单位做本职工作，但是利用了乙单位的物质技术条件。在类似情况下，认定职务技术成果的归属就可能在个人与单位间、单位与单位间产生纠纷。

在劳务派遣关系中，职务发明的权利归属和分配就是典型的由发明人、设计人与单位双方的冲突演变成发明人、派遣机构和受派机构三方博弈的情形。在劳务派遣制度中，劳动者和派遣机构之间是以劳动合同为基础的法律关系，派遣机构与受派机构是以劳务派遣合同为基础的法律关系，而劳动者和受派机构之间是基于上述劳动合同和劳务派遣合同而形成的延伸法律关系。由于职务发明创造的完成通常系接受受派机构的任务或主要利用受派机构的物质技术条件完成，但在劳务派遣关系中，劳动者与受派单位的人身依附关系较弱，与派遣机构的人身依附关系更强，实践中对于职务发明应当归派遣机构还是受派机构所有存在争议。

① 上海市高级人民法院（2013）沪高民三（知）终字第129号民事判决书。

在派遣机构、受派机构和发明人（即劳动者）三方之间复杂的劳动关系中，发明人的权益往往更容易被忽视，因此在具体的权属判断中应该以发明人、派遣机构和受派机构的智力投入和物质投入以及各方对发明创造的贡献度来具体地确定，注重对发明人合法权益的保护。①

3. 奖金和报酬的金额确定问题

在我国，职务技术成果归单位所有，但发明、设计人依法有权获得奖励和报酬。依据现行《专利法实施细则》，被授予专利权的单位可以和发明人、设计人约定或在其依法制定的规章制度中规定奖励的方式和数额。在实践中，多数单位会选择在内部规章制度中规定职务发明创造的奖酬方式。由于个人和单位之间的力量对比悬殊，个别单位通过内部规章制度不当限制，乃至变相剥夺职工获得奖酬的权利，故要特别关注单位奖酬相关的规章是否符合法律法规的规定，是否不利于对发明、设计人合法权益的保护。

被授予专利权的单位未与发明人、设计人约定，也未在其依法制定的规章制度中规定奖励的方式和数额的，《专利法实施细则》中规定了奖励的最低数额和报酬的计算方式。依据其规定，发明、设计人可从单位实施发明创造所获得的利润中提取一部分作为报酬，也可从单位转让或者许可他人实施专利所收取的费用中提取一部分作为报酬。但实践中这些利润和费用往往难以计算，且具体数额的提供方是单位，单位提供的数额往往不被发明、设计人所认可，从而引发纠纷。

自 2010 年《专利法实施细则》修改之后，职务发明的法定奖酬标准得以大幅度提高，职务发明奖酬案件的数量也逐年增加。对于《专利法》第 15 条规定的被授予专利权的单位应当对职务发明创造的发明人或者设计人给予的奖励和报酬的具体金额的确定问题，实践中分为单位与发明人、设计人之间有具体约定、规定和没有约定、规定两种情况。

---

① 刘鑫：《论劳务派遣中职务发明的权利归属和利益分配——专利法和劳动法双重视角的探析》，载《电子知识产权》2015 年第 7 期。

现行《专利法实施细则》第76条第1款规定，“被授予专利权的单位可以与发明人、设计人约定或者在其依法制定的规章制度中规定专利法第十六条规定的奖励、报酬的方式和数额”。据此，当被授予专利权的单位与发明人、设计人对职务发明创造奖励有约定或者在依法制定的规章中规定的，应当优先使用约定或者规章中规定的奖励方式和数额。例如，在梁某诉上海某股份有限公司职务发明创造发明人、设计人奖励纠纷案中，法院认为：“被告在《奖励办法》中对职务发明创造发明人、设计人的奖励进行了规定，而原告对该《奖励办法》亦明知，故本案应当优先适用被告《奖励办法》的规定。”① 实践中，单位与发明人之间约定奖酬的案件并不常见，多数单位在内部规章制度中直接规定职务发明奖酬的分配规则。由于个人和单位之间的力量对比悬殊，在具体案件中对单位奖酬相关的规章是否为“依法制定”、规定是否合理、是否侵犯了发明人的合法权益，应该进行严格的审查。例如，在范某生诉深圳某绝缘材料有限公司职务发明创造发明人奖励、报酬纠纷案中，法院认为被告深圳某绝缘材料有限公司的《员工手册》和《员工手册实施细则》中对职务发明创造的相关规定“员工有个人研究发明，该发明使公司降低成本、增加利润时记大功；在奖励额度中记大功可获2000～3000元或升职加薪”，没有明确区分职务发明人的奖励与报酬，与《专利法实施细则》第76条的规定不符。另外，其中规定的2000～3000元的相对固定数额与《专利法》中对“报酬”的性质及规定明显不符；“升职加薪”亦缺乏具体内容和数额标准。法院进而否定了被告公司内部的奖酬制度可作为奖酬的依据。②

被授予专利权的单位未与发明人、设计人约定，也未在其依法制定的规章制度中规定奖励的方式和数额的，对于奖励和报酬应该按照现行《专利法实施细则》第77条、第78条加以确定。《专利法实施细则》第

① 上海市第二中级人民法院（2014）沪二中民五（知）初字第11号民事判决书。
② 广东省深圳市中级人民法院（2013）深中法知民初字第27号民事判决书。

77 条规定了单位向发明人或者设计人发放奖金的时间和最低数额。单位应当自专利权公告之日起 3 个月内发给发明人或者设计人奖金，且一项发明专利的奖金最低不少于 3000 元；一项实用新型专利或者外观设计专利的奖金最低不少于 1000 元。对于报酬，其第 78 条规定了两种支付方式：一是从专利权人（单位）自己实施发明创造所获得的利润中提取一部分作为报酬；二是从专利权人转让或者许可他人实施其专利所收取的转让费或者使用费中提取一部分作为报酬。由于技术所得的利润和使用费等通常难以估算，且利润、转让费和许可费的提供方是专利权人，专利权人是利害关系人，其提供的费用往往不被发明人、设计人所认可和接受，因此按照以上两种途径给付报酬在实践中可能难以实现。例如，在潘某诉某公司等职务发明创造发明人报酬纠纷案中，法院由于无法计算营业利润的精确数额，只能参照专利法法定酌情赔偿的规定，最终判决被告某公司向原告潘某支付职务发明创造发明人的报酬共计 100 万元。①

（四）完善我国职务技术成果权利归属的对策与建议

我国在职务技术成果权利归属上的规定明显倾向于单位，对职工个人利益的保护力度不足，不利于鼓励个人进行发明创新。关于职务技术成果认定和奖励、报酬金额确定的部分法律规定过于原则，脱离实际，导致实践中不同法院对相似问题的裁判结果出现较大的差异。对于如何完善我国职务技术成果的归属，笔者有以下几点建议。

1. 以利益平衡为确定职务技术成果归属的基本原则

利益平衡又称利益均衡，是在一定的利益格局和体系下出现的利益体系相对和平共处、相对均势的状态。法律、规则和制度都建立在利益平衡的基础之上。② 在本质上，利益平衡就是利益主体根据一定的原则

① 广东省高级人民法院（2011）粤高法民三终字第 316 号民事判决书。

② 冯晓青：《知识产权法利益平衡理论》，中国政法大学出版社 2006 年版，第 11 页。

和方式对利益进行选择、衡量的过程，每个利益主体都希望能够获得最大的利益而付出最少的代价，利益冲突因此产生。这种冲突通常难以通过利益主体自身来解决，需要借助法律的制度性安排。在职务技术成果归属确定中，利益冲突往往产生在职工个人和其所在单位之间，有时职工任职的多个单位之间也会产生冲突，这都需要明确的法律规范对主体间的利益冲突进行协调、平衡。职务技术成果规范一方面应当通过授予从事知识创造的职工权利或其他利益，激励其从事创新和传播活动，另一方面也要通过权利让渡、对价支付等方式对单位的利益加以保护。

利益平衡要求尽可能地保持利益体系的稳定和利益格局的均衡，避免权利失衡。职务技术成果的归属问题涉及单位和个人之间的利益平衡。在职务技术成果归属问题上，各国都努力在个人和单位之间找到一个合理的平衡点，如德国通过权利限制、保护期限等一系列法律机制，确保社会公众对专利的合理需求，力求实现单位、个人和社会公众利益的相对平衡。我国是实施“雇主优先”模式的国家，在《专利法》、《计算机软件保护条例》和《植物新品种保护条例》等相关法律法规中，对职务技术成果归属的判定标准都更加倾向于单位的利益，虽然也有对职工利益的兼顾，如“单位给予发明人、设计人奖励、报酬”等规定，但总体上对职工利益的保护明显不足，这可能会削弱职工进行发明创造的积极性，导致大量的职务技术成果得不到较好的推广和使用。法国在职务技术成果的归属判定上与我国相似，实施“雇主优先”模式，但对职务技术成果的认定较我国严格得多。在制度设计上应该适当限缩职务技术成果的范围，提高职工的技术研发成果收益，以利益平衡作为权属分配的基本原则。

2018 年公布的《专利法修改草案》中的第 6 条，对于利用本单位的物质技术条件所完成的发明创造，不再区分“主要利用”和“非主要利用”，而是统一规定除了“单位与发明人或者设计人订有合同，对申请专利的权利和专利权的归属作出约定”的，申请专利的权利属于发明人或者设计人。该修改赋予了单位和个人更多的自主权，同时也避免了因为法院对“主要利用”的标准把握不一而出现的不当扩大职务发明创造范围的情况。不过，值得指出的是，在2020年7月3日第十三届全国人大常委会第二十次会议通过的《中华人民共和国专利法修正案（草案二次审议稿）》中，上述规定被取消，实质性规定与《专利法》（2008）一样，只是在其第6条第1款规定中增加了“该单位可以依法处置其职务发明创造申请专利的权利和专利权，促进相关发明创造的实施和运用”。同时，对《专利法》（2008）第16条增补了一款，作为草案第15条第2款：“国家鼓励被授予专利权的单位实行产权激励，采取股权、期权、分红等方式，使发明人或者设计人合理分享创新收益。”《专利法》（2020）第6条则在第1款增加“该单位可以依法处置其职务发明创造申请专利的权利和专利权，促进相关发明创造的实施和运用”。可见，《专利法》（2020）并未涉及职务发明创造专利权归属制度的根本性问题。对此，仍需要继续研究和探讨。

综上，在确定职务技术成果知识产权归属时，应当以利益平衡为基本原则，就我国的现状来说，在制度设计上要适当限缩职务技术成果的范围，提高职工的技术成果研发收益，同时当单位怠于实施职务技术成果时，应该允许技术成果研发者独立实施。

2. 改革与完善由财政资金形成的技术类知识产品的权属分配制度

论及由财政资金形成的技术类知识产品的权属分配问题，目前讨论得较为热烈的是如何通过权属改革真正激发科技人员从事科技成果研发和转化的积极性。以西南交通大学为首的高校在政策支持下开展了职务科技成果混合所有制改革，由职务研发人员和单位按照一定的比例共同享有职务技术成果知识产权。该模式对于激励科技人员从事创新活动有一定的积极意义，后来在各地开展了试点。但是，试点也暴露了单位和职工分享产权的份额难以确定、行使权利受到其他共有人制约、效率降低等一系列问题，目前业界对该改革方式的争议较大。广东、上海等地也陆续开展了职务科技成果改革的探索，但因为缺乏上位法的支持，改革都未能得到深入的进行。不过，基于职务技术成果产权归属的重要性，这一问题仍然需要继续进行研究和探讨。

3. 严格把握“利用本单位物质技术条件”标准

按照《专利法》（2020）的规定，在判断一项发明是否为职务发明时有“任务标准”和“物质技术条件标准”两类。现行《专利法实施细则》对“任务标准”给出了较明确的判断因素；而对“物质技术条件标准”，《专利法》（2020）要求发明创造对于单位的物质技术条件是“主要利用”，但没有对“主要利用”如何判定作出说明，法院在对相关案件的裁判中需要对涉案发明是否属于发明人主要利用单位的物质技术条件作出判断。结合相关案例可以发现，实践中很多法院没有严格区分“主要利用本单位的物质技术条件”和“非主要利用本单位的物质技术条件”两种情况。当法院通过双方提交的证据认定了研发人在研发的过程中利用了单位的物质技术条件，涉案专利就有极高的可能会被判定为职务发明。[①] 这导致职务发明的范围被不适当地扩大，发明人、设计人的利益被削弱。

法院在具体的审判中，应当严格把握“主要利用单位物质技术条件”的标准，不能直接把“利用单位物质技术条件”的发明等同于“主要利用单位物质技术条件”完成的职务发明，而应仔细审查、综合判断单位提供的物质技术条件对于发明创造的完成是否作出了主要或实质性的贡献。

4. 完善职务技术成果奖酬标准

现行《专利法实施细则》第 76 条允许被授予专利权的单位与发明人、设计人约定或者在其依法制定的规章制度中规定职务发明创造的奖励、报酬的方式和金额，但未对奖酬的数额作出限制。这一规定本意是

① 向波：《职务发明的判定及其权利归属问题研究——论〈专利法修改草案〉第 6 条的修改和完善》，载《知识产权》2016 年第 9 期。

体现对单位和职工意思自治的尊重，但由于单位与职工力量对比悬殊，在实践中频频出现约定的数额低于法定最低奖酬标准或者单位通过内部的规章制度不适当地限制职工取得奖酬，损害职务发明人的利益。建议在上述第76条中增设一款：被授予专利权的单位与发明人、设计人约定或者是被授予专利权的单位依法制定的规章制度中的奖酬数额不得低于法定标准。

另外，现有的法定奖酬标准仅对不同类型的专利规定了不同的奖酬比例，但对不同技术领域的专利适用同一法定奖酬标准显然是不科学的。在不同的技术领域，职务发明人所需要进行的智力活动和需要依靠单位的帮助并不相同，因而在单位与发明人未进行约定的情况下，以相同的比例计算奖酬的数额不够公平。德国在其《私营企业雇员发明报酬指南》中，针对电子、机械、化工、制药等不同行业公布了专利许可费率参考标准，作为计算报酬的依据。按照该指南，计算职务发明报酬时应当考虑三个基本要素，即雇员的岗位及该发明与雇员工作的关联性、该发明的经济价值以及完成该项发明时雇主与雇员各自的贡献程度。其还在该指南中对报酬的计算给出了合理的计算公式，避免了不同专利适用统一标准的问题，也能够鼓励单位各个层级进行创造活动。我国可以参照德国的经验，考虑按照行业的不同确定奖酬数额分配，具体可以根据发明人的职责、贡献率和通过该职务发明获得的营业利润，针对不同类型的专利、不同职责的发明人计算出不同的奖酬数额。①

四、技术开发合同中技术类知识产权认定及其实证分析

对于当事人基于平等互利原则对技术开发合同中技术类知识产权的归属作出的约定，法律予以尊重和保护；在当事人没有对知识产权权属进行约定的情况下则需要根据合同的性质、标的、内容等，结合当事人

---

① 刘强、陈卉：《职务发明奖酬司法实证研究》，载《科技与法律》2017年第5期。

的实际履行行为，对合同所涉的技术类知识产权进行合理的分配。

（一）技术开发合同概述

1. 技术开发合同的概念

依据《民法典》第851条规定，技术开发合同是当事人之间就新技术、新产品、新工艺、新品种或者新材料及其系统的研究开发所订立的合同。技术开发合同包括委托开发合同和合作开发合同。技术开发合同应当采用书面形式。当事人之间就具有实用价值的科技成果实施转化订立的合同，参照适用技术开发合同的有关规定。其中，委托开发合同指的是当事人一方委托另一方进行研究开发所订立的合同，即委托人向研究开发人提供研究开发经费、报酬或技术资料，协助研究开发人进行研发，研究开发人完成研究开发工作并向委托人交付研究成果。合作开发合同指的是当事人共同参与技术研究开发的合同，即当事人各方共同投资、共同参与研究开发活动、共同承担研究开发风险、共享研究开发成果。

区分委托开发合同和合作开发合同的标准不在于合同当事人是否共同享受开发成果、承担开发风险，而在于合同当事人是否实际参与了研究开发工作。如果合同一方只提供了资金、设备、材料等物质技术条件或者提供辅助性的协作，另一方进行研究开发，应当认定为委托开发合同。只有合同双方都参与了研究开发，才是合作开发合同。

区分委托开发合同和合作开发合同的意义在于：第一，合同性质不同。委托开发合同在本质上是承揽合同或是委托合同，除了技术开发合同的章节有特别规定的之外，应当适用《民法典》中关于承揽合同或者委托合同的规定，而合作开发合同在性质上则是合作合同。第二，权利归属不同。在双方没有特别约定的情况下，知识产权的归属存在一定的区别。如前所述，《民法典》第859条和第860条分别规定了委托开发合同和合作开发合同的技术成果归属。

2. 技术开发合同的特点

由于技术本身具有无形性、复杂性、创新性、高风险和高收益等属性，以技术开发为标的的技术开发合同在内容、履行期和风险承担上也具有不同于一般合同的特点。其体现于以下几方面。

（1）准备期长

技术开发合同的主要目的是获得新的技术成果。当事人在订立合同之前应当进行必要的、全面细致的可行性论证，并广泛收集相关的技术信息，选择合适的技术开发方案，尽量避免重复研究和开发。这也就意味着在技术开发合同订立的准备阶段，当事人双方要进行较长时间的调查和协调。

（2）内容较为丰富

首先，订立和履行技术开发合同需要较多的研究经费、基础设施和其他物质技术条件，关于如何合理利用和分配这些资金、技术，研发结束后技术成果和研发投入的归属与分享等，都需要在合同中予以明确。其次，技术开发合同的标的包括研究开发行为和研究开发行为的对象（技术成果），无论是研发行为本身还是其成果都具有无形性、复杂性，难以直接把控。为更好地开展研发工作，避免产生纠纷，技术开发的具体计划和验收标准等都需要在合同中体现。因而与其他合同相比，技术开发合同的内容较为丰富。

（3）履行期长

不同于技术转让或者许可，技术开发是一个探索性的活动。在技术开发合同履行的过程中，研发方需要制定研发计划，合理地安排资金、设备、技术信息的投入和使用，选择或组成研发团队，进行长期反复的研究、测试、调整，因而技术开发合同的履行期通常较长。

（4）风险大

技术开发合同的准备和履行期间都需要投入较多的人力、资金和信息成本，但技术开发本身是一项创新活动，有较高的不确定性和失败可能性，在技术开发过程中可能会出现无法克服的技术困难和无法预见的风险，导致研发失败，而一旦技术开发失败，不仅合同订立预期的利益无法实现，还需要承担较大的经济损失。另外，技术开发合同价格和报酬的计算复杂，还可能与技术转让、许可挂钩，具有很大的不可预测性。由于技术合同的履行期长，在履行过程中，随着科学技术的发展可能会产生新的技术产品、技术方案，影响技术开发合同目的的实现，甚至出现与技术开发合同标的相似的技术成果，使准备和研发工作功亏一篑。无论是从投入、研发失败的可能性还是履行期限上看，技术开发合同都是风险很高的合同。由于技术合同的内容复杂，风险高，在发生纠纷之后由法院自由裁量的不确定性较高，对于风险承担的问题，一般应该在合同中明确约定。

3. 技术开发合同的内容

由于技术开发合同具有内容多、履行期长、风险大等特点，为了在合同履行和纠纷产生、解决时有所依据，《民法典》第851条第3款要求订立技术开发合同应该采用书面形式。

根据《中华人民共和国合同法释义》一书的解释，技术开发合同的内容由双方当事人在平等、自愿的基础上协商确定。技术合同的具体内容一般包括如下条款：(1) 项目名称；(2) 标的技术的内容、形式和要求；(3) 研究开发计划；(4) 研究开发经费或者项目投资的数额及其支付、结算方式；(5) 利用研究开发经费购置的设备、器材、资料的财产权属；(6) 履行的期限、地点和方式；(7) 风险责任的承担；(8) 技术成果的归属和分享；(9) 验收的标准和方法；(10) 报酬的计算和支付方式；(11) 违约金或者损失赔偿额的计算方法；(12) 技术协作和技术指导的内容；(13) 争议的解决办法；(14) 名词和术语的解释。如果是列入国家计划的科技项目订立的合同，应当附具计划书、任务书以及主管机关的批准文件。

4. 技术开发合同的意义

技术开发合同是技术类知识产品产生的重要方式之一。在实践中，一部分主体拥有研发需要的资金、设备基础，但缺乏足够的技术信息和专业人才，另一部分主体则拥有研发的能力而缺乏足够的物质技术条件的支持。订立技术开发合同，由多方当事人以委托或者合作的形式进行研究开发，能够集多方力量，整合技术资源和人力资源，进行技术创造。技术开发合同以书面形式对研发的计划、履行期限、核验标准等进行明确的约定，能够较好地推进技术研发的开展，在较短期限内完成质量有保障的技术类知识产品创造。

技术合同是技术成果商品化的法律形式，实行技术合同的目的是在保护技术研发的同时将技术成果推向市场，创造更多的经济效益和社会效益。技术开发合同作为技术合同中的一类，也有着推动科学技术进步、加速技术成果转化和推广、促进社会经济发展的重要意义。在订立技术开发合同时，不仅要考虑技术成果研发本身，还要为之后技术成果的推广和使用奠定好基础。

（二）技术开发合同中技术类知识产权的归属及相关权利义务

技术合同中技术类知识产权的归属确定，关系到合同当事人的切身利益，也是技术类知识产品推广、使用的基础。在对技术开发合同中技术类知识产品的权属进行确定时，首先要考察当事人是否在合同中对相关问题进行约定。出于对合同当事人意思自治的尊重，存在有效约定时，应按照约定确定权利归属；若无约定则需分不同情况、结合法律法规进行认定。对于技术开发合同中的技术类知识产权的权属，这里主要探讨专利权、技术秘密权和计算机软件著作权的法定归属问题。

1. 技术开发合同中的专利权权属及相关权利义务

关于技术开发合同中专利权的权属问题，在《专利法》（2020）和《民法典》中都有体现。在此分委托开发合同中的专利权权属和合作开发合同中的专利权权属两种情况进行讨论。

（1）委托开发合同中的专利权权属及相关权利义务

对于委托开发合同中涉及的专利权的归属问题，《专利法》（2020）第8条规定：……一个单位或个人接受其他单位或者个人的委托所完成的发明创造，除另有协议的以外，申请专利的权利属于完成的或者共同完成的单位或者个人；申请被批准后，申请的单位或个人为权利人。据此，若当事人之间无具体约定，则委托开发的发明创造的专利申请权和专利权归研究开发人所有。

上述第 8 条中明确了委托开发关系中研发人的利益，但没有考虑委托人在专利上享有的权益。对此，《民法典》进行了完善。其第 859 条第 1 款规定，委托开发完成的发明创造，除法律另有规定或者当事人另有约定外，申请专利的权利属于研究开发人。研究开发人取得专利权的，委托人可以依法实施该专利；第 2 款规定，研究开发人转让专利申请权的，委托人享有以同等条件优先受让的权利。在委托开发过程中，委托开发合同的研究开发人应当按照约定制定和实施研究开发计划，合理使用研究开发经费，按期完成研究开发工作，交付研究开发成果，提供有关的技术资料和必要的技术指导，帮助委托人掌握研究开发成果。[①] 委托开发的技术成果直接源于受托方的创造性智力劳动，因此法律规定在没有约定的情况下由受托方，也即研究开发人享有专利权是合情合理的。但在委托开发合同的订立和履行过程，委托人应当按照约定支付研究开发经费和报酬，提供技术资料，提出研究开发要求，完成协作事项，接受研究开发成果。[②] 此外，委托开发合同的当事人违反约定造成研究开发工作停滞、延误或者失败的，应当承担违约责任。[③]

（2）合作开发合同中的专利权权属及相关权利义务

如前所述，根据《民法典》规定，技术开发合同是当事人之间就新技术、新产品、新工艺、新品种或者新材料及其系统的研究开发所订立的合同。又按照《审理技术合同案件适用法律解释》（2020）第 17 条规定，上述“新技术、新产品、新工艺、新品种或者新材料及其系统”，

---

① 《民法典》第 853 条。
② 《民法典》第 852 条。
③ 《民法典》第 854 条。

包括当事人在订立技术合同时尚未掌握的产品、工艺、材料及其系统等技术方案，但对技术上没有创新的现有产品的改型、工艺变更、材料配方调整以及对技术成果的验证、测试和使用除外。

当事人进行技术开发合作时，通常会订立合作开发合同，约定发明事项和归属等事宜。但也存在合作各方没有签订合作开发合同，但有合作开发事实的情况。《专利法》第 8 条不仅包括订立了书面合作开发合同的情况，也包括没有订立合同，但有合作开发事实的情况。对于认定合作开发关系，关键在于合作者是否对发明创造的实质性特点作出了创造性贡献。①

为了公平、合理地确定合作开发合同中各方当事人的权利义务，保障合作开发合同履行，《民法典》专门作出了规定。主要内容如下：

其一，明确了合作开发合同的当事人主要义务。《民法典》第 855 条规定，合作开发合同的当事人应当按照约定进行投资，包括以技术进行投资，分工参与研究开发工作，协作配合研究开发工作。②

其二，明确了技术开发合同风险负担和通知义务。《民法典》第 858 条第 1 款规定，技术开发合同履行过程中，因出现无法克服的技术困难，致使研究开发失败或者部分失败的，该风险由当事人约定；没有约定或者约定不明确，依据本法第五百一十条的规定仍不能确定的，风险由当事人合理分担。其第 2 款规定，当事人一方发现前款规定的可能致使研究开发失败或者部分失败的情形时，应当及时通知另一方并采取适当措

① 对于合作开发合同中的专利权权属问题，《民法典》施行前的《合同法》第 340 条规定："合作开发完成的发明创造，除当事人另有约定的以外，申请专利的权利属于合作开发的当事人共有。当事人一方转让其共有的专利申请权的，其他各方享有以同等条件优先受让的权利。合作开发的当事人一方声明放弃其共有的专利申请权的，可以由另一方单独申请或者由其他各方共同申请。申请人取得专利权的，放弃专利申请权的一方可以免费实施该专利。"该规定明确了专利权共有的情况下，当事人一方处分权利时其他各方的优先受让权和专利申请权。

② 根据《审理技术合同案件适用法律解释》（2020）第 19 条第 1 款规定，"分工参与研究开发工作"，包括当事人按照约定的计划和分工，共同或者分别承担设计、工艺、试验、试制等工作。

施减少损失；没有及时通知并采取适当措施，致使损失扩大的，应当就扩大的损失承担责任。

《民法典》还规定了合作开发合同的违约责任。即合作开发合同的当事人违反约定造成研究开发工作停滞、延误或者失败的，应当承担违约责任。①

针对合同解除问题，《民法典》第 857 条则规定，作为技术开发合同标的的技术已经由他人公开，致使技术开发合同的履行没有意义的，当事人可以解除合同。

2. 技术开发合同中的技术秘密权归属

技术秘密的一大特征是秘密性，即不为公众普遍知悉且不容易获得，这一特性也决定了在对技术秘密进行权属分配时要特别注意防止信息泄露，切实保护相关权利人的利益。

对于技术开发合同中的技术秘密成果的归属和分享，《民法典》第 861 条规定：委托开发或者合作开发完成的技术秘密成果的使用权、转让权以及收益的分配办法，由当事人约定；没有约定或者约定不明确，依据本法第五百一十条的规定仍不能确定的，在没有相同技术方案被授予专利权前，当事人均有使用和转让的权利。但是，委托开发的研究开发人不得在向委托人交付研究开发成果之前，将研究开发成果转让给第三人。② 根据《审理技术合同案件适用法律解释》（2020）第 20 条规定，上述规定中“当事人均有使用和转让的权利”，包括当事人均有不经对

① 《民法典》第 856 条。

② 值得一提的是，在《民法典》实施前，与对技术开发合同中专利权属的规定不同，《合同法》关于技术开发中的技术秘密归属没有区分委托开发和合作开发的情况，而是统一规定当事人都有使用和转让的权利。对于技术开发合同中的技术秘密权的归属问题，根据《合同法》第 341 条规定，若当事人没有具体约定技术秘密权的归属，则先按照《合同法》第 61 条规定，由当事人就技术秘密权属问题达成补充协议，若当事人无法达成补充协议，则按照合同有关条款或者交易习惯确定。如果依旧不能确定，当事人对此技术秘密均有使用和转让的权利，但委托开发的研究开发人不得在向委托人交付研究开发成果之前，将研究开发成果转让给第三人。

方同意而自己使用或者以普通使用许可的方式许可他人使用技术秘密，并独占由此所获利益的权利。当事人一方将技术秘密成果的转让权让与他人，或者以独占或者排他使用许可的方式许可他人使用技术秘密，未经对方当事人同意或者追认的，应当认定该让与或者许可行为无效。另外，由于技术秘密的秘密性特点，为了保护委托人的利益，法律特意强调被委托的研究开发人不能在向委托人交付成果之前，将研究成果先转让给他人。此外，按照《审理技术合同案件适用法律解释》（2020）第21条规定，技术开发合同当事人依照《民法典》的规定或者约定自行实施专利或使用技术秘密，但因其不具备独立实施专利或者使用技术秘密的条件，以一个普通许可方式许可他人实施或者使用的，可以准许。

3. 技术开发合同中的计算机软件著作权权属问题

在实践中，关于处理技术开发合同中的计算机软件著作权权属问题，适用《计算机软件保护条例》的相关规定。

对于合作开发的计算机软件的著作权问题，《计算机软件保护条例》第10条规定："由两个以上的自然人、法人或者其他组织合作开发的软件，其著作权的归属由合作开发者签订书面合同约定……"这一规定体现了合同自由原则。对于无书面合同或者在合同未作明确约定权属的合作开发的软件，该条款将其分为两类处理：对于可以分割使用的计算机软件，当事人可以就自己的部分进行使用，获取收益。但是在行使权利时要尊重他人的利益，不能在未经允许的情况下将自己的权利扩张到整个软件上。对于不能分割使用的计算机软件，著作权由合作开发的当事人共同享有，而具体如何行使权利则由当事人协商一致决定。如果不能达成一致，任何一方都可以自由地行使除了转让权以外的权利，但所得收益要和所有的研究开发者共享。

对于委托开发的计算机软件的著作权权属分配问题，与委托开发的发明创造的归属相似，也是按照当事人的约定优先，若无约定则著作权归属于受托人所有。

（三）技术开发合同中技术类知识产权的归属的实证分析

1. 技术开发合同的认定

在具体案件中，解决合同中技术类知识产权的归属问题，首先要判断涉案合同是否为技术开发合同。技术开发合同的订立目的是研究开发新的技术成果，签订技术开发合同的前提是技术需要开发，而不是对现成技术的交易或者实施。在对一个合同是否为技术开发合同进行认定时，需要对当事人有无技术研发的合意、合同的具体内容以及在履行合同的过程中有无技术研发的事实进行考察。

在上海某化工设计工程咨询有限公司（以下简称某设计公司）与上海某化工集团有限公司（以下简称某化工公司）专利权权属纠纷上诉案中，对于涉案《工程设计合作书》是否为技术开发合同，法院从该合同记载的委托项目为3万吨/年二硫化碳生产线的工程设计，以及合同第5条委托设计范围和内容为3万吨/年二硫化碳生产装置和其他厂区内外管和总图规划，认定属于工程设计范畴，并无技术开发内容；合同第7条知识产权保护部分就某设计公司的设计版权和某化工公司的商业、技术秘密作了明确约定，却并未提及技术研发成果的归属问题。双方当事人签订涉案合同时达成的合意为委托某设计公司在某化工公司已有技术基础上作工程设计，并无技术研发的合意。对于某设计公司在履约过程中是否进行了涉案专利相关技术研发，法院综合某化工公司向某设计公司交付了相关技术资料、某设计公司有无相关技术研发经验、能否合理阐述其开发思路以及某化工公司就其主张的技术革新是否经过某化工公司的确认等证据，判定某设计公司无法证明其研发了涉案专利技术。[①] 在该案中，法院根据合同的具体内容、当事人的客观行为等，推定当事人之间无技术开发的合意，而只是约定在现有技术成果上进行工程设计，

① 上海市高级人民法院（2016）沪民终503号民事判决书。

且无技术研发的具体行为，从而认定当事人之间不存在技术开发合同关系。

在东莞某能源科技发展有限公司（以下简称某能源公司）等诉扬州某科技有限公司（以下简称某科技公司）技术委托开发合同纠纷案中，法院则根据某能源公司与某科技公司就涉案手机研发签订的涉案《备忘录》中涉及的样机、试产、支付研发费用、提供涉案项目手机应达到的技术标准等内容，认为“尽管由于多种原因，三方未按《备忘录》约定签订正式合同，但是涉案《备忘录》针对涉案项目手机的技术开发事项，尤其是针对委托方、受托方的相应权利、义务已经作出较为明确的约定，且无证据证明《备忘录》违背各方当事人真实意思，内容亦不违反法律、行政法规的强制性规定，故涉案《备忘录》系对当事人具有约束力的委托技术开发合同”①。在本案中，法院根据涉案合同包含了技术研发的目标、验收标准、各方的权利义务等具体内容以及当事人实际的履行行为进行综合考察，认定了涉案合同为技术开发合同。

部分技术开发合同中，对技术成果后续的使用、销售、转让等进行了约定。在确定这类合同性质时应对合同特点、合同内容进行综合考察，不能单凭合同中的某些条款就简单地确定其性质。例如，在潍坊某制药有限公司（以下简称潍坊某公司）与北京某医药科技发展有限公司（以下简称北京某公司）技术转化合同纠纷上诉案中，对于涉案的《合作协议》的性质，北京某公司主张是技术合作开发合同，而潍坊某公司主张是买卖合同。法院根据涉案协议的名称、特点，协议中对合作与分工、研发成果及知识产权的归属、研发成果的使用及利益分配的具体约定，认为潍坊某公司主张的产品销售关系仅是该协议约定业务中的一个环节，涉案协议具备北京某公司主张的技术合作开发合同的特征，应定性为技术合作开发合同。

---

① 江苏省高级人民法院（2017）苏民终 1757 号民事判决书。

2. 合作开发和职务技术成果研发的判定和竞合

在职务技术成果研发的过程中，经常涉及单位与职工个人的合作，如职工个人付出智力劳动，单位投入物质技术资源等，因此职务技术成果研发本身就具有一定的合作性质。《专利法》（2020）第6条第3款规定，利用本单位的物质技术条件所完成的发明创造，单位与发明人、设计人可以订立合同，对申请专利的权利和专利权的归属进行约定。就利用本单位的物质技术条件进行的发明创造，单位与发明人、设计人之间完全有可能订立技术合作合同，约定专利权属。在实践中出现合作技术成果和职务技术成果判断的纠纷时，要注重考察单位与职工是否就技术研发的性质和归属进行约定，并结合当事人的客观行为与主观意思，当事人对技术成果研发的贡献等，进行综合判断。

当单位职工与其所在单位之外的人员进行技术开发合作时，可能会产生合作开发成果和职务技术成果的“竞合”。在合作开发成果和职务技术成果发生“竞合”的情况下，判断技术成果归属首先应该从合作开发的角度上看，合作各方有没有约定；如果没有，则技术成果归合作各方共有。其次，可以从职工的研发成果是否属于单位职务技术成果的角度分析单位与个人之间的利益分配。职务技术成果类知识产权的归属问题在本章第二部分中已有述及，此处不再赘述。

（四）技术开发合同中技术类知识产权的归属制度完善建议与对策

1. 坚持以促进科学技术进步为原则

技术开发合同作为合同中的一类，自然要受到公平正义、诚实信用、公序良俗等原则的制约。技术开发合同也属于技术合同的范畴。我国《民法典》第844条规定：“订立技术合同，应当有利于知识产权的保护和科学技术的进步，促进科学技术成果的研发、转化、应用和推广。”由于技术开发合同涉及技术的开发和实施，技术开发合同应以促进科学技术进步，促进成果充分利用，推动经济社会的发展为其订立和实施的基本原则。

有利于科学技术进步的原则，有利于鼓励和引导当事人正确运用技术合同这一有效的方式，积极从事研究开发活动，并力求在科研和生产之间搭起一座桥梁，促进科学技术向生产力的转化。技术开发合同作为技术合同中的一类，也应该以促进科学技术进步，推动经济社会发展为其订立和实施的基本原则。

坚持以促进科学技术进步为原则，在实践中具体体现在两个方面。首先是要坚持技术开发合同主体的广泛性。不仅是企业法人、事业法人、社会团体法人可以订立技术开发合同，其他不具备法人资格的组织、课题组和自然人等，只要具备履约能力，都可以成为技术合同的主体，从而鼓励各团体、组织和个人积极从事创新活动，促进科学技术的发展。① 其次是要禁止非法垄断技术，阻碍技术发展或者侵害他人技术成果的合同或合同条款。②

当然，技术开发合同作为合同的一类，在对其中的技术类知识产权归属问题进行规范时，也要符合合同订立的基本原则。例如，当事人在确定技术类知识产权归属时，应遵循公平原则确定各方的权利和义务，在合同履行过程中应遵循诚实信用原则，遵守法律、行政法规，尊重社会公德等。

---

① 李国光：《认真贯彻〈合同法〉加强技术合同审判工作》，载《科技与法律》1999 年第 4 期。

② 《民法典》第 850 条规定："非法垄断技术或者侵害他人技术成果的技术合同无效。"《审理技术合同案件适用法律解释》（2020）第 10 条对该条做了解释："下列情形，属于民法典第八百五十条所称的'非法垄断技术'：（一）限制当事人一方在合同标的技术基础上进行新的研究开发或者限制其使用所改进的技术，或者双方交换改进技术的条件不对等，包括要求一方将其自行改进的技术无偿提供给对方、非互惠性转让给对方、无偿独占或者共享该改进技术的知识产权；（二）限制当事人一方从其他来源获得与技术提供方类似技术或者与其竞争的技术；（三）阻碍当事人一方根据市场需求，按照合理方式充分实施合同标的技术，包括明显不合理地限制技术接受方实施合同标的技术生产产品或者提供服务的数量、品种、价格、销售渠道和出口市场；（四）要求技术接受方接受并非实施技术必不可少的附带条件，包括购买非必需的技术、原材料、产品、设备、服务以及接收非必需的人员等；（五）不合理地限制技术接受方购买原材料、零部件、产品或者设备等的渠道或者来源；（六）禁止技术接受方对合同标的技术知识产权的有效性提出异议或者对提出异议附加条件。"

2. 切实保护当事人的合法技术权益

人民法院在处理技术开发合同知识产权归属纠纷时，应当坚持精神权利不得侵犯，经济利益合理分享，切实保护当事人的合法技术权益的原则。对于完成技术类知识产品的个人，依法保障其署名和获取荣誉、奖励的权利。对于当事人基于平等互利、诚实信用的原则约定的技术类知识产权归属，法院依法认定有效的，要坚决予以保护。对于当事人未对归属问题作出明确约定的，法院应该严格依照法律规定，本着公平、公正的态度，合理确定技术类知识产品的归属。

3. 正确处理技术开发合同与其他合同的关系

技术开发合同的内容多且复杂，往往会涉及除技术研发本身外的技术的使用、推广和转化等问题，此时可能会出现技术开发合同和其他合同，如技术转让合同、技术服务合同、买卖合同等的认定纠纷。在认定技术开发合同时，应对合同内容进行综合解读，重点考察合同中对标的技术内容、形式的要求，合同当事人的权利和义务，技术成果的归属等，以确定合同的性质。技术开发合同区别于其他技术合同的重要标准是其标的是新的技术成果，而不是现有的技术成果。

当事人进行技术开发的最终目的是使研发的技术能够投入生产和使用，为当事人创造实际的利益。为了使研发成果及时转化、推广，在技术开发合同中对知识产权归属确定、利益分配时，不仅要考虑当事人的智力、劳力、资本投入，还要考虑当事人对技术成果转化和推广的积极性和能力、责任承担，以及技术开发合同与其他相关合同的衔接等问题。

4. 建立健全技术合同审判机制

技术合同相较于普通合同来说，内容更多、更复杂，所涉及的标的专业化程度高，审理包括技术开发合同在内的技术类合同纠纷通常需要较高的法律专业能力。因此，对于技术合同纠纷通常由法院的知识产权庭或者专门审理知识产权纠纷案件的知识产权法庭进行审理，且在审级上多由中级法院作为审理该类案件的一审法院。2018 年 10 月 26 日第十三届全国人民代表大会常务委员会第六次会议通过的《关于专利等知识产权案件诉讼程序若干问题的决定》也规定了当事人对专业技术性较强的知识产权案件第一审判决、裁定不服，提起上诉的，由最高人民法院审理。这使技术合同审判有了组织上的保障。在实践中要继续完善和落实关于技术合同审判的审级制度，确保技术合同审判的质量。

解决技术开发合同中技术类知识产权的归属等纠纷，往往还需要对技术类知识、信息有一定的了解。在该类纠纷中，法官经常需要面对数量繁多且复杂、专业性极强的技术类相关证据。为了让法官在审判中能够更好地理解案件所涉技术类证据、认定案件事实，可以让有专业知识的人参与、辅助审判活动。如根据前面提到的涉及技术调查官的司法解释，审理技术类知识产权案件的人民法院可以指派技术调查官参与诉讼活动。技术调查官是掌握一定科学、技术知识和能力的司法辅助人员，能够就案件技术事实的争议焦点以及调查范围、方法等提出建议，对技术问题提出技术调查意见，帮助法官理解案件的技术性事实，作出更科学的裁判。我国技术调查官制度施行不久，需要及时跟进该制度实施的实际状态，落实相关的规定，细化技术调查官的职责；同时要关注制度在现实应用中存在的问题和不足，保证技术调查官的参与能够切实提高技术合同纠纷案件审理的准确性和效率。

五、由财政资金形成的技术类知识产品的权属问题

科技创新是国家发展的重要驱动力，国家高度重视对科技成果的研发和转化。在涉及国防、航天、石化等关系到国家安全和民生利益的领域，有很多技术类知识产品是由国家投入财政资金，设立项目研发而成的。在判断这类成果的权属问题时，要注意协调国家、项目承担单位和个人之间的利益关系。

（一）概述

由财政资金形成的技术类知识产品的权属判断问题，关系的不仅是

产品研发团队或部分个人的利益，往往还会影响到社会公众的共同利益，是社会关注的焦点。由财政资金形成的技术类知识产品具有特殊的资金来源、资产属性和利益主体，这也决定了其在权属分配上的特殊性。

1. 由财政资金形成的技术类知识产品的概念

由财政资金形成的技术类知识产品，顾名思义，是在国家财政资金支持下的研发机构、高等院校、企业等组织研究开发的技术类知识产品。对于该类知识产品的研究开发，国家除提供直接的资金外，往往还会在税收、人才、政策等方面支持其工作的开展。接受国家支持的研发单位通常会设立研发课题、项目，形成专门的科研团队进行研究开发。实践中，这个科研团队可能是在一个单位内部形成的，也可能是由一个单位牵头，多个单位参与、合作组成的。

2. 由财政资金形成的技术类知识产品的特点

（1）涉及公共利益

国家财政资金主要来源于税收收入和国家企业上缴的税后利润，资金本身就具有公共利益性质。国家财政资金应该被有计划地用于社会主义的经济、文化、国防等事业的建设和国家管理，发展社会生产力，为提高人民的物质文化生活水平服务。受国家财政资金支持从事研发工作的研发机构、高等院校等，多是由国家机关或其他组织，基于教育或者科研的目的出资举办的，具有明显的公益性质。因此，由国家财政资金形成的技术类知识产品，在研发和转化的各个环节也都需要考虑资金的合理使用和公共利益的实现，在研发者利益和社会公共利益之间进行平衡。

国家投入财政资金支持的技术类知识产品主要包括以下几类：能够显著提高产业技术水平或能够形成促进经济健康发展的新产业的，例如新材料技术、智能控制技术；能够显著提高国家安全能力和公共安全水平的，这主要是指国防领域和灾害防治领域的技术创新；能够改善民生和提高公共健康水平的，包括通信技术、生物医疗技术等与人民生活息息相关的领域；能够有效降低资源消耗和防治环境污染的；能够促进现代农业或农村经济发展的；能够加快民族地区或者偏远、贫困地区发展的。在这些领域的技术突破和技术归属、转化影响的不只是个别研究开发主体的利益，往往会关系到一个行业乃至整个社会的共同利益。

（2）具有国有资产属性

依据《国有资产产权界定和产权纠纷处理暂行办法》的规定，国有资产是指国家依法取得或认定的，或者国家以各种形式对企业投资和投资收益、国家向行政事业单位拨款等形成的资产。由国家财政资金形成的技术类知识产品，作为一种无形资产，是国家拨款所形成的，自然也具有国有资产属性。

（3）转化难度大

由国家财政资金形成的技术类知识产品的研发受到国家的支持，有着得天独厚的资金、政策、人才、设备等条件，往往是行业内的先进成果，若能得到有效的转化和推广，投入市场，能够带来巨大的收益。但是，由于该类成果具有国有资产的属性，在现实中的转化难度很大，实际创收偏低。首先，由于相关法律对该类知识产品的权利归属规定不明晰，有转化能力的主体担心得不到实际的收益，往往不愿进行转化。其次，进行转化的单位或个人需要承担转化过程中可能会造成的国有资产流失的责任；不同于在普通的技术类知识产品推广、应用中可能要承担的在资金上的亏损等风险，在对“由国家财政资金形成的技术类知识产品”进行转化时，若造成国有资产的流失，可能会受到行政处分，乃至被追究刑事责任，在收益和风险严重不匹配的情况下，有转化能力的主体往往不愿进行相关知识产品的转化，也不敢进行转化。对于国防军事领域的技术类知识产品，由于可能会涉及国家安全利益、国家秘密，转化难度更大。

（4）审核标准严格

因为涉及国家资源的使用和社会公共的利益，对由财政资金形成的技术类知识产品的审核往往更加严格。接受国家财政支持的研发机构、高校和企业通常需要定期向国家财政、科学技术等相关行政部门汇报项目研发进展，提交科技报告，接受有关部门的监督、指导和管理。在研发结束后的开发、应用推广等活动中，也要接受监督，并且对于该类成果的实用价值往往会有更高的要求。

3. 确定由财政资金形成的技术类知识产品权属的意义

首先，确定由财政资金形成的技术类知识产品的权属是激励具有专业知识和能力的研发团队、个人从事该类创新活动的主要方式。只有明晰了在研发成果上能够取得的权利，科研集体和个人才会更积极地申请研发项目，才能没有后顾之忧、更专注地开展研发工作。其次，权属确定是其实现快速、高效转化的前提。由财政资金形成的技术类知识产品因为具有国有资产属性，在转化过程中相关人员需要承担更高的风险。只有高收益的获得才能刺激对高风险的承担，为了提高有能力的主体对该类知识产品进行转化的积极性，需要明确其在研发成果上能够享有的权利。

（二）权利归属规定与分析

由财政资金形成的技术类知识产品在本质上属于国有资产，归国家所有，但为了激发科研团队对该类知识产品进行研发和转化的积极性，我国现行的立法借鉴了美国相关的法律制度，将大部分权利授予项目研发单位，只是在实践中未能取得在科技成果研发和转化上的满意效果。在此不妨对中美两国就由财政资金形成的技术类知识产品的权属规定进行比较，分析我国在该类成果研发和转化上的阻碍。

1. 我国的规定

（1）资产管理相关规定

对于由财政资金形成的技术类知识产品的归属，在《企业国有资产法》和《事业单位国有资产管理暂行办法》等关于国有资产管理的法律法规中均有体现。

《企业国有资产法》第 2 条、第 3 条规定，企业国有资产是指国家对企业各种形式的出资所形成的权益；国有资产属于国家所有即全民所有。据此，企业承担的技术类知识产品研发项目是由国家出资完成的，其形成的科技成果也是国有资产，属于国家所有。

《事业单位国有资产管理暂行办法》中规定了事业单位国有资产包括国家拨给事业单位的资产，事业单位按照国家规定运用国有资产组织收入形成的资产，以及接受捐赠和其他经法律确认为国家所有的资产，其表现形式为流动资产、固定资产、无形资产和对外投资等。事业单位国有资产实行国家统一所有，政府分级监管，单位占有、使用的管理体制。据此，利用国家财政资金形成的技术类知识产品属于"事业单位按照国家规定运用国有资产组织收入形成的无形资产"，归国家所有。

综上，依据我国在国有资产管理方面的相关法律法规的规定，由财政资金形成的技术类知识产品，属于国有资产，归国家所有。

（2）科技领域相关规定

虽然由国家财政形成的技术类知识产品属于国有资产，应归国家所有，但为了鼓励单位和科研人员从事技术研发，推动技术转化，促进科技创新，我国在科技领域现行的法律法规将由财政资金形成的技术类知识产品的大部分权利下放到单位。

依据《科学技术进步法》第20条第1款的规定，利用财政性资金设立的科学技术基金项目或者科学技术计划项目所形成的发明专利权、计算机软件著作权、集成电路布图设计专有权和植物新品种权，除涉及国家安全、国家利益和重大社会公共利益的外，授权项目承担者依法取得。该款通过授权的方式，使项目承担者能够享有除涉及国家安全、国家利益和重大社会公共利益外的技术类知识产品的知识产权，力图形成一种比较有效的利益激励机制。

但将有关的知识产权授予项目承担者后，若得不到充分有效的运用，研发的投入就将失去意义。为了促进项目承担者对技术成果的保护、使用和推广，维护国家利益和社会公共利益，该条第2款进而规定，获得了知识产权的项目承担者应该同时对该知识产权进行保护和使用、推广，并以提交年度报告等形式定期向项目管理机构汇报实施和保护的情况。如果项目承担者没有在合理的期限内对相关成果进行使用，则国家可以无偿实施该成果，或者许可他人有偿实施或者无偿实施。应当看到，项目承担者享有的知识产权不同于普通的知识产权。对于普通的知识产权，权利人对其享有一定的专有权利且没有在一定时期内必须实施的义务，但项目承担者的权利来源于国家的让利，这既是权利也是义务，项目承担者应当履行依法实施的义务，包括自主实施、许可他人实施、转让、作价入股等，以发挥研发成果的经济效用和社会效用。该款的后半部分是对国家介入权的规定，即在项目承担者怠于实施相关技术类知识产权时，国家有权以无偿实施或者许可他人实施的方式介入。依据该条第3款，对于由项目承担者取得的知识产权，国家因为国家安全、国家利益和重大社会公共利益需要时，也可以介入。

《科学技术进步法》规定的项目承担者包括承担项目的科研机构、高等学校、企业和个人，如由几个科研人员共同承担一个科研项目，成为项目承担者。但由国家财政资金形成的技术类知识产权通常涉及的利益复杂，研发难度大，在实践中该类研发工作主要由企事业单位承担。这时就需要处理承担科研项目的单位与科研项目成果的完成人、为成果转化作出贡献的人员之间的利益关系。对此，《科学技术进步法》第20条第4款规定"项目承担者因实施本条第一款规定的知识产权所产生的利益分配，依照有关法律、行政法规的规定执行；法律、行政法规没有规定的，按照约定执行"，但未明确"有关的法律、行政法规"具体包括哪些。科研项目成果的完成人通常是项目承担单位的工作人员，其研发成果往往是执行本单位的工作任务或者是利用单位的物质技术条件所完成的，属于职务技术成果，对其权属的确定可以适用本章第二部分中所探讨的《专利法》、《计算机软件保护条例》和《植物新品种保护条例》的相关规定，原则上其中的财产权利归单位所有，研发人员只能获得相应的奖励、报酬。《促进科技成果转化法》将研发人员为了执行研究开发机构、高等院校和企业等单位的工作任务，或者主要是利用上述单位的物质技术条件所完成的科技成果称为职务技术成果。其还规定："国家设立的研究开发机构、高等院校所取得的职务科技成果，完成人和参加人在不变更职务科技成果权属的前提下，可以根据与本单位的协议进行该项科技成果的转化，并享有协议规定的权益。科技成果完成人或者课题负责人，不得阻碍职务科技成果的转化，不得将职务科技成果及其技术资料和数据占为己有，侵犯单位的合法权益。"为了推进由国家财政资金形成的科技成果的推广，法律特别规定了完成人、参与人依协议对职务科技成果进行转化的权利，但同时也强调了该类成果的权属归单位所有。

为了鼓励科技人员进行科研创新和科技成果转化，《促进科技成果转化法》中对科技人员能够获得的奖励和报酬，规定了较《专利法实施细则》中更高的最低数额。《促进科技成果转化法》第 45 条第 1 款规定，科技成果完成单位未规定、也未与科技人员约定奖励和报酬的方式和数额的，按照下列标准对完成、转化职务科技成果做出重要贡献的人员给予奖励和报酬：（一）将该项职务科技成果转让、许可给他人实施的，从该项科技成果转让净收入或者许可净收入中提取不低于百分之五十的比例；（二）利用该项职务科技成果作价投资的，从该项科技成果形成的股份或者出资比例中提取不低于百分之五十的比例；（三）将该项职务科技成果自行实施或者与他人合作实施的，应当在实施转化成功投产后连续三至五年，每年从实施该项科技成果的营业利润中提取不低于百分之五的比例。

2. 美国的规定及其借鉴意义

美国通过对《杜拜法案》和《技术创新法》的修订和更新，辅以保障法律实施的配套性行政条例确定了具体、系统的适用规则，形成了能够有效促进由财政资金形成的技术成果研发和转化的法律体系。[①]

在1980年之前，由美国联邦政府资金资助的项目所获得的科技成果归属于联邦政府，由政府进行商业许可，此时该类科技成果的转化率很低。1980年被国会批准通过的《杜拜法案》改变了这一局面。依据《杜拜法案》规定，政府与中小企业、大学等非营利组织签订资助协议，支持其进行科研开发的，一旦产生了发明专利，发明单位要及时向联邦政府披露并选择是否保留该发明专利。若单位选择保留并依法向专利部门申请专利获得批准，则可以取得发明专利的所有权。该法案同时还规定了联邦政府的介入权，即政府可以帮助科研机构或第三方对发明进行科技成果转化，以及为其提供便利条件。[②]

美国在处理财政资金资助的科技成果的归属时，将成果尽可能地归属于科研机构和自然人，把权利交到真正有积极性和能力的主体手中，有效地激励了中小企业、大学和科研机构的科技创新。政府在相关主体研发、转化完成后，仍有可能通过制度设计获取一定的回报，实现了政府与研发单位的互利共赢，促进了科研和市场的良性循环。

我国《科学技术进步法》中对由财政资金形成的技术类知识成果的规定是在参考美国的《杜拜法案》后作出的，同样是以科技成果归属于单位为原则，归属于国家为例外，但在实践中没能像美国一样切实地激励科技成果的研发和转化。具体原因有二。首先，美国关于职务技术成果的归属和我国有很大的差异。美国是典型的实施“雇员优先”模式的国家，将由财政资金形成的知识产权下放到研发机构，实际上就是交到研发人员手中。我国职务技术成果所有权则原则上属于单位，难以涉及个人。其次，我国包括国企、科研机构和高校在内的项目研发单位多具有公有的属性。在公有制下，政府的行政干预较强，相关人员在项目研发和转化的过

① 曹爱红：《职务科技成果所有权的法律归属研究》，载《科技中国》2018年第5期。

② 万浩、黄武双：《论国有科技成果权属制度——使用权“类所有权”化》，载《科技与法律》2019年第1期。

程中如果出现错误可能会受到纪律处分或行政处分，研发和转化的积极性不高。在美国，政府对高校等科研机构的管理更多的是间接的监督。

（三）由财政资金形成的技术类知识产品的权属实证分析

为了真正激发科技人员进行科技成果的研发和转化的积极性，一些地方陆续开展了由财政资金形成的技术成果权属改革。

1. 职务科技成果混合所有制改革

在《促进科技成果转化法》实施后，一些单位和地区开始探索职务科技成果混合所有制改革，以职务科技成果的分割确权为突破口，以产权分配激励科研人员进行科技成果的研发和转化。

我国高校多由国家出资设立，高校承担的科研项目也多来源于国家财政的支持。高校是人才的集中地，是国家科研项目开展的中心之一，高校职务科技成果改革对于在整体上促进由财政资金形成的技术类知识产品的研发和转化有着重要的意义。2016 年 1 月，西南交通大学发布了“西南交大九条”（暨《西南交通大学专利管理规定》），率先推行职务科技成果混合所有制改革模式。同年 5 月，成都市发布了《促进国内外高校院所科技成果在蓉转移转化的若干政策措施》，明确提出支持在蓉高校院所开展职务科技成果混合所有制改革。同年 12 月，《四川省职务科技成果权属混合所有制改革试点方案》发布实施，在二十家高校院所内进行单位和发明人共同拥有职务科技成果产权试点。

总结以上单位和地区对混合所有制改革的探索，其核心是由职务研发人员和单位共同享有职务技术成果知识产权，将转化后的报酬奖励变为转化前的产权激励。[①] 具体包括职务科技成果分割确权的比例和流程、科技成果转化后的收益分配和管理等。

职务科技成果混合所有的模式，对于激励科技人员从事知识创新和

---

① 丁明磊：《地方探索职务科技成果权属混合所有制改革的思考和建议》，载《科学管理研究》2018 年第 1 期。

成果转化有一定的积极作用，但在具体实践中可能存在以下问题：首先，职务科技成果混合所有的方式突破了现行法律的规定，于法无据。其次，在职务科技成果混合所有的模式下，单位和职工的共有份额难以确定，可能引发更多的纠纷。最后，单位和个人在行使权利时容易受到其他共有人的制约，行使权利需要经过共同协商，反而降低了效率。对于职务科技成果混合所有的模式，业界争论较大。该模式是否能真正促进我国相关科技成果的研发和转化，还需要在改革试点当中继续探索。

2. 个人进行转化，收益反哺单位模式

广东曾试图在现行“财政资助科技成果归属单位”的模式下，探索在“一定条件下科技成果归属于个人，利益反哺单位”的制度。具体制度设计如下：首先是赋予单位科技成果权属，由单位优先转化，收益60%奖励研发团队或个人；其次是单位不转化时，将权属约定转化给团队或者个人，由其进行转化，将收益的30%反哺单位。但由于缺乏上位法的支持，对该制度的探索非常有限。①

3. “先投后奖”“先奖后投”模式探索

上海的一些高校陆续开展职务科技成果“先投后奖”“先奖后投”等做法，以解决科技成果转化难题。所谓“先投后奖”，是高校以职务技术成果作价投资取得股权，再将股权按照一定的比例奖励给科研团队和人员。上海理工大学是率先走向“先投后奖”这条转化路的高校，其在对研发的太赫兹技术进行第三方评估后，注册成立了上海上理赫兹科技有限公司，并将占股中的将近80%的股权奖励给太赫兹技术团队。“先投后奖”是在现行法律规定下进行技术转化的具体路径，具有一定的创新性。上海海事大学探索的“先奖后投”模式，则是高校先将职务科技成果所有权的一定比例奖励给完成该成果的研发人员和团队，再以该成果作价投资。这是不办理权属转移手续，但在实际上进行职务科技

---

① 吴寿仁：《科技成果转化若干热点问题解析（十四）——科研人员科技成果所有权探析》，载《科技中国》2018年第7期。

成果混合所有的做法。

（四）由财政资金形成的技术类知识产品的权属制度完善对策与建议

我国法律将由财政资金形成的技术类知识产权授权于单位所有，但由于该类知识产权具有国家属性，单位在行使权利时仍然要受到国家较多的干预。另外，相关人员在科研成果转化中能够获得的实际收益较低，却可能要承担因为造成国有资产流失而导致的处分乃至处罚，权责利不匹配。为了改变这一现象，一方面要在具体实践中更多地尊重单位和研发人员的意愿，鼓励在单位和个人之间就成果转化和收益方式建立平等互利的协商机制；另一方面要进一步细化和明确国家可以行使介入权的范围，避免因为国家过多的干预造成科研成果转化不畅的问题。目前各地区和单位进行一系列与由财政资金形成的技术类知识产权归属分配相关的改革，对于这些改革，需要及时跟进，掌握第一手资料，发现问题。在鼓励探索的同时，需要科学评估各地改革的成效，在总结经验的基础上提出有针对性的建议和对策。

由财政资金形成的技术类知识产品的转化难一直是困扰国家和项目承担单位、研发人员的一大问题，而完善与之相关的权属制度是推进转化的基础。针对如何完善该类科研成果的权属制度，结合我国现行的法律规定和各地改革试点的开展，笔者提出以下几点对策和建议。

1. 建立权责利统一的科研成果转化机制

当前，由财政资金形成的技术类知识产品的转化效率低下的一大原因是有转化能力的主体不愿、也不敢进行转化工作，究其根本是对相关主体的权、责、利分配不均衡。虽然法律赋予项目承担单位对该类科研成果的所有权，可以自由处置、使用和收益，但由于该类成果具有国家属性，单位在行使权利时仍要受到国家较多的干预。相关人员在科研成果转化中能够取得的实际利益较低，却可能要承担因为造成国有资产流失导致的处分乃至行政、刑事处罚，权责利不匹配。只有建立权责利相统一的科研成果转化机制，才能从根本上解决这个问题，激发相关主体的积极性。

在具体实践中，要更多地尊重单位和研发人员的意愿，鼓励在单位和个人之间就成果转化方式、收益等建立平等互利的协商机制，让单位和个人在成果转化中享受到切实的利益，增强科研人员的获得感。同时，以法律原则和强制性规定作为补充，对各方进行具体的指导，避免出现国有资产流失、利益分配不公等问题。此外，需要进一步细化和明确国家可以行使介入权的范围，给相关人员进行科研成果转化更多的自主性，避免国家过多的干预。由于科技成果具有不同于一般资产的无形性特点，其价值存在较大的不稳定性，因此建议将由国家财政资金形成的科技成果与一般的国有资产区分开来管理，建立专门的科技成果管理制度，明确国家、科研项目承担单位、科技成果完成人员之间的权利、责任和义务。①

2. 加强对地方改革的跟踪研究和效果评估

为了激发相关人员开展“由财政资金形成的科技成果”转化工作的积极性，各地区和单位开展了以“职务科技成果混合所有制改革”为典型的一系列权属改革和探索。对于这些改革，要及时跟进，掌握第一手资料，总结改革的经验和发现的问题隐患，探索解决方案，鼓励已经开展试点工作的地区和单位积极探索更加科学合理的科研成果管理和转化机制。同时，要科学评估各地的改革成效，避免夸大其词，盲目推广。

3. 完善高校科研管理制度

高校是受国家财政支持开展科研活动的主要阵地之一，具有顶尖的科技人才和科研信息，但其精力大部分投入科研创造活动，常常忽视对自身科研成果的法律保护。因此，建议在高校内部建立专门的科研管理部门，引进具有知识产权专业知识和实践经验的人才对高校的科研成果进行审查、管理和保护，以完善高校科研管理制度。② 同时，应加强对

① 江苏省高级人民法院（2017）苏民终 1757 号民事判决书。

② 魏宁、张伟玮：《产学研协同创新中的高校知识产权权属问题研究》，载《法制博览》2018 年第 15 期。

高校知识产权管理的监督和引导，在高校与外界进行知识产权合作开发和转让等活动时，引导其注重对技术秘密的保护，同时明确权利主体和责任主体，避免因为权属不明发生纠纷。为了激发高校科研人员进行科技成果研发和转化的积极性，还要建立完善的奖励机制，授予对科研成果作出重大贡献的人员以荣誉和物质奖励。

4. 探索职务科技成果限时转化制度

在科学技术发展日新月异的今天，一项科研成果若不能被及时转化、投入市场，其价值可能会随着时间的流逝而受到贬损。因此，对于具有较大市场应用前景的科研项目，建议立项机构在立项时，明确项目承担单位对职务科技成果进行转化的期限，单位如果没有及时对相关科研成果进行转化，则科研成果的完成人有权进行转化，以维护科研成果的价值。

六、技术类知识产权权属问题的风险防范对策

职务技术成果类知识产权、技术开发合同中技术类知识产权和由财政资金形成的技术类知识产权这三类常见的技术类知识产权权属问题的风险防范既存在共性，也有不同的侧重点。技术类知识产品本身就具有高风险的特点，在对其进行权属确定和交易时，都需要特别注意可能引发风险的环节。

（一）技术类知识产权权属问题的风险

1. 权属确定时可能引发的风险

（1）职务技术成果类知识产权权属风险

在对职务技术成果知识产权进行权属确定时，要综合考虑个人与单位之间的关系、个人的技术研发与执行单位任务之间的关系、研发工作是否主要利用了单位技术条件、由谁对职务技术成果承担责任等问题。在单位和职员就相关技术类知识产品的权属没有明确约定时，可能会就职工研发的技术类知识产品是否属于职务技术成果产生争议，继而引发

权属纠纷，具体包括职工从事技术类知识产品研发是不是为了执行本单位的任务、是否主要利用了单位的物质技术条件等争议。在职工任职于多个单位的情况下，还可能会产生单位与单位之间就职工的职务技术成果权属的纠纷。即使在权属已经确定的情况下，也可能因利益分配产生纠纷，通常表现为单位与成果完成人之间就职务技术成果完成和应用后应给予研发职工个人的奖励和报酬的争议。在职务技术成果权属确定过程中，单位要防范进行研发工作的职工，尤其是主要负责人将职务技术成果占为己有的风险；研发者个人要防范单位压制其在非职务技术成果上的权利，同时注意维护自己在职务技术成果上应该获得的奖励和报酬。

（2）技术开发合同中技术类知识产权权属风险

在订立技术开发合同时，首先要防范现有技术风险。订立技术开发合同是为了研发新的技术，而不是对现有技术的应用、交易。依据《审理技术合同案件适用法律解释》（2020）第 9 条规定，当事人一方采取欺诈手段，就其现有技术成果作为研究开发标的与他人订立委托开发合同收取研究开发费用，或者就同一研究开发课题先后与两个或者两个以上的委托人分别订立委托开发合同重复收取研究开发费用，使对方在违背真实意思的情况下订立的合同，受损害方依照民法典第一百四十八条规定请求撤销合同的，人民法院应当予以支持。因此，合同当事人在订立技术开发合同前首先要明确目标技术与现有近似技术之间的关系，防止合同被撤销，或者为现有技术投入不必要的研发费用。另外，在技术开发合同履行的过程中可能会应用到现有的技术，合同当事人要注意自己是否有权使用这些技术，防止因为技术成果侵权而使得合同订立的目的落空。

出于对当事人意思自治的尊重，对于技术开发合同当中的技术类知识产权归属问题，首先看当事人之间的约定，因此知识产权的归属和分享是技术开发合同当中十分重要的条款。但在实践中仍经常出现因当事人对技术类知识产权归属没有约定或者约定不明产生的纠纷，包括知识产权归合同一方所有还是共同所有、共同所有的情况下如何具体地行使权利、归某一方所有时另一方权利如何实现、技术类知识产品使用或者转让过程中取得的收益如何分配等。

技术成果在研发阶段需要投入大量的人力、资金、设备等成本，在研发完成后还可能会产生维护的成本，如专利，除了在研发和申请阶段需要成本，在授权结束后还需要缴纳专利年费等。当事人在技术研发合同订立和履行时要防范因为成本与利益分配不均引发的风险。

（3）由财政资金形成的技术类知识产品的权属风险

由财政资金形成的技术类知识产品具有国有资产属性和公益性质，在确权时要注意协调国家、项目承担单位和研发者之间的关系，在保护国家利益、社会公共利益的同时，最大限度地激励相关人员进行科研成果的研发和转化的积极性。在国家和单位层面上，要避免个人利用职务之便侵占属于国家和单位所有的财产，对于关涉国家安全、国家利益和重大社会公共利益的科研成果，要保护其归国家所有，防止国有资产流失。从研发者个人来看，可能面临的风险包括对研发工作作出了贡献却得不到相应的奖励、报酬的风险；在职务技术成果转化过程中出现错误，造成国有资产流失而承担纪律处分、行政乃至刑事处罚的风险。

2. 技术交易时可能出现的权属风险

无论对以何种方式产生的技术类知识产品进行交易，都需要防范两类权属风险：一是技术类知识产权本身权属不明引发的交易风险；二是在交易时对技术类知识产权的权属约定不明产生的风险。举例来说，在甲公司与乙公司就某技术进行交易，约定甲公司将某技术转让给乙公司；此时甲公司的员工主张某技术应该归自己所有，而不是甲公司所有，由此产生纠纷，即“技术类知识产权本身权属不明引发的交易风险”。甲公司与乙公司就某技术进行交易，约定甲公司以某技术向乙公司出资，但未明晰交易后某技术的权属，由此产生纠纷，即“在交易时对技术类知识产权的权属约定不明产生的风险”。

同时，还要防范因为待交易的技术成果存在知识产权瑕疵引发的风险，如待交易的专利保护期限届满、待交易的技术秘密已被泄露等风险。此外，待交易的技术成果如果涉及多个主体共有，则应注意在进行转让或者以独占许可形式实施许可时，是否获得全体共有人的同意，否则也容易引起纠纷。

由财政资金形成的技术类知识产权具有国有资产属性，且涉及国家利益和社会公共利益，在交易时还要防范国有资产流失、国家秘密泄露等风险。

（二）技术类知识产权权属问题的风险防范对策

针对技术类知识产品在确权和交易阶段可能会出现的权属风险，笔者提出以下几点风险防范对策。

1. 技术类知识产权权属确定时的风险防范

（1）职务技术成果权属确定时的风险防范

为了避免单位和职工就职工的某项研发成果的权属产生纠纷，单位和职工在签订劳动合同时，最好明确职工的职责范围是否包括技术研发，并就相关职务技术成果的知识产权权属提前进行约定，或在职员完成技术创造后针对其知识产权归属尽快达成协议。单位在给职工分配本职工作之外的研发任务时，最好能够在任务书、项目书等纸质文件中明确研究范围、权属分配等事项。

对于职工在归单位所有的职务技术成果上能够取得的奖励和报酬，单位宜在其规章制度中明确具体的金额、发放时间、发放方式等，并确保职工能够了解到单位的相关规定。或者在职工完成技术类知识产品后，及时与之协商，确定奖酬的数额等，防止日后产生纠纷。

（2）技术开发合同中的权属风险防范

为了防范技术开发合同中的现有技术风险，当事人在订立技术合同前，应进行充分的调研，对目标技术是现有的还是待开发的加以明确。如果技术是现有的成果，应该直接签订技术转让或许可合同，而不能签订技术研发合同，以避免可能产生的法律风险。另外，要特别注意合同双方原有的知识产权是否可以使用，以避免侵犯第三方的知识产权。在委托开发合同中，宜就受托人的知识产权权利担保进行约定，即受托人应当保障其研发所得的技术成果不侵犯他人享有的知识产权。

鉴于我国现行法律对于由技术开发合同产生的专利申请权、技术秘密权和计算机软件著作权等技术类知识产权的权属确定都尊重当事人约定优先，防范知识产权权属风险、保护权益最有效的途径是参与研发的当事人在合同签订时用具体翔实的条款对权属问题进行约定。以下针对在技术合同中如何具体约定技术类知识产权的权属，分类提出几点建议。

第一，关于专利申请权的约定。

根据我国现行法律的规定，在委托开发技术合同中若没有约定，则申请专利的权利属于研究开发人。因此，委托人欲获得对专利的主动权，要力争在谈判阶段基于其资金、资料的投入获得“专利申请权”，并在合同中写明。若在谈判阶段没有争取到专利申请权，也应该在合同中对法定的“优先受让权”进行细化约定，向相关机构报备自己在该项专利上的权利，以保护自己的合法利益，也便于之后行使权利。

在合作开发合同中，当事人若没有对知识产权权属问题的明确约定，按照《民法典》第 860 条规定，申请专利的权利为合作开发的当事人共有。在权利共有的情况下，在专利申请和审查的各个环节，一旦涉及共有权利的手续，如提出专利申请、委托专利代理等，都需要经过全体共有人的同意和签字、盖章，这容易出现权利行使程序繁杂的问题。权利共有时也容易产生具体利益分配的纠纷，影响后续对专利的使用和交易，损害某一方或对方的利益。另外，专利申请权共有时，若有一共有人不同意申请专利，则其他各方无法申请专利，这无疑会对相关技术的公开和使用造成一定的限制。因此，最好能在合同签订时就对“专利申请权”的归属问题进行约定。对于能够分割的技术成果可以约定当事人各方对技术成果的分享份额以及各自享有的专利申请权，而对于不能分割的成果，可以约定“专利申请权”由合作开发的某一方单独所有，同时保证其他各方的利益，对其他合作开发者能够获得的补偿和后续对该专利能够享有的相关权利，如使用权或者优先受让权等进行约定。

第二，技术秘密权的权属约定。

在技术开发合同中不能确定技术秘密权的权属时，当事人对此技术秘密均有使用和转让的权利。这种技术秘密权利共有的方式，容易在一方不知情的情况下发生技术秘密的泄露，损害相关当事人的权益。因此，当事人宜在签订合同时就明确各方对于技术秘密的权利和义务，或者在技术秘密形成后尽快就其权属问题达成协议。最好不要采取技术秘密共有的方式，如果选择共有，则应当对当事人自己使用和许可他人使用技术秘密的条件和要求进行明确约定，尤其是各方的保密责任问题，以免之后发生分歧或出现技术秘密被泄露的风险。

第三，计算机软件著作权的权属确定。

对于委托开发或合作开发的计算机软件，当事人宜在合同中对其著作权的归属进行书面约定。对于可以分割使用的合作开发软件，当事人可以在合同中明确各自研究开发和享有著作权的部分，以免以后因此发生争议。对于不能分割使用的合作开发软件，应当由当事人共同协商确定权利的行使方式以及利益的分配方式。

（3）由财政资金形成的技术类知识产品的权属风险防范

对于由财政资金形成的技术类知识产品，在确权阶段既要防止项目研发人员，尤其是主要负责人员将属于国家和单位所有的权益占为己有，又要防止研发人员的合法利益被单位或者行政部门剥夺。为此，在科研项目立项之时，应该就科研成果的归属问题、具体的利益分配、对科研人员的奖励和报酬等进行明确的约定。在科研成果完成后，应及时跟进、监督科研成果的权利归属状态和转化。同时，应在科研项目承担单位内部设立专门的知识产权管理和监督组织，加强对相关科研成果研发和转化各环节的监督和审查。对于利用职务之便侵占国有资产或者压制研发人员合法利益的行为要及时发现，坚决制止，对相关责任人员进行纪律处分或者行政处罚，情节严重的依法追究刑事责任。

2. 技术交易时的风险防范

（1）明确许可方或者转让方是否为真正的权利人

在进行技术交易时，受让方或者被许可方要特别关注待交易技术的知识产权权属，即转让方或者许可方是否为技术类知识产品的真正的权利人。若转让方或许可方是法人或非法人组织，要特别关注该单位与雇员的劳动合同中是否包含职务成果权利转让条款或者是否就知识产权归属另外达成相关的协议。尽管我国有职务技术成果相关的制度，但明确约定知识产权权属的条款更能确保所要交易的技术成果的权属，避免之后雇员提出异议。

若要交易的知识产权是由转让方或许可方与他人共同合作完成的或者委托他人、受他人委托完成的，则要注意其与第三方的技术开发合同中是否明确了知识产权权属，对与知识产权权属分配相关的条款进行仔细的审查，以避免在交易中因第三方主张权利而遭受损失。

对于由财政资金形成的技术类知识产品，在交易时还要关注待交易技术是否涉及了国家利益、国家安全或者重大社会利益，避免因为国家行使介入权而影响交易的进行，影响对相关技术成果的后续使用和处分。

（2）明确交易后技术类知识产品的权属

技术交易的主要方式包括技术开发、技术转让、技术许可、技术出资等方式，在相关合同当中宜对所涉技术的归属进行明确的约定。在技术开发合同中，通常会根据开发的方式是委托开发还是合作开发，对新产生的技术成果的权属进行约定。在技术转让中，需要明确对相关技术是部分转让还是全部转让、转让后具体如何行使权利等。在技术许可当中通常不会直接涉及权属的变化，但为了防止纠纷，最好也在许可合同中明确相关技术的权属。对于以技术出资方式进行交易的，依据关于技术合同的司法解释，当事人可以就相关技术成果的权属进行约定，也可以就其使用权进行约定。当事人以技术成果向企业出资但未明确约定权属，接受出资的企业主张该技术成果归其享有的，人民法院一般应当予以支持，但是该技术成果价值与该技术成果所占出资额比例明显不合理而损害出资人利益的除外。

随着市场的变化和科学技术的发展，交易后的技术类知识产品在一段时期后多会面临改进和完善。对于改进和完善部分的知识产权，当事人也可以基于平等互利的原则，在交易中就其权属和利益的分享等进行约定。但若没有约定或约定不明的，一方后续的改进其他各方无法分享。

（3）明确待交易技术的知识产权的权利状态

待交易技术的知识产权权利状态将直接影响到技术交易的可能和收益。如果要交易的是专利，首先要明确交易的是专利的申请权还是专利权。对专利权进行交易前，要注意与专利申请和审查相关的文件，包括专利权利证书、专利说明书、专利申请文件等，审查时要特别关注许可方或者转让方是否为专利申请人和专利权人、受保护的技术范围以及专利是否还处于有效的状态、有无保护期届满等情况。另外还要调查专利权人是否对待交易专利进行过转让、出质等可能会导致权属变更的处分。[①]

对于技术秘密，要关注转让方或者许可方是否对该技术秘密采取了合理的保密措施，例如是否与可能接触到技术秘密的员工签订了保密协议、是否采取加锁或者密码等物理防范措施对其进行保密、是否对涉密文件进行专门的分类整理和保护等，保证待交易的技术秘密的秘密性，防止因为交易过程中的技术秘密泄露而引发风险。

（4）交易受让方的风险防范对策

交易受让方在进行交易前，需要就待交易的技术类知识产权归属问题进行充分的调研，防止侵权风险。

首先要明确转让方是否为标的技术类知识产权的真正权利人。若转

---

① 黄胜：《技术类并购交易知识产权尽调要点》，于 2015 年 7 月 28 日载于微信公众号《高杉 LEGAL》，最后访问时间：2020 年 9 月 20 日。

让方是法人或者非法人组织，要关注其与雇员的劳动合同中是否包含发明转让条款，或是否就知识产权归属问题另外达成了协议，以避免雇员在日后交易中提出权属异议。若待交易的知识产权是由转让方与他人共同合作完成的或者委托他人、受他人委托完成的，则要注意审查其与第三方的技术开发合同中是否包含了知识产权权属相关的条款，以避免在交易中因第三方主张权利而遭受损失。对于由财政资金形成技术类知识产品，还要关注待交易技术是否涉及国家利益、国家安全或重大社会利益，以免因为国家行使介入权而影响交易进行。

其次要注意审查待交易技术的知识产权的状态。如果待交易的技术是专利，首先要明确交易的是专利的申请权还是专利权。对专利权进行交易时，要注意与专利申请和审查相关的文件，包括专利权利证书、专利说明书、专利申请文件等，审查时要特别关注转让方是否为专利申请人和专利权人、受保护的技术范围以及专利是否还处于有效的状态、有无保护期届满等情况。另外，还要调查专利权人是否对待交易专利进行过转让、出质等可能会导致权属变更的处分。① 如果待交易技术是技术秘密，则需特别关注转让方是否采取了合理的保密措施，以防因为交易过程中技术秘密泄露而引发风险。

（5）交易双方需注意的风险防范对策

在交易阶段，交易双方都应当注意在合同中对交易技术的归属进行明确的约定。对于交易过程中一方或者双方对合同标的的技术成果所作出的革新和改良，为了防止纠纷，双方也宜基于平等互利的原则，就其权属和利益分享进行约定。

总的来说，技术交易中权属问题的解决是技术得以实施、推广和收益的前提。目前，我国法律对技术交易中权属问题的规定还不够完善，当事人对权属问题也不够重视，致使在实践中经常出现因为权属不明引

---

① 黄胜：《技术类并购交易知识产权尽调要点》，于 2015 年 7 月 28 日载于微信公众号《高杉 LEGAL》，最后访问时间：2020 年 9 月 20 日。

发的各类风险和纠纷。完善技术交易的权属问题，既要求以利益平衡、促进科学技术进步等原则为指导，在制度上进行改善，也要求当事人在技术交易的各个阶段提高权利意识，尽可能用具体翔实的条款对权属问题提前进行约定，以防范未来发生知识产权权属风险。

本章小结

研究技术类知识产权对规范技术交易秩序，促进科技发展和社会经济发展有着重要的意义。技术类知识产权的权属确定，旨在解决相关权利人之间的法律关系，既是技术类知识产权保护和交易的基础，也是技术类知识产权研究的重要环节。由于技术类知识产权具有专业性、复杂性、创新性、高风险和高回报等特点，权属判断时涉及的权利主体多、利益关系复杂，对部分技术类知识产权进行权属确定时可能会遇到权属认定困难、权利分配不公等问题，如职务技术成果的知识产权权属问题、技术开发合同中的技术类知识产权权属问题和由财政资金形成的技术类知识产权权属问题。针对在技术类知识产权的确权和交易过程中可能引发的纠纷和风险，在技术类知识产权研发和确权阶段宜就具体的权属和利益分配达成协议，同时注意避免侵犯他人的知识产权；而在交易时要特别关注转让方或者许可方是否为真正的权利人，在合同中约定交易后的技术类知识产权归属，并注意审查与待交易技术的知识产权的权利状态、权属确定相关的合同和文件。

第三章　专利技术交易中的侵权风险及其防范对策

随着经济全球化的不断深入，知识产权实力已成为衡量综合国力的重要指标。我国原科技部部长徐冠华曾指出：当今世界，在科技、经济和综合国力竞争日趋激烈的国际环境下，知识产权制度作为激励创新、促进科技投入、优化科技资源配置、维护市场竞争秩序的重要法律机制，在国家经济、社会发展和科技进步中的战略地位进一步增强，成为世界各国发展高科技，增强国家综合竞争能力的战略选择之一。[①] 进入知识经济时代，提升国家知识产权实力是推动我国进行经济转型和升级的关键。从宏观角度而言，国家知识产权综合实力的提升，立足于知识产权的自主研发和创新，在此基础上进行有效的知识产权的运用、保护和管理，国家在提供政策支持和制度保障的同时将知识资源进行优化配置，以开始新一轮的知识创新，如此循环往复。从微观角度而言，企业作为国家知识产权创造和运用的中坚力量，是我国提升自身知识产权自主创新能力的核心。企业自身知识产权实力越强，自主创新型企业作为市场主体的比重越高，知识产权所创造的市场价值在整个国民经济中所占的比重越大，则知识产权制度在经济社会发展中的地位越高。企业知识产权能力的提升与国家知识产权综合实力的提升息息相关，如何在微观层面提升企业的知识产权综合实力成为我国提升知识产权综合实力的重点。

企业知识产权能力的提升同样需要立足于企业自主创新，通过知识

---

① 冯晓青：《企业知识产权战略（第四版）》，知识产权出版社 2015 年版，第 1 页。

产权管理和运用，发挥知识产权的价值，同时为后续的知识产权创新奠定基础。在企业知识产权能力的提升过程中，将知识产权转化为知识产品投入市场是其中关键的一环。对于企业而言，其所有的经营活动都是以创造利润为最终目的，而企业的经营利润则必须通过市场交易的方式实现。因此，对于以技术和产品立足的企业而言，专利技术交易是实现企业知识产权价值、创造收益的重要环节。作为个体的企业在专利技术市场交易中拥有着双重身份：既属于技术的输出一方，又属于技术的输入一方；既是专利技术的转让方，又是专利技术的受让方。在专利技术转移的过程中，专利技术的转让方和受让方都需要承担相应的风险，尤其是侵权风险和违约风险。与双方都需要承担的违约风险不同，侵权风险则主要由专利技术的受让方承担。作为专利技术的受让方，如何在专利技术交易的过程中最大限度地避免承担侵权风险，成为企业在技术交易过程中的重大课题。本章即立足于专利技术交易，探讨其中的侵权风险和防范对策。①

一、专利技术交易概述

随着社会分工日益细化与专业化，专利技术交易在分配知识资源的过程中发挥着重要作用。专利技术交易能够实现“个体—个体”的技术对接，有利于实现知识产权创新与市场价值的创造。为了构建交易激励型的专利技术市场，我国于2015年修订《促进科技成果转化法》，并相继颁布《实施〈中华人民共和国促进科技成果转化法〉若干规定》《国家技术转移体系建设方案》等相关文件，以促进我国技术市场的繁荣和技术创新活动。在国家的大力支持下，我国专利技术市场发展前景广阔，

---

①　需要指出，基于企业是技术创新的主体，也是专利技术创造和交易的重要主体，本章主要以企业为主体探讨专利技术交易中的侵权风险及其防范对策。当然，基于专利技术交易中的侵权风险及其防范共同规律，对于企业相关问题的探讨同样适用于高校、科研院所等组织和机构。

所取得的成绩也相当喜人。

根据《2018年专利技术市场统计年度报告》，我国专利技术交易合同成交金额呈现逐年上涨的态势。2006年全国技术合同签订总数为205845项，成交总金额为1818亿元，到2017年全国技术合同签订总数为367586项，成交总金额已经达到了13424亿元，[①] 从技术合同签订数量和交易金额上就可见我国专利技术市场发展的迅猛态势。专利技术交易市场不断发展，专利技术交易规则不断完善，企业作为该市场中的最大参与者，其风险与机遇并存。企业可以通过专利技术交易将自身创造的知识产权投放于市场，通过引进他人的知识产权进行后续的研发和生产，创造经济收益，同时又必须防范自身陷入侵权和违约风险，遭受不必要的经济损失。由于知识产权作为无形财产，相较于有形财产的市场交易方式而言更加多样化和多元化，企业在专利技术交易过程中可能遭受的侵权风险也更加复杂。对此，如何在最大限度地发挥专利自身价值的同时，避免陷入专利侵权风险，已成为企业在进行专利技术交易时需要解决的重要问题。

（一）专利技术交易的概念

明晰专利技术交易的概念是研究市场环境下企业防范专利技术交易侵权风险的第一步，因为“概念乃是解决法律问题所必需的和必不可少的工具。没有限定严格的专门概念，我们便不能清楚地和理性地思考法律问题”[②]。界定专利技术交易的内涵，必须牢牢抓住“专利技术”和“交易”两个关键词。

从字面意思理解，专利技术包括专利和技术两重含义。已被国家授予专利的技术，才能被称为专利技术。从我国专利技术交易市场的发展

---

① 参见《2018全国技术市场统计年度报告》，兵器工业出版社2018年版，第1页；《2016年专利技术市场统计年度报告》。

② ［美］E. 摩登海默：《法理学——法律哲学与法律方法》，邓正来译，中国政法大学出版社2004年版，第504页。

态势考虑，专利技术交易的范围并非仅仅局限于已面世的专利技术，随着技术开发和服务的兴起，专利技术交易的范围已经延及虽已申请专利但还未公开的技术。因此，广义上的专利技术不仅包括已获得专利授权的专利，也包括未获得专利授权的正在申请专利的技术。从交易对象角度理解，专利技术包括发明专利、实用新型专利、专利技术中未公开的技术秘密等。从交易的权利内容理解，专利技术包括了作为专利权人的专利权和作为技术研发者的所有权，其中专利权人的专利权又包括专利独占权、专利实施权和专利所有权等。“交易”指的是双方当事人的等价交换行为。在双方合意达成时，通过各自放弃一部分权利换取对方给予的相关利益。有形物的交易方式相对单一，但是当交易标的扩展到无形物之上时，由于无形物的非消耗性及其与有形载体的可分离性，以无形物为载体的财产权行使的方式变得多样化，交易的方式也变得丰富起来。

因此，所谓专利技术交易，从广义上而言指的是以专利技术作为载体的权利转移的所有活动，包括专利技术许可、转让、质押、入股、证券化、信托等交易方式在内的所有行使专利申请权、专利实施权、专利所有权转让等行为的活动。专利技术交易的过程实质上是专利技术转移的过程，包括了地域转移和权利转移两种含义。地域转移包括从境内一个区域到另一个区域的移动，也包括跨境移动，权利转移则是指技术持有者将技术的全部所有权或使用权转让给技术需求者的行为。[①] 由于专利权具有地域性，专利只能够在一定的地域范围内受到保护，专利技术交易的地域转移主要是指专利技术的跨境移动（包括技术的引入和输出），而专利技术的权利转移则指向专利所有权的转让。权利转移实质上是权利主体发生变化，而地域变化只是表现形式，因此本部分对于专利技术交易的定义也以权利主体的变化作为核心要素。

① 郜志雄：《专利技术转移机制》，中国时代经济出版社 2016 年版，第 11 页。

专利的无形性、专有性、地域性、时间性和可复制性等特征，[①] 决定了只有当专利技术在权利有效期内尽可能地被开发利用时，专利权的价值才能得到充分体现。[②] 对于尚未申请专利却具有市场价值的技术而言，通过交易转让专利申请权等方式，能够推动技术的专利化和市场化进程，为个体创造更多的收益。此外，随着专利技术开发服务的繁荣，无论是合作开发还是委托开发，作为专利技术交易的一种类型，在专利技术交易市场中都发挥着越来越重要的作用。专利技术交易能够帮助专利权人和技术所有权人通过多种交易方式实现其权利，打通专利研发到市场的桥梁，实现专利技术的价值。

（二）专利技术交易特征

专利技术交易作为权利人实现权利的重要方式，同时作为一种重要的市场经营活动，既要受到专利技术作为无形产权特殊性质的约束，又要受到一般市场竞争规则的监管。专利技术作为交易标的的特殊性以及交易方式的多样性，使得专利技术交易呈现多样化的交易特征。

1. 交易标的的特殊性

专利技术呈现出知识产权所具备的无形性、专有性、地域性、时间性特征。专利技术的无形性体现于专利技术可以与其物质载体相分离，即便专利技术产品遭到毁损，只要该专利技术得以妥善保存，专利权人或者技术方案所有权人仍然能够继续实施该专利技术。专利技术的无形性所带来的非消耗性，使专利技术不会因为进入市场流通而遭受损耗。

专利权的专有性体现于两个方面：一是某一项专利技术为权利人所独占，并受到国家相关法律法规的保护，未经权利人允许或者未存在法律法规规定的特殊情况，任何人无权使用其专利技术；二是对于某一项专利技术，在特定的时间和地域范围内不允许两个或者两个以上的同一

① 郑成思：《知识产权论》，法律出版社 2003 年版，第 63 ~ 77 页。

② 马碧玉：《专利权交易法律制度研究》，中国社会科学出版社 2016 年版，第 25 页。

属性的知识产权并存，如针对某一项专利技术只能授予一项专利权。

专利技术的地域性体现于针对某一项专利技术，其专利权能够发生效力的范围，以权利人申请专利权所依据的该国或者该地区的法律规定为准。如果权利人希望在该国或者该地区以外的地域获得专利权，行使其专有权利，则必须依据域外国家或者域外地区的相关法律规定重新进行专利申请。简言之，倘若不存在国际条约或者双边互惠协定，专利权人的专利权不具有域外效力。

专利技术的时间性是指专利技术只能在法律规定的期限内受到保护，法定期限届满之后，即进入公有领域，成为整个社会的共同财富，供全人类共同使用。[①] 专利技术的时间性在维护专利权人的利益的基础上，考虑到社会公众对于知识资源的客观需求，同时防止专利权人利用专利权的专有性永久垄断其知识产权，给社会经济发展、科技进步和文化繁荣造成阻碍，体现了对于专利技术创造者的利益与社会公共利益之间的平衡。

由于专利技术的专有性、无形性、地域性、时间性，专利技术交易相较于有形物交易存在诸多特殊之处。首先，专利技术具有非消耗性，只要专利技术保存得当，理论上专利技术面世之后能够永久存续，不存在毁损灭失的可能。其次，专利技术的无形性和地域性，使得在交付方式方面专利技术交易也与有形物交易相区别。权利人无法对专利技术进行实质性占有，也无法适用有形财产的占有推定权利人，因此专利技术交易主要通过在国家专门机关进行登记、备案等手段进行交付，以此种方式向社会公示专利技术权利人发生转移。最后，专利技术的时间性，使得专利权人或者专利权的受让人无法同有形物交易一般，通过交易的方式永久垄断某项专利技术。虽然个体可以通过购买专利产品的方式获得产品的所有权，但此种情形并非专利技术的垄断，当权利保护期届满后，专利技术就会回归公有领域，成为人类共有的知识财富的一部分。

---

① 赵华：《智慧经营——企业知识产权管理实务》，科学技术文献出版社 2017 年版，第 4 页。

对于专利权人而言，一旦其专利技术进入公有领域，专利权人就永久失去了对于某项专利的控制权，他人利用专利权人的专利权，无需获得专利权人的授权，也无需向其支付报酬。

2. 参与主体的多元化

从专利技术交易的参与主体来看，我国专利技术交易市场的参与者包括专利技术交易平台、专利技术供给方、专利技术需求方、专利技术投资者、专利技术交易监督与管理者、专利技术服务机构等。这些专利技术交易的参与者在实践中进行合作，推动专利技术从供给方向需求方的转移，为促进专利技术市场的发展发挥着重要作用。

其中，专利技术交易平台是指专利技术的交易场所，可以是有形的场所，也可以是以网络技术支撑的虚拟平台；专利技术供给方指专利技术的所有权人或者获得专利授权的使用权人，包括个人、企业、高等院校、科研机构、事业单位、政府机关等；专利技术需求方指专利技术的购买者，是寻求专利技术所有权或者使用权的受让方，在专利技术市场交易环境中，专利技术供给方与专利技术需求方时常存在身份上的重合，因此专利技术需求方也包括个人、企业、高等院校、科研机构、事业单位、政府机关等；专利技术的投资者主要指风险投资、金融机构或者以专利入股的专利权人，其往往不参与专利的实际研发和生产；专利技术交易监督主要由政府授权管理技术交易的行政管理部门通过相关法律、法规对专利技术交易进行规范，目前我国存在科技部、国家知识产权局和商务部多部委、多重管理的现象；专利转移服务机构包括专利交易服务机构（如价格磋商、转移、备案、反馈等）、信息服务平台、专利价值评估机构、投融资服务体系或者其他增值服务机构。[①] 在专利技术交易过程中，这些参与者进行有机组合，有效推动了交易成本的降低和交易效率的提升。

---

① 郜志雄：《专利技术转移机制》，中国时代经济出版社 2016 年版，第 14 页。

在专利技术交易的过程中，以专利交易平台为媒介，沟通专利技术需求方、专利技术供给方和专利技术投资者。传统的专利技术交易呈现出“个体—个体”的特征，专利需求方和专利供给方需要参与某一项专利技术交易的全过程，对于专利技术交易过程中的所有交易事项，都需要亲力亲为。这种“个体—个体”的交易方式固然能够帮助企业在交易过程中降低其侵权风险，但其缺陷亦显而易见。例如，企业需要花费大量的时间和精力搜寻目标专利和交易对象，需要经历进行专利交易前的准备和交易过程的磋商、议价等。除却交易成本的高昂和交易效率的低下等弊端，企业还可能因为信息不畅通导致交易机会错失。随着专利技术交易的不断发展，这种“个体—个体”的交易方式越来越不能适应市场发展的客观需求。为了使专利技术交易高效化和专利技术交易成本低廉化，专利技术交易发展催生了专门的专利技术交易服务，包括专利信息服务、专利价值评估、专利交易服务、专利投融资服务以及其他类型的增值服务。这些服务平台和服务机构作为中介机构连接了专利技术供给方和专利技术需求方，形成了“专利技术供给方—中介服务机构—专利技术需求方”的技术转移模式。随着中介机构的兴起和发展，专利技术交易的买卖双方在信息交流、价格磋商等方面能够选择更加便捷的途径，而中介机构的加入也进一步扩大了专利技术市场的参与主体范围。此外，随着专利技术交易规则的不断完善、专利技术交易市场的成熟，为了最大限度地发挥专利的价值，专利技术的受让方可能会继续进行专利授权或者转让，使得专利技术交易的参与主体更加多元化。

同时，还应注意到，虽然政府机关或者政府授权的部门作为专利技术交易的监督者和管理者，并不直接参与专利技术交易过程，但不可否认其作为市场监管者在促进专利技术交易的有序化方面发挥着重要作用。没有政府和国家对于专利技术市场的监管，专利技术市场难免出现乱象，专利技术侵权、专利价格战、专利欺诈等行为将极大地破坏专利技术市场的健康发展。因此，作为市场监管者的政府，也是专利技术交易市场的重要参与者。

3. 交易方式的多样化

由于专利技术的专有性、无形性、地域性、时间性等特征，专利技术的权利人——包括专利权人和获得专利授权的权利人能够在不同的时间和空间范围内以多种方式实现自己的权利，并通过交易的方式创造市场价值。

我国《专利法》（2020）第 10 条第 1 款规定："专利申请权和专利权可以转让。"虽然其规定了专利权人可以行使其专利权，但是并未明确"转让"含义。对此，《专利法》（2020）第 11 条规定了专利权人的实施权，此处的专利实施的范围也限于专利许可。2014 年国家知识产权局在《企业商业战略中的作用——中国企业申请动机及实施与产业化研究》中将"专利实施"一词的范围加以扩充，"专利权人以生产经营为目的，自行或者许可他人制造、使用、许诺销售、销售、进口依照该专利方法直接获得的产品，或者将专利权转让给他人"，将转让给他人也作为专利权实施行为的一种。因此，传统的专利技术交易方式主要是指作为专利权人或者专利授权的权利人以及技术的所有权人在法律规定的范围内实施自身权利的行为，包括转让自身的专利申请权、进行专利技术许可和专利技术转让三种方式。

除此之外，专利技术作为一种特殊的财产，具有作为财产的一般属性。专利技术能够与有形财产一样，通过其他方式实现自己的市场价值。随着我国市场经济的发展、技术交易规则的完善，专利技术交易发展出了多种交易方式，专利质押、专利入股、专利证券化、专利信托等都是随着专利技术交易市场的成熟出现的新的交易方式，并且逐渐成为专利技术交易的重要方式，为企业实现专利技术的价值提供了更加广阔的途径。

除却单一的专利技术交易之外，专利池的兴起和发展也逐渐成为企业进行专利技术交易的重要手段。所谓专利池，是指"两个或者两个以上的专利所有权人之间的协定，用以相互间或者向第三方授权他们的一个或多个专利”，也可将其定义为“交叉授权标的的知识产权集合体，不论其是由专利权人直接授权还是通过其他媒体（如合资企业）来专门管理”[①]。专利池又分为开放式的专利池和封闭式的专利池，二者的相同之处在于专利池中的成员之间以各自专利进行相互的交叉授权，区别在于开放式的专利池允许对外统一许可，而封闭式的专利池则不允许对外进行许可。目前主流的专利池模式为开放式的专利池，通过专利池的统一授权，将其中的标准必要专利打包授权，采用统一的收费标准，其授权专利的收入则按照专利的比例在专利池成员内部进行分配。虽然专利池也可能造成专利技术垄断，但此种专利授权方式能够极大地消除专利实施中的授权障碍，加强专利技术互补，降低专利授权成本，在减少专利纠纷的同时提升专利池的市场价值。对于身处专利池中的企业而言，通过专利池可以便捷地进行专利技术推广，获得市场竞争优势，提升企业的市场竞争能力。因此，专利池授权也逐渐成为专利技术交易的重要方式。

从传统的专利权实施，到专利质押、专利入股、专利证券化、专利信托，再到专利池许可，越来越多的专利技术交易方式随着国家经济和科技的发展涌现出来。可以预见的是，随着技术的发展，未来将出现越来越多的专利交易方式，专利技术的交易方式变得越来越多样化。

4. 交易风险波动性高

由于我国专利技术交易的对象不限于已获得授权的专利和尚未获得授权的处于专利申请阶段的技术，通过合作开发或者委托开发等方式研发的技术即使尚未面世，也被纳入专利技术交易的对象之中，因此从企业进行专利技术创新伊始，专利技术交易的风险就已经存在。专利技术交易的风险蕴含于企业进行技术创新所需承受的风险之中，包括技术创

---

① 赵华：《智慧经营——企业知识产权管理实务》，科学技术文献出版社 2017 年版，第 196～197 页。

新过程中面临的风险和专利技术面临的法律风险。出现技术创新所面临的风险的主要原因在于研究开发的不确定性以及市场需求的多变性，也包括国家对于某些专利技术的特殊政策。专利技术面临的法律风险发生的原因主要在于知识外溢和市场外溢现象。知识外溢，是指知识生产者得不到补偿，知识获取者无需付费的一种外部性现象。① 知识具有非竞争性与部分排他性，其中非竞争性是指个人对于知识的利用不会造成知识的损耗，也不会阻止其他人同时对于该知识的消费，部分排他性是指知识所有者虽然可以通过法律获得一定程度的产权保护，但是知识所有者难以完全阻断他人对于知识的利用。当知识或技术流出或者流向竞争对手而缺乏相应的收益，就会产生知识外溢现象。市场外溢与知识外溢相类似，当知识或者技术从研究开发主体流向其他经济主体而没有补偿或者没有足够补偿时，或者当新的或改进后的产品或服务所增加的价值没有完全体现新旧版本之间的差额价值时，市场外溢现象就会发生。② 知识外溢和市场外溢导致了企业在专利技术研发和交易过程中产生法律风险。

笔者在此以专利技术是否面世作为分类依据，分别对于专利技术面临的市场风险和法律风险加以阐释。对于合作开发或者委托开发的专利技术，企业将承担从研究立项至创新成果产生直至创新成果在市场上实现的一系列风险。③ 在研发阶段，企业需要遭受研究失败的风险或者技术不适应市场需求的风险。首先，专利技术的研发取决于企业的专利技术开发决策，由于专利技术研发是一个从无到有的过程，具有探索性和不确定性，倘若对于某一专利技术的研发前景没有准确把握，对于专利技术研发的思路不够清晰准确，就可能遭受研究失败的风险。其次，如果对于某一项专利技术的消费需求没有进行准确把握，即便专利技术研

① 宁军明：《知识溢出的机理分析》，载《科技与经济》2008 年第 3 期。

② 王淑芳：《企业的研究开发问题研究》，北京师范大学出版社 2010 年版，第 166 ~ 167 页。

③ 冯晓青：《技术创新与企业知识产权战略》，知识产权出版社 2015 年版，第 303 页。

发成功，也可能因为技术升级和市场转型的缘故不再适应市场需求，从而导致专利技术的市场竞争优势大大下降，无法达到研发立项所设想达成的目标，产生专利技术市场化的困境，企业也将因此遭受专利研发所带来的巨大损失。

企业在研发阶段所面临的知识产权法律风险主要包括以下四个方面：一是研究开发阶段以及后续的技术创新阶段取得的商业秘密泄露风险；二是研究开发过程中由于没有进行充分的技术情报检索和分析，从而导致研究开发成果侵犯他人专利权或者与他人已申请专利的技术相冲突的风险；三是在合作研究开发中，由于对研究开发成果约定权属不明从而导致成果流失的风险；四是技术创新活动中由于不够关注市场动向，研究开发成果在投入生产后不久即被他人的新技术产品替代的风险。[①] 对于已经研发完成的专利技术，其研发风险主要由专利技术研发者承担，专利技术的购买方主要承担因为技术不适应市场需求造成亏损的风险，伴随专利技术交易，研发阶段的知识产权法律风险也随之转嫁给专利技术的受让者。

从上述对于专利技术交易所面临的风险介绍，可以发现专利技术交易所面临的侵权风险具有相当大的不确定性。与有形物交易的确定性和可预见性不同，专利技术交易的风险具有不确定性和模糊性。有形物的固定价值有助于交易双方进行估值，无论是交易之后的收益还是亏损都具有可预见性。专利技术交易则不然，在专利技术研发阶段，专利技术是否具有研发价值、是否能够研发成功、是否在专利技术面世后符合市场需求，都是未知数。在专利技术交易完成后，专利技术的风险转移到受让方，受让方不仅要承担专利技术不适应市场需求的商业风险，还需承担专利权属瑕疵所带来的侵权或者违约风险。虽然专利技术交易的风险充满未知和不确定性，但不可否认的是，在把握市场需求走向和技术

① 冯晓青：《技术创新与企业知识产权战略》，知识产权出版社 2015 年版，第 308 页。

发展前景的情况下，专利技术所能创造的市场价值将为企业带来巨大的经济利益。正因如此，专利技术交易的风险波动性非常高。

(三) 专利技术交易的类型

由于交易标的的特殊性和参与主体的多元化，专利技术交易的方式也越来越多样化。在我国，专利技术交易的类型按照不同的标准可以分为不同的类型。

1. 按照交易的权利类型——专利申请权转让、专利实施权转移、专利所有权转让

依附于专利技术之上的专利权，按照权利类型可以分为专利申请权、专利实施权和专利所有权，专利技术的所有权人与获得专利技术授权的权利人能够将自身的合法权利进行转移。

专利申请权，是指一项发明创造产生之后，该发明创造的所有人享有的向专利局提出专利申请并基于该申请取得专利权的权利。[①] 我国专利制度实行先申请原则，除非后来的专利申请人享有优先权，否则最先提出专利申请的人将获得专利授权。获得了对于某项专利的排他权利，从而就占据了市场先机。对于专利技术所有人而言，其转让了专利申请权，受让人将成为新的专利技术所有人，行使向专利局提出专利申请并获得专利授权的权利。倘若在专利申请过程中，专利技术所有人转让了专利申请权，受让人将代替技术所有权人成为专利申请程序的责任主体，继续履行专利申请程序的各项责任和义务，同时也将获得专利授权能够享有的各项权利，成为专利权人。可见，转让专利申请权就相当于转让了未来专利技术的所有权。

专利实施权是指依照我国法律的相关规定，已经获得专利权的专利权人以及获得专利技术合法授权的权利人行使其专利权的权利。依据《专利法》(2020) 第 11 条规定，产品专利的专利实施权包括以生产经

① 谭启平：《专利制度研究》，法律出版社 2005 年版，第 116 页。

营为目的的专利产品制造权、专利使用权、专利产品的许诺销售权、专利产品的销售权以及专利产品的进口权，方法专利的专利实施权包括专利方法的使用权、依据该专利方法直接制造的产品的使用权、许诺销售权、销售权、进口权。由于专利权的时间性和地域性，专利实施权中的各项权利能够在不同的时间和地域范围内进行单独授权，以最大限度地发挥专利技术的作用，实现专利技术的市场价值。专利实施权是专利权人行使其专利权最主要的方式。

专利所有权是指专利所有权人，包括专利技术的研发者和专利权的合法受让者，有权将自身的专利权进行转让的权利，专利所有权转让是专利权人对于专利权的彻底放弃。专利权转让与专利申请权转让具有相同之处，都是专利权人主体资格的转移，区别则在于前者产生的主体资格转移发生于专利技术取得专利权之后，而后者产生的主体资格转移发生于专利技术取得专利权之前。

2. 按照交易方式——专利与专利池许可、专利权转让、专利质押、专利入股、专利证券化、专利信托

在我国，专利技术交易主要依靠合同的形式完成。根据交易方式的不同，专利技术交易大体可以分为六个类别：专利与专利池许可、专利权转让、专利质押、专利入股、专利证券化和专利信托。

（1）专利与专利池许可

专利权人可以与他人签订专利实施许可合同，许可他人依合同约定来制造、使用、许诺销售、销售、进口其专利产品，依合同约定使用其专利方法以及使用、许诺销售、销售、进口依照该专利方法直接获得的产品。[①] 专利许可最显著的特征在于专利所有权不转移，仅为专利使用权的让渡。如果得到了专利权人的授权，被许可人还能够继续进行专利许可。从许可方式而言，专利许可可以分为独占实施许可、排他实施许

① 冯晓青：《知识产权法（第三版）》，中国政法大学出版社2015年版，第228页。

可、普通实施许可、交叉实施许可等形式。独占实施许可排除了专利权人自身的专利实施权，排他实施许可允许专利权人和被许可人共同行使专利权，普通实施许可则允许专利权人和被许可人在许可范围内都能够平等地行使专利权，交叉实施许可即交易双方互相允许对方实施其专利权。

除单一的专利技术许可外，专利池的统一对外授权也是专利技术交易的重要方式。企业专利池又可被称为专利联盟、专利联营，是指两个或两个以上专利权人相互进行交叉许可或者通过向第三方授权许可其专利的联营性组织。① 专利池对外授权通常采用"一揽子授权"的模式，将专利池中所涉及产业的核心专利进行"打包"对外进行许可，对于专利池中的专利实施专门管理，统一授权，采用统一的收费标准。

（2）专利权转让

专利权转让，是指直接发生专利权所有权转移的法律行为。专利权转让是专利权人行使所有权的一种重要方式。专利权转让之后，转让人丧失该权利，受让人取得相应的权利。②"知识产权转让对知识产权人和受让人而言均具有独特的价值：转让人可以从转让行为中一次性收回知识产权开发的投资并取得预期的利润，受让人则能够在不必承担知识产权的投资和开发风险的情况下直接获得他人的知识产权并利用其占领市场。"③ 出售的专利价值越高，转让专利权所获得的对价资金也就越高昂，因此专利权转让也成为拥有自主知识产权的个人或者企业进行知识产权融资的重要方式。

（3）专利质押

专利质押是指以专利监督债务人履行债务，保证债权人实现权利的行为，其本质是一种担保行为。④ 专利质押并不变更专利权主体，虽然

---

① 郜志雄：《专利技术转移机制》，中国时代经济出版社 2016 年版，第 195 页。
② 王肃：《企业知识产权管理》，知识产权出版社 2017 年版，第 150 页。
③ 冯晓青：《技术创新与企业知识产权战略》，知识产权出版社 2015 版，第 266 页。
④ 王悦、张丽瑛：《知识产权运营融资与评估》，知识产权出版社 2017 年版，第 54 页。

质押会对出质的专利权人造成一定的权利限制，但是作为质权人在出质期间也不能够行使被质押的专利权。只有在专利权人到期不能偿还债务时，质权人才有权对出质的专利权进行处分。随着专利质押融资业务在中国的兴起，专利质押也成为企业进行知识产权融资的新方式。

（4）专利入股

知识产权出资指知识产权所有人将依法能够转让的知识产权专有权或者使用权作价，投入标的公司以获得股东资格的一种出资方式。[①] 我国《公司法》明确规定能够货币估价并且转让的知识产权可以入股，因此专利入股也是专利技术交易的一种重要方式。专利权人可以以其专利所有权或者专利使用权出资，但是应当根据无形资产的出资程序履行相应的手续。

（5）专利证券化

专利证券化是将专利所有权及其使用权作价评估后转移给特定机构，并由该特定机构向资本市场发行证券以获得融资的一种专利技术交易模式。专利证券化能够在不丧失企业专利所有权的情况下加快实现专利权的价值，有效分散专利研发与投资的风险，成为企业进行知识产权融资的又一重要手段。

（6）专利信托

专利信托是专利权人以信托的方式，将专利权托付给受托人，使受托人以自己的名义进行信托财产管理或处分的行为。专利信托的受托人以受托财产增值为目标，通过对专利财产的许可、入股、投资等方式获得收益，并将该收益转移给专利权人。专利信托能够有效促进专利成果的市场化，加快专利技术的运用步伐，提升专利技术的经济转化效率，更好地发挥专利技术的社会功能。因此，专利信托在市场竞争环境下越来越普遍，成为专利技术交易的重要形式。

---

① 安雪梅：《知识产权管理》，法律出版社 2015 年版，第 302 页。

3. 按照交易地域跨度——国内专利技术交易、国际专利技术交易

由于专利权的地域性，专利技术所有权人在未依据其他国家或者地区的法律提出专利申请前，其所获得的专利权不具有域外效力，其他国家或地区无义务为该专利权人的专利技术提供法律保护。随着经济全球化的不断深入，专利技术不再局限于某一国家或者某一地区，知识资源的跨境流动越来越成为企业抢占国际市场的重要途径。因此，企业进行专利技术交易也不仅限于国内市场，国际专利技术交易也日益增多。国际专利技术交易又被称为专利跨境转移，包括专利技术的引进和输出。专利技术国际交易的发展极大地促进了优秀的知识资源在全球范围内的传播，有助于提升我国的知识产权综合实力。

（四）专利技术交易所涉法律关系

随着专利技术交易主体范围的不断扩大、交易范围的不断增加、交易类型的不断增多，专利交易法律关系也日趋多样化。按照不同的分类标准可以将专利技术交易所涉及的法律关系分为不同的类别，这些法律关系时常交织在一起，使得整个专利技术交易中呈现的法律关系更加复杂。

1. 交易主体——专利技术交易的参与者

专利技术交易主要以合同的方式进行，最典型的法律关系则是专利技术供给方与专利技术需求方之间的法律关系。随着专利技术交易中介服务的兴起和发展，作为中介服务机构的专利交易服务机构、信息服务平台、专利价值评估机构、投融资服务体系或者其他增值服务机构参与到专利技术交易的过程中，形成了“专利技术供给方—中介服务机构—专利技术需求方”三方模式，也拓展了专利技术供给方与中介服务机构以及专利技术需求方与中介机构的法律关系。此外，政府行政部门作为专利技术市场的监管者，在促进交易规则完善、提高交易效率、维护市场有序运行等方面发挥着重要作用，作为专利技术交易市场的一类特殊参与者，政府行政部门在履行其行政监管职责的过程中，也会与专利技术交易平台、专利技术供给方、专利技术需求方、专利技术投资者、专

利技术中介服务机构发生法律关系。

2. 交易内容——专利技术交易的权利

如果以交易的权利内容作为划分依据，专利技术交易可以分为如下几种类型：专利申请权转移的法律关系、专利所有权转移的法律关系、专利制造权转移的法律关系、专利使用权转移的法律关系、专利许诺销售权转移的法律关系、专利销售权转移的法律关系、进口权转移的法律关系以及其他可以被纳入专利权内容的权利转移所产生的法律关系。

3. 交易方式——专利技术交易的转移方式

我国专利技术最主要的交易方式为许可、转让、质押、入股、证券化、信托，交易方式的不同也产生了不同的法律关系，主要包括：专利许可法律关系、专利转让法律关系、专利质押法律关系、专利入股法律关系、专利证券化法律关系、专利信托法律关系。

（五）专利技术交易的重要意义

当今时代，随着经济全球化的不断深入和知识产权制度的国际化趋势加强，市场竞争越来越以知识产权竞争为核心。对于企业而言，知识产权竞争能力决定了其在市场竞争中所能取得的优势，在国际市场竞争的新环境下，占领知识产权高地是企业占领市场的关键一环。从国家知识产权综合实力发展角度考量，企业的知识产权竞争能力决定了国家的知识产权综合实力，提升国家的知识产权综合实力，关键在于提升企业的知识产权竞争力。然而，知识产权技术的研发并不意味着企业在市场竞争中的优势，知识成果的产业化才能帮助企业占领市场，回收成本并且创造利润。作为沟通知识成果和市场的桥梁，专利技术交易对于企业、社会公众和国家都有着重要的意义。具体体现如下。

（1）对于企业的意义

进入知识经济时代，企业自身所拥有的知识产权数量和质量成为决定企业市场竞争力的关键。赢得市场竞争优势是企业战略的根本目标，[①]

① 冯晓青：《技术创新与企业知识产权战略》，知识产权出版社 2015 年版，第 75 页。

专利技术交易能够将知识成果转化为知识产品，是企业将其知识产权优势转化为市场竞争优势的关键。

在专利技术交易市场中，企业往往承担着技术需求方与技术供给方的双重身份，技术交易对于促进企业发展发挥着重要作用。当企业作为专利技术供给方时，首先，企业能够通过专利技术交易将其研发成功的知识成果投入市场，通过专利授权、专利转让等方式回收专利研发成本，实现专利的市场价值，获取市场竞争优势。特别是企业专利池和专利联盟的构建，通过对内交叉许可和对外统一授权的方式，促进了专利池成员之间的知识共享，同时更加便捷地实现了专利技术成果的市场化。专利技术成果的市场化不仅为企业创造了经济利益，而且为企业进行新一轮的技术研发创造了经济条件。其次，专利技术交易有助于企业转移专利技术研发产生的风险。在企业研发的过程中，除需要承担研发失败产生的风险外，还需要承担技术成果不适应市场客观需求和消费者需要遭遇亏损的风险。同时，作为技术研发者，需要承担其所研发的专利技术秘密泄露、专利技术侵犯他人知识产权等法律风险。通过专利技术交易，作为专利技术研发者的企业能够在获得经济利益的同时将这些风险进行转移。再次，由于知识资源外溢现象的客观存在，专利技术交易的繁荣能够促进专利知识资源的增长。企业作为专利技术研发者能够更加便捷和广泛地接触到各类知识资源，丰富企业技术创新的知识资源，有效激励企业进行技术创新。作为专利技术需求方，一方面，企业能够通过专利技术交易引进他人的先进技术，通过获得技术授权或者技术转让的方式弥补自身自主创新能力的不足，增加企业自身的专利数量，提升企业专利质量，提升企业的市场竞争能力。另一方面，作为专利技术的买受方，企业继受他人的专利成果并将其继受的专利技术投入市场创造经济收益，无需承担专利技术研发阶段的各项成本和风险，节省了开发成本并且缩短了专利技术产品化的周期，加快企业进军某一专利市场的步伐。最后，通过专利技术交易，作为买受方的企业也能够接触到更多专利技术资源，丰富企业的创新资源库，有助于推动企业利用现有技术和资源进行创新。企业进行知识产权研发和专利技术交易，有助于企业自主创新能力的提升和企业知识产权竞争力的提升，有助于推动高新技术产业的聚集和发展，最终促进国家知识产权综合能力的提升。

除此之外，随着专利技术交易过程分工的细化，企业不仅是专利技术供给者和专利技术需求者，还扮演着中介机构的角色。为了有效对接专利信息技术供给方与需求方对于技术交易的客观需求，创造专利技术的交易机会，专利信息服务平台作为信息传递机构不断涌现。为了更加高效地完成专利技术交易，专业的专利信息服务机构应运而生，承担合同磋商、议价、技术交付、备案等工作，减少了企业在专利技术交易中承担的交易成本，提高了专利技术交易的效率。在专利技术交易过程中，专利技术的评估与定价是买卖双方磋商的核心任务，为此衍生出了专利价值评估机构。随着专利技术交易方式的多样化，专利技术能够通过专利质押、入股、证券化、信托等方式实现其价值，专利技术权利人利用专利技术进行融资和投资的客观需求，催生了各类专利投资融资服务和其他专利增值服务。这些中介服务都是随着专利技术交易的发展涌现的，专利技术交易市场越发达，专利技术中介服务将越兴盛，作为服务机构的企业也将获得更多的交易机会，创造更多的市场收益。

（2）对于社会公众的意义

专利技术权利人进行专利技术交易的最终目的是抢占市场，创造利润。同时，专利技术权利人积极进行专利成果转化，也会影响社会公众的生产和生活。首先，专利技术交易的发展促进了同种类专利产品的市场竞争，在同一产品的相关市场中，竞争产品越多，对于消费者越有利。一方面，消费者能按需选择专利产品；另一方面，企业为了提升市场占有率会不断进行技术创新，推动专利技术的升级，消费者也将因此获得生产和生活的便利。其次，专利技术交易的发展将反哺专利技术的研发，专利技术的研发又将推动专利技术交易的发展，如此循环往复，“滚雪球”一般推动社会科技创新和发展。由于知识的非消耗性，专利技术的创新将会促进社会知识总量的不断增加，专利技术的发展将推动整个社会科技水平的提高，进而促进社会生产水平的提高、经济发展模式的转型和升级，推进社会公众生活方式的变迁。最后，专利技术交易将促进知识资源在社会公众之间的共享，整个社会知识资源的不断丰富，能够为社会公众的个人创新提供丰富的创新资源，公众积极创新将推动社会文化的繁荣。专利技术交易固然有可能造成技术垄断，侵害消费者合法权益，但其繁荣对于社会公众的积极意义远大于其消极意义。

（3）对于国家的意义

专利技术交易的兴盛与繁荣对于提升我国知识产权综合能力同样有着重要的意义和作用。就微观层面而言，国家知识产权综合能力的提升核心在于增强企业知识产权实力。企业的知识产权实力包括企业的知识产权创造力和知识产权转化力，只有将技术成果产业化，才能将知识产权转化为企业的市场竞争能力，从而推动企业核心竞争力的提升并持续促进其在国内和国际市场中的竞争力提升。就宏观层面而言，国家的知识产权综合实力一方面表现为该国的知识产权创新能力，另一方面表现为该国的知识产权运用能力。国家技术交易市场的繁荣程度直观体现了该国的知识产权运用能力，故促进专利技术交易对于提升国家的知识产权运用能力，进而提升国家的知识产权综合实力具有重要的意义。

为了促进企业知识产权的市场化，近些年来我国出台了一系列法律规范和政策支持知识产权的创造和运用。2008 年 6 月国务院发布的《国家知识产权战略纲要》在“促进知识产权创造和运用”一节中提出要“推动企业成为知识产权创造和运用的主体。促进自主创新成果的知识产权化、商品化、产业化，引导企业采取知识产权转让、许可、质押等方式实现知识产权的市场价值”。2015 年国务院颁布的《关于新形势下加快知识产权强国建设的若干意见》在“促进知识产权创造运用”一节中提出要“推动专利许可制度改革，加强专利交易平台建设”。同年，《促进科技成果转化法》修订，旨在加速推进科技成果转化为社会生产力。2016年国务院印发的《“十三五”国家知识产权保护和运用规划》提出“加大高技术含量知识产权转移转化力度。创新知识产权运营模式和服务产品”。这些法律规范和国家政策都强调了知识产权运用的重要意义，明确企业专利技术交易在提升企业知识产权运用能力过程中的关键作用。

（六）当前我国专利技术交易的发展状况

我国的专利技术交易市场在国家的大力支持之下发展迅猛，呈现出欣欣向荣的成长态势，其所取得的成就也是相当喜人。2007年我国的专利技术交易合同成交220868项，成交技术合同总金额2226亿元，当年的国内生产总值为246619亿元，技术合同交易额仅占国内生产总值的0.9%。2017年我国专利技术交易合同签订367586项，成交额达到13424.22亿元，当年我国的国内生产总值为820754亿元，技术合同交易额占国内生产总值的比重上升为1.6%。在四类技术合同（技术开发合同、技术转让合同、技术服务合同、技术咨询合同）中，技术开发合同和以解决约定的技术问题而提供服务的技术服务合同是技术合同的主要合同形式，2007年我国技术开发合同和技术服务合同成交金额分别为876亿元和840亿元，2017年这两类合同成交额达到了4748.54亿元和6826.17亿元。2017年全社会研究与试验发展（Research and Development，R&D）经费达到17606亿元，全国技术合同的成交金额占全社会研究与试验发展经费的比例达到76.25%。[①] 从十年间我国技术合同的成交数量和成交金额的增长幅度就能看出我国专利技术交易市场的发展速度。

尽管如此，我国专利技术市场的地域发展不平衡形势仍然相当严峻。

---

① 数据来源于《2008年专利技术市场年度报告》和《2018年专利技术市场年度报告》。

2017年我国专利技术合同登记成交额前十名依次为北京、湖北、广东、陕西、江苏、上海、天津、山东、四川、辽宁，登记项数与成交额分别占全国的76.23%和83.37%。就全国三十四个省（自治区、直辖市）的输出技术合同成交额进行比较，北京、湖北、广东输出技术合同成交额排名居前三位，共成交技术合同122933项，占全国技术合同成交总数的33.44%，成交额为6457.04亿元，占全国技术合同成交总额的48.10%。就全国各省市的技术吸纳额进行比较，北京、广东、江苏、上海、湖北、山东、四川、陕西、浙江、天津为吸纳技术前十名的省市，共吸纳技术237851项，占全国技术合同成交总数的64.71%，成交额为7852.67亿元，占全国技术合同成交总额的58.50%。在2017年全年的技术合同和技术交易总额中，东部地区共输出技术合同219173项，成交额为8564.88亿元，占全国技术合同成交总额的63.80%。其中，北京发挥创新资源集聚优势，成为东部地区最大的技术交易输出地和吸纳地，输出技术合同8万多项，成交额达到4486.89亿元，占全国技术合同成交总额的33.42%；吸纳技术合同5万多项，成交额为1887.52亿元，占全国的14.06%，与全国其他省市相比遥遥领先。①

从上述资料和数据可见，我国专利技术交易主要集中于沿海省市和东部地区，中西部地区发展相对落后，地域分配不均衡。究其原因，专利技术交易发达的省市和地区一方面拥有独特的地理优势，同时受到国家知识产权相关政策的扶持，更加容易形成密集的高新技术产业区和知识产权密集型产业，专利技术交易市场在这些省市和地区发展得更加成熟。正因为专利技术交易市场集中于少数省市，广大中西部地区的专利技术交易市场较为落后，地域发展不平衡抑制了中西部地区企业专利技术研发与交易的动力，不利于形成全国统一、高效、完备的专利技术交易市场，不利于专利技术交易市场的长远、健康发展。

---

① 数据来源于《2018年专利技术市场年度报告》。

二、专利技术交易中的侵权风险

在我国专利技术市场高速发展的过程中，交易规则的落后和交易体制的不完善导致我国专利技术交易双方极易发生侵权或者违约风险。侵权风险是专利技术交易中的常规风险，如何在专利技术交易过程中尽可能规避侵权风险的发生对于交易双方而言都具有重要的意义和价值。下文将在专利技术交易侵权风险理论的基础上，探讨专利技术交易中侵权的表现、原因、侵权风险的防范，并以典型案例为素材进行实证研究。

（一）专利技术交易侵权风险的理论研究

专利技术交易的目标和结果是完成从转让方到受让方的权利转移，在技术交易过程中发生侵权风险最根本的原因仍然在于交易双方对于受让专利权利信息的了解不对称。这可以从科斯的交易成本理论和阿克洛夫的“柠檬市场”模型（Market for Lemons）中得到论证，以解释交易信息对于企业进行专利技术交易的副作用。

1. 交易成本理论

企业的交易成本指的是为了促进交易的形成而付出的各类成本，包括信息收集成本、信息交换成本、议价成本、决策成本、执行成本、监督成本和违约成本等类别。在交易发生前，买卖双方对商品信息和交易对象的信息收集、双方随后的磋商和信息交换、确定交易的内部决策产生，都需要付出交易成本。在交易发生之后，对于契约的履行和监督，同样需要付出交易成本，如果发生了违约行为，还需要付出违约成本。科斯认为，只要有交易就会产生交易成本，而交易成本的重要来源之一就是交易双方的信息不对称（Information Asymmetric），我们可以称之为信息差距。由于交易双方所掌握的信息不同，信息优势方因为拥有更多的信息而能够在交易中获得更多的利益，信息劣势方则会因此遭受更多的风险。为了防范可能出现的风险，信息劣势方不得不付出更多的事先成本来缩小信息差距，因此降低交易成本的关键之一在于缩小交易双方的信息差距。

2. “柠檬市场”模型

“柠檬市场”又称次品市场或者阿克洛夫模型，主要指信息不对称的市场。阿克洛夫认为，在绝大多数市场环境下，由于买方并不知晓商品的真正价值，往往采取市场商品中的平均价格来判断平均质量。买方无法分辨出个别商品的具体质量，因而也只愿意付出平均价格。在利益最大化原则的引导下，卖方更愿意经营低质量商品以获得最大的经济利益。在信息不对称的情况下，低质量商品的市场竞争力会优于高质量商品的市场竞争力，低质量商品持续增多，高质量商品持续减少，市场中此类商品的平均质量将会下降，而平均价格也会随之下降。如此循环，市场中关于该商品的平均质量持续下降，真实价值高于平均价格的商品市场竞争力也持续下降，所造成的结果就是高质量商品会被逐渐挤出交易市场。此种交易趋势发展的最极端情况则会导致市场中高质量商品的消失，只剩下低质量商品，最终导致市场的萎缩甚至消失，这就是经济学中的逆向选择。阿克洛夫用“柠檬市场”模型证明了信息不对称最终不利于市场交易的这一结果，因此交易市场必须建立解决柠檬问题的机制。

专利技术交易最显著的特征在于转让方与受让方所知晓和拥有的信息严重不对称。对于交易双方而言，转让方对于交易标的的权属、权利范围、权利状态、市场价值等方面的信息掌握明显优于受让方，处于信息劣势的受让方将被迫承受交易风险。由于技术市场中存在质量、价格等信息的严重不对称，就有可能出现整个知识产权市场交易品的质量由优转劣，质量好的交易物逐渐被质量差的交易物淘汰出局，知识产权市场也从繁荣走向衰落甚至消亡的现象，即知识产权市场的逆向选择。①

① 任凤珍：《企业知识产权交易实施机制研究》，地质出版社 2016 年版，第 30 页。

技术受让方付出了高昂的代价却得不到价值相当的技术，这将会降低其参与市场技术交易的积极性。技术的转让方因为信息不对称使其产品获得了远超正常水平的收益，也将助长转让方继续提供低质量产品的败德行为。因此，信息不对称最终会造成技术交易市场的萎靡。

（二）专利技术交易中的侵权表现

由于侵权行为具有客观性，专利技术交易中的侵权风险应当是受让方可能遭遇的客观风险，受让方主动创造的侵权风险并不在此讨论的侵权风险类型中，也即由受让方主观意图支配产生的侵权风险在此并不讨论。专利技术交易过程中的侵权风险按照不同的标准可以分为不同的类别。

专利技术交易的权利内容包括专利申请权、专利权（所有权、制造权、使用权、许诺销售权、销售权、进口权）两个大的类别。按照专利交易侵权的内容，可以将专利技术交易侵权的风险分为以下类别：（1）专利所有权侵权；（2）专利制造权侵权；（3）专利使用权侵权：（4）专利许诺销售权侵权；（5）专利销售权侵权；（6）专利进口权侵权。若转让方无专利处分资格，包括转让方并非专利权人、转让方不满足共有专利转让的条件或者转让方未被授权进行专利许可，受让方会侵犯之前专利权人的专利权。若转让方处分的权利范围超出专利权范围，该超出目标专利权保护的部分就可能落入他人的专利权保护范围，受让方实施超出部分会侵犯他人的专利权。此外，由于专利本身的时间性、地域性以及权利范围的限制，专利授权也存在时间性、地域性以及授权范围的限制。若专利权人超出这些限制进行授权，就可能造成不同专利权人所获授权范围的重叠，后来的受让人则会侵犯在先受让人的专利权利。

从侵权行为的类型看，专利侵权风险可以被划分为以下三类：

（1）直接侵权。专利技术交易中的直接侵权行为指的是交易双方没有专利授权却行使专利权的行为。举例而言，转让方甲没有专利授权资格，却通过合同方式将丙的专利权转让给了乙，此时甲侵犯了丙专利权。当乙行使合同权利时，由于转让合同的无效，乙实际上失去了专利权行使的依据，乙的行为也将直接侵犯丙的专利权。

（2）直接侵权导致的共同侵权。由于商品流通存在多个环节，从制造、进口到许诺销售、销售再到使用，每一环节都有一个或者多个主体的参与，如果这些主体为了共同目标进行协作分工，那么这些主体之间的行为就将被整体化为共同侵权行为。① 在前述案例中，甲将丙专利的部件一授权给乙进行生产，将部件二授权给丁进行生产，则甲、乙和丁构成共同侵权。

（3）间接侵权。间接侵权指行为主体并不直接构成侵犯专利权，但是对他人的直接侵权行为客观上具有帮助和促进作用。②《最高人民法院关于审理侵犯专利权纠纷案件应用法律若干问题的解释（二）》规定了间接侵权的两种特定形式——帮助侵权和教唆侵权。③ 笔者认为，因为专利技术交易能够产生的间接侵权行为只有帮助侵权，即在受让方通过专利技术交易合法取得了专利权的情况下，客观上为他人实施专利侵权行为提供帮助的，能够构成帮助侵权。在受让方获得了专利技术授权或者专利技术所有权，并且其对专利权的行使客观上帮助第三人侵犯第四人专利权的情形下，技术受让方的帮助侵权行为能够成立。主观上是否有帮助意图并不影响侵权行为的认定，只影响侵权责任的承担。教唆侵权的主体虽然可以是技术交易的受让方，但教唆侵权的发生并不以专利技术交易为必要条件，纯粹出于受让方的主动行为。前已述及，专利技术交易的侵权风险应当是随着技术交易产生的客观风险，受让方主观创设的风险不在此列，因此间接侵权中的教唆侵权不属于专利技术交易侵权风险的表现。

从侵权风险产生的时间可以将专利技术交易中的侵权风险划分为两

---

① 陈际红、王桂香：《专利运营实战解码丛书：专利保护》，知识产权出版社 2018 年版，第 242 ~ 243 页。

② 陈际红、王桂香：《专利运营实战解码丛书：专利保护》，知识产权出版社 2018 年版，第 249 页。

③ 《最高人民法院关于审理侵犯专利权纠纷案件应用法律若干问题的解释（二）》第 21 条。

大类：

（1）现存的侵权风险。现存的侵权风险指的是在目标专利进行转让时便已存在的侵权风险。转让方与受让方之间的信息不对称或者是双方合同内容不规范，使得技术转让合同签订时侵权风险便已存在，如转让方无转让权、目标专利已被宣告无效、专利授权范围超过专利权范围等。

（2）潜在的侵权风险。潜在的侵权风险指在专利技术交易发生时风险并不存在，但随着条件变化可能出现的风险。如在专利转让之后，专利垄断权到期或者专利被宣告无效等情形。

（三）专利技术交易中侵权风险发生的原因

专利技术交易中侵权风险发生的原因，可以从外部原因和内部原因两方面加以探讨。

1. 专利技术交易中侵权风险发生的外部原因

专利技术交易过程产生的侵权风险属于企业知识产权危机的一部分。我国专利技术交易市场呈现出稳步增长的发展态势，但我国专利制度起步较晚，专利技术交易规则与专利技术交易体系发展速度难以在短时间内符合专利技术交易市场的客观需求。此外，我国的专利技术交易市场随着技术交易的发展衍生了一系列专利技术交易中介服务，由于缺乏有效的市场监管制度，中介服务机构也可能造成专利技术交易侵权风险的发生。具体言之，外部原因主要体现如下。

（1）我国专利技术交易法律保障体系不健全

专利技术交易是知识产权成果转化的主要方式，而健全的创新成果转化法律体系是专利技术交易市场健康成长的保障。为了促进我国技术创新成果的市场化，我国专门出台了《促进科技成果转化法》以及配套实施规定，并且在《专利法》《专利法实施细则》《科学技术进步法》《公司法》《反不正当竞争法》《对外贸易法》《技术进出口管理条例》等法律规范以及《关于加快科技成果转化、优化外贸出口商品结构的若干意见》《关于高新技术成果出资入股若干问题的规定》《关于国家科研计划项目研究成果知识产权管理的若干规定》等意见或者规定加以补充和细化。总体而言，近些年来我国管理专利技术转让或者许可的法律体系是以《促进科技成果转化法》为基础，以《民法典》实施前的《合同法》和《专利法》为核心规范专利技术交易，其他法律补充，有关决定、规定、意见及司法解释相配套的。①

法律规范不断健全、法律制度不断完善是我国专利技术交易的法律体系发展的大趋势，也是我国专利技术交易市场蓬勃发展的内在要求。我国现行的专利技术交易法律规范体系的建立和不断完善对于规范专利技术交易作出了重大贡献，但也存在诸多不足之处，造成了专利技术交易过程中交易双方信息差距的增加，客观影响了个体进行专利技术交易的质量和效率。

首先，我国现行专利技术交易法律规范体系中存在法律条文冲突和空白，不利于专利技术交易双方对于目标专利信息的了解。由于专利技术交易作为无形资产的特殊性，专利技术发生权利转移主要依靠专利转移登记的手段进行公示。对于相对人以外的第三方而言，在专利研发或者专利技术交易中，也主要以专利登记为参考进行侵权预防。《专利法》（2020）第 10 条规定："……中国单位或者个人向外国人、外国企业或者外国其他组织转让专利申请权或者专利权的，应当依照有关法律、行政法规的规定办理手续……专利申请权或者专利权的转让自登记之日起生效。"2011 年实施的《技术进出口管理条例》第 17 条则规定："对属于自由进口的技术，实行合同登记管理。进口属于自由进口的技术，合同自依法成立时生效，不以登记为合同生效的条件。"这两个条文直接存在冲突，一旦涉外专利转让产生纠纷，对于发生冲突的法律条文应当如何取舍也将成为司法实践的一大难题。专利技术交易合同不以登记为生效要件，专利技术交易转移过程就无法通过登记进行公示，加之专利

① 郜志雄：《专利技术转移机制》，中国时代经济出版社 2016 年版，第 30 页。

技术转让方天然缺乏技术转移登记的主观能动性，专利技术交易的权利转移过程实质上处于一种相对保密的状态。对于第三方而言，目标专利实际处于权属不明的状态之中，更容易陷入专利侵权的风险。

除专利技术转让实施登记生效制外，我国并没有专利技术许可的强制备案制度。《专利法》（2020）第 12 条规定："任何单位或者个人实施他人专利的，应当与专利权人订立实施许可合同，向专利权人支付专利使用费……"根据《专利实施许可合同备案管理办法》的相关规定，专利实施许可在我国实行登记备案制度。值得注意的是，此种备案登记并不影响专利许可合同本身的效力，仅作为国家知识产权局的一种行政管理手段，对于专利技术交易双方并不产生相关法律后果，专利技术交易的备案登记对于交易双方的作用有限。然而，对于潜在的技术交易受让人而言，专利技术实施许可备案有着重要的意义。在进行专利技术交易之前，作为潜在受让人的第三方若能够查询到专利技术交易的实施情况，就可以在很大程度上避免交易过程的侵权风险。由于专利技术交易的备案制度并不具有强制性，如果要降低技术受让方的侵权风险，就必须提高专利技术交易双方进行许可备案的积极性。

其次，我国法律法规规定的专利技术交易市场监管者数量繁多，职能混乱，协调机制匮乏，不利于专利技术市场交易信息的整合与公布。《促进科技成果转化法》规定技术交易的主管部门为科技部，《专利法》（2020）规定专利申请、许可、转让的主管部门为国家知识产权局，《技术进出口条例》规定涉外专利的许可和转让的主管部门为商务部或其委托的部门。专利技术交易的管理职能同时赋予了三个政府部门，针对具体的专利技术交易管理事务，又由这三个部门分属的相关行政机关或者行政机构履行相应的职责，政府内部职能分工层层细化，不可避免导致对于某一项具体事务存在多重管理的可能，也为专利技术交易的转让造成了许多障碍。我国目前针对此类多重监管现象并未出台相关的法律规范进行协调，无法对于实务中专利监管混乱的现象进行有效控制。

（2）专利信息披露机制相对匮乏

从专利的申请至专利的转让，专利权人都必须履行法律规定的相关手续。如专利授权需要履行登记和公告程序，专利无效也需要进行登记和公告。此外，《专利法》（2020）规定，专利技术转让经登记才能生效，专利涉外转让还必须履行相应的手续。《公司法》则规定专利出资需进行验资并办理专利权转移登记手续。对受让方而言，承担专利审查、授权等行政职责的行政机关以及审理专利侵权诉讼的司法机关对于目标专利的权利状况有着更多的了解。作为中立的第三方，对于专利信息的及时披露能够为受让方收集目标专利情报提供极大的便利，及时进行信息的公布也是行政机关和司法机关的职责所在。然而，现实情况是行政机关和司法机关的信息披露相当不充分。虽然企业能够通过国家知识产权局开设的专利查询网查询专利信息，或者通过专利代理机构等中介机构或“知产宝”类的聚合信息平台收集信息，但查询到的专利权利状态的相关信息仍然具有分散性、滞后性和不完整性。司法机关对于专利信息披露的主要职责在于专利诉讼裁判文书的公开。我国固然建立了裁判文书上网公开制度，但相当一部分裁判文书并没有得到公开，或者公开了却无法便捷地进行查询。

“现有的知识产权数据库建设和服务网络远不能满足创新活动的需要，公众缺乏获取知识产权信息的权威、高效、便捷的手段。”① 虽然专利信息服务平台等中介机构承担了一部分政府机关专利信息公开的职责，但是中介机构作为专利技术交易市场的参与者之一，其对于专利信息的收集仍然要以政府机关所公布的专利信息为源头，在信息收集方面的优势无法与政府机关相媲美。我国目前专利信息公开的分散性、滞后性和不完整性，缺乏高效、统一、完善的专利信息网络平台，严重阻碍了企业收集目标专利权利信息的步伐，也为转让方提供了专利信息隐瞒或者

① 《关于提高知识产权信息利用和服务能力 推进知识产权信息服务平台建设的若干意见》（科学技术部国科发政字［2006］562 号）。

造假的空间，极大地损害了受让方的利益，加剧了受让方的侵权风险。因此，构建统一的专利信息网络平台对于降低技术交易过程中的侵权风险意义重大，由于政府机关对于专利技术信息掌控具有天然优势，专利技术信息网络平台也应当由政府主导，专利技术交易市场的其他参与者积极行动，共同构建和维护。

（3）中介机构服务管理不到位

知识产权中介服务机构是促成专利技术供给方与专利技术需求方进行知识产权交易的媒介，随着知识产权交易市场的发展而兴起壮大。以交易平台为代表的中介服务机构对专利交易的重要性越发凸显，而技术中介在市场技术推广、促进成果转化、科技评估及管理咨询等方面发挥着重要作用。① 对于拥有自主专利的企业而言，知识产权中介服务机构在实施知识产权战略中发挥的是助推器的作用，可以有效帮助公司实现品牌的全球管理战略，实现知识产权的产业化，提高专利资源利用效率和效益，为我国企业的快速发展提供动力。②

知识产权中介服务机构能够有效促进专利技术交易的发生，受让企业也能够通过中介机构的服务了解目标专利的权利状态，降低侵权风险。然而，中介机构也可能增加受让企业侵权的可能性，原因在于在中介机构参与的专利技术交易过程中，信息传递的速度和质量由中介机构全权把控。此种流通模式可能导致以下三种情况：一是中介机构信息滞后，增加受让方的侵权风险；二是中介机构抢夺技术受让方的交易机会；三是信息隐瞒造成受让方的权益损害。一旦发生信息传递不到位的情况，专利技术受让方无能为力，只能被迫承受因中介机构的过错带来的侵权风险。

再者，我国专利技术市场中介服务起步晚，发展迅速，但尚未形成体系完整、内容丰富、组织架构严密的专利技术交易服务体系，专利技术交易的配套服务体系不健全，影响了专利技术交易市场的高效运转。

---

① 张冬、尹若凝：《专利运营风险与法律控制》，载《学术交流》2016 年第 1 期。

② 安雪梅：《知识产权管理》，法律出版社 2015 年版，第 55 页。

具体而言，我国专利技术交易中介服务机构存在机构规模小、服务范围窄、人员素质差、业务门槛低、综合实力弱、地域分布不平衡等问题。对于专利技术交易中介服务机构的市场监管存在法律规则的诸多空白之处，在相关法律法规不健全和中介服务运行监管不到位的情况下，中介服务机构缺乏信用管理建设，恶意竞争、违规服务等现象频发。因此，如何提升中介服务机构的服务质量和加强对中介服务机构的有效监管是降低专利技术交易双方侵权风险的重点。

2. 专利技术交易中侵权风险发生的内部原因

在专利技术转移的过程中，对于交易双方而言，最重要的是进行交易信息的沟通和交流，对于受让专利的权属及其法律状态的信息披露是双方避免专利侵权风险发生的关键。然而，由于信息不对称情况的客观存在，转让方为了尽可能多地创造收益，往往只会提供有限的交易信息。对于受让方而言，在交易前所获信息的有限性将直接导致其交易风险的增高，其中最直接的就是侵权风险的增加。因此，专利技术转让方信息披露不完全、专利技术受让方技术情报检索与分析不充分是造成专利技术交易过程中侵权风险发生的内部原因。

（1）转让方信息披露不完全

由于转让方是受让专利的权利人，因此转让方对于受让专利的权利状态、市场价值等信息的了解应当全面和具体。在与受让方进行专利技术交易的过程中，本着诚实信用原则，转让方应当对于受让专利的权属、专利的权利范围、本人是否具有转让资格、受让专利目前的权利状态、受让专利的市场价值等进行清晰的说明，如果转让方没有对这些信息进行完全的披露，就可能造成受让方在接受不完全信息的情况下进行技术交易，最终导致专利侵权行为的发生。

举例而言，如果转让人属于共同专利权人而其又没有进行专利转让的权限或者是没有按照法律规定的方式行使专利权，作为受让方则有被其他共同的专利权人起诉专利侵权的风险。此外，专利权的范围以专利申请人权利要求的内容为准，在很多情况下，权利人为了得到专利授权会对自己的专利保护范围进行限缩，被限缩的部分就不属于专利权保护的范围，如果该部分作为受让标的，那么受让人主张他人专利侵权就不能成立。再如，转让方在与受让方签订合同前，曾经被诉专利侵权，这种信息就应当向受让方披露，否则受让方在交易完成后其被诉专利侵权也有较大的可能。

转让方对于受让专利信息披露不完全还可能导致专利欺诈行为发生，而专利欺诈也将导致受让方专利侵权风险的发生。欺诈行为是指一方当事人故意告知对方虚假情况，或者故意隐瞒真实情况，诱使对方当事人作出错误意思表示的行为。[①] 专利欺诈则是在专利技术交易过程中，转让人故意隐瞒影响专利交易的真实信息，诱使受让人作出错误的意思表示。具体而言，隐瞒真实的信息包括转让人非专利权人或者转让人无专利处分权、受让专利被宣告无效、受让专利不存在等会对受让方造成侵权风险的情况。在专利权人无权处分或者受让专利并无专利权时，受让方就可能会因为行使合同权利而侵犯他人专利权。

（2）受让方技术情报检索与分析不充分

由于专利转让方希望通过专利交易中的信息不对称获得更多利益，即便转让方依据诚实信用原则对于必要的专利信息进行了说明，转让方仍然会尽量减少专利信息的分享，因此受让方自行进行受让专利的情报检索与收集工作显得尤为重要。受让方所要收集的资料包括受让专利的权属信息、受让专利的权利范围、受让专利的权利转让情况、受让专利的侵权或者违约诉讼情况等。查明受让专利权属信息可以了解转让方是否具有转让资格，避免因为转让方无专利权而导致交易合同无效的情况出现，也能够避免因为合同无效所导致的侵权行为的发生。查明受让专利的权利范围和受让专利的权利转让情况以便于核实受让方能够行使的专利权范围，以免因

---

① 张广良：《专利交易中的欺诈防范及救济》，载《中国发明与专利》2004 年第 3 期。

为超出专利权范围实施专利导致落入他人专利权范围的情况出现。收集受让专利的侵权或者违约诉讼情况，目的是便于受让方更清晰地了解受让专利的权利状态，衡量受让专利的侵权风险高低，以便作出更加明智的选择。

对于受让方而言，目标专利的权利信息是成就专利技术交易的核心，现实情况是企业未做好目标专利的信息和情报检索工作，导致技术交易完成后侵权诉讼接踵而至，受让企业苦不堪言。因为没有进行足够充分的权利信息和情报检索而导致企业侵权的案例屡见不鲜。“前车之鉴，后事之师。”① 对于受让方而言，加强目标专利的信息收集工作，对于减少侵权风险发生具有非常重要的作用。

三、专利技术交易中侵权风险的实证分析

专利技术交易市场日益发达，因为技术交易所产生的侵权纠纷种类多种多样，由此产生的专利侵权诉讼案件也层出不穷。对于企业而言，针对专利技术交易过程中的侵权风险，一方面需要进行预防，通过完善企业知识产权创造、管理机制降低侵权风险发生的可能性；另一方面则是有效处理侵权风险，这样就能够提高企业的危机应对能力，提升企业在激烈的市场竞争中的生存能力。司法实务为企业在技术交易过程中如何预防和应对产生的侵权风险提供了丰富的素材和经验，因此以案例研究和分析探讨企业专利技术交易中的侵权风险十分重要。

（一）典型诉讼案件研讨

案例1：深圳市某精细化工有限公司诉深圳市某自来水有限公司、深圳市某水处理设备有限公司侵害发明专利权纠纷案②

1. 裁判摘要

在发明专利申请公布后至专利权授予前的临时保护期内制造、销售、

---

① 《荀子·成相》。

② 最高人民法院（2011）民提字第259号民事判决书。

进口的被诉专利侵权产品不为《专利法》禁止的情况下，其后续的使用、许诺销售、销售，即使未经专利权人许可，也不视为侵害专利权，但专利权人可以依法要求临时保护期内实施其发明的单位或者个人支付适当的费用。

2. 案情介绍

申请再审人（一审被告、二审上诉人）：深圳市某自来水有限公司。

被申请人（一审原告、二审被上诉人）：深圳市某精细化工有限公司。

被申请人（一审被告、二审上诉人）：深圳市某水处理设备有限公司。

深圳市某精细化工有限公司（以下简称某化工公司）于2006年1月19日向国家知识产权局申请发明专利，该专利于2006年7月19日公开，2009年1月21日授权公告，授权的发明名称为“制备高纯度二氧化氯的设备”，专利权人为某化工公司。该专利最近一次年费缴纳时间为2008年11月28日。

2008年10月20日，深圳市某自来水有限公司（以下简称某自来水公司）与深圳市某水处理设备有限公司（以下简称某水处理公司）签订《购销合同》一份，某自来水公司向某水处理公司购买某二氧化氯发生器一套，价款26万元。某水处理公司已于2008年12月30日就上述产品销售款要求税务机关代开统一发票。上述《购销合同》约定某自来水公司分期向某水处理公司支付设备款项，某水处理公司为某自来水公司提供安装、调试、维修、保养等技术支持及售后服务。

2009年3月16日，某化工公司向广东省深圳市中级人民法院起诉，认为某水处理公司生产、销售和某自来水公司使用的二氧化氯生产设备落入其拥有的名为“制备高纯度二氧化氯的设备”的发明专利（简称涉案发明专利）保护范围，请求判令二被告停止侵权并赔偿经济损失30万元、承担诉讼费等费用。在本案中，某化工公司没有提出支付发明专利临时保护期使用费的诉讼请求，在一审法院已作释明的情况下，某化工公司仍坚持原诉讼请求。

根据一审法院查明的事实，某化工公司明确其在本案中以涉案发明专利权利要求1作为其专利权保护范围。所述权利要求1为：一种制备高纯度二氧化氯的设备，其特征在于：具有通过两路管道顺序连接的第一液体计量槽（1）和第一计量泵（3）、第二液体计量槽（2）和第二计量泵（4），该两路接文氏管加料器（8），然后至气液分离器（12）；文氏管加料器（8）的进口端与第一空气进口（7）连接；第一计量泵（3）和第二计量泵（4）与文氏管加料器（8）之间的管道上分别设有第一加热器（5）和第二加热器（6）。

一审法院对某水处理公司生产、销售的被诉侵权产品进行现场勘察、比对后认为，被诉侵权产品为一种制备高纯度二氧化氯的设备，具有两个液体计量槽、两个计量泵、两个加热器、第一空气进口，第一空气进口与“喷射反应器”进口端相连，“喷射反应器”之后连接有反应器（发生器）。将被诉侵权产品与涉案发明专利进行比较，可知两者均需要通过气液分离的方法从反应后的气液混合物中分离出高纯度的二氧化氯，以达到对饮用水的消毒净化，确保水质达标的目的。被诉侵权产品系将原料在“喷射反应器”中进行反应后，传送气液混合物至反应器，对未充分反应的原料继续进行反应，同时将二氧化氯气体与残液相分离。涉案发明专利权利要求1则是将原料在文氏管加料器中进行反应，再将反应后的气液混合物通过气液分离器进行分离，从而得到消毒所需的二氧化氯气体。也就是说，尽管被诉侵权产品没有设置单独的气液分离器分离气液混合物，但根据其产品的结构、连接关系和工作原理，其在反应器中实现的气液分离与涉案发明专利单独设置气液分离器进行分离，系以基本相同的手段，实现基本相同的功能，达到基本相同的效果，并且本领域的普通技术人员无需经过创造性劳动就能够联想到。至于反应器还具备气液分离器所不具备的残余物料二次反应功能，则属于被诉侵权产品多于涉案发明专利的技术特征，对于判定是否构成侵权不产生影响。因此，某化工公司以被诉侵权产品不具备本专利气液分离器的技术特征为由，认为其不侵犯涉案发明专利权不成立，法院不予支持。

在此基础上，一审法院认为：涉案发明专利于2006年7月19日公开，于2009年1月21日授权公告。2008年10月20日，某自来水公司与某水处理公司签订《购销合同》购买被诉侵权产品，某水处理公司已于2008年12月30日就上述产品销售款要求税务机关代开统一发票。上述被诉侵权产品一直被某自来水公司使用，某水处理公司为该被诉侵权产品的正常运转提供维修、保养等技术支持。由此可见，某水处理公司、某自来水公司的行为可以分为专利公开之后、授权之前的行为与专利授权之后的行为。某化工公司制造、销售被诉侵权产品的行为主要发生在涉案发明专利公开之后、授权公告之前。某自来水公司使用被诉侵权产品的行为以及为该使用行为提供维修、保养、技术支持的帮助行为从专利授权之前延续到专利授权之后。在涉案发明专利授权之前，某水处理公司、某自来水公司实施涉案发明专利技术的行为，不属于专利侵权行为。权利人可以请求支付发明专利临时保护期使用费，但在本案中，某化工公司没有提出支付发明专利临时保护期使用费的诉讼请求，在一审法院已作适当释明的情况下，某化工公司仍坚持原请求，没有明确在本案中要求某水处理公司、某自来水公司支付发明专利临时保护期使用费，故一审法院在本案中对发明专利临时保护期使用费不予考虑，某化工公司可另案解决。

但是，一审法院亦注意到，自涉案发明专利公开之后、授权之前、授权之后直至本案诉讼，某自来水公司一直持续使用被诉侵权产品，某水处理公司亦为该使用行为提供帮助，该帮助行为既是某水处理公司销售行为的延续，也是使用被诉侵权产品的共同组成部分，某水处理公司、某自来水公司在涉案发明专利授权后未经许可继续实施该专利属于专利侵权行为。本案某化工公司、某水处理公司、某自来水公司均系与水处理设备制造、销售、使用相关企业，某水处理公司、某自来水公司对涉案发明专利应有一定了解，在涉案发明专利授权后乃至本案诉讼的整个过程，某水处理公司、某自来水公司仍坚持使用被诉侵权产品，证明其并非善意使用人，应承担相应的侵权赔偿责任。考虑到某自来水公司自来水消毒、净化处理涉及社会公众利益，停止被诉侵权产品的使用将在某种程度上影响社会公益，故一审法院对于某自来水公司已在使用中的被诉侵权产品不判令停止使用，但某水处理公司、某自来水公司应就该使用侵权行为向某化工公司作出赔偿。

一审判决后，某水处理公司、某自来水公司均不服一审判决，向广东省高级人民法院提起上诉。二审法院根据一审法院查明的案件事实，认定被诉侵权产品侵犯了涉案发明专利，某水处理公司制造、销售被诉侵权产品的行为以及某自来水公司购买、使用被诉侵权产品的行为侵犯了某化工公司的专利权。对于某自来水公司提出的合法来源抗辩，法院认为其与某水处理公司均为从事水处理行业的企业法人，又同处同一行政区域即深圳市内，理应对同一区域、行业的技术、设备有所知晓。某自来水公司被诉至一审法院后，已知道其使用的产品可能侵犯涉案发明专利权，也未停止使用被诉侵权产品，故某自来水公司认为其通过合法的进货渠道、正常的买卖合同和合理的价格从某水处理公司购买被诉侵权产品，构成合法来源抗辩的理由不成立。因此，广东省高级人民法院裁定驳回上诉，维持原判。

某自来水公司不服二审判决，向最高人民法院申请再审。最高人民法院再审认为：某化工公司在本案中没有提出支付发明专利临时保护期使用费的诉讼请求，因此本案的主要争议焦点在于，某自来水公司在涉案发明专利授权后使用其在涉案发明专利临时保护期内向某水处理公司购买的被诉专利侵权产品是否侵犯涉案发明专利权，某水处理公司在涉案发明专利授权后为某自来水公司使用被诉专利侵权产品提供售后服务是否侵犯涉案发明专利权。

根据《专利法》(2000)第11条第1款、第13条、第62条的相关规定，虽然申请人可以要求在发明专利申请公布后至专利权授予之前（即专利临时保护期内）实施其发明的单位或者个人支付适当的费用，即享有请求给付发明专利临时保护期使用费的权利，但对于专利临时保护期内实施其发明的行为并不享有请求停止实施的权利。因此，在发明专利临时保护期内实施相关发明的，不属于专利法禁止的行为。在专利临时保护期内制造、销售、进口被诉专利侵权产品不为专利法禁止的情况下，其后续的使用、许诺销售、销售该产品的行为，即使未经专利权人许可，也应当得到允许。也就是说，专利权人无权禁止他人对专利临时保护期内制造、销售、进口的被诉专利侵权产品的后续使用、许诺销售、销售。当然，这并不否定专利权人根据《专利法》第13条规定行使要求实施其发明者支付适当费用的权利。对于在专利临时保护期内制造、销售、进口的被诉专利侵权产品，在销售者、使用者提供了合法来源的情况下，销售者、使用者不应承担支付适当费用的责任。这里的"合法来源"是指相关产品是通过正当、合法的商业渠道获得的，并不必然要求考虑销售者或者供应者在提供相关产品时是否符合相关行政管理规定。本案中，某水处理公司销售被诉专利侵权产品是在涉案发明专利临时保护期内，该行为即使是在未取得卫生许可批件而不得销售的情况下，也不为专利法所禁止。在此情况下，后续的某自来水公司使用所购买的被诉专利侵权产品的行为也应当得到允许。因此，某自来水公司后续的使用行为不侵犯涉案发明专利权。同理，某水处理公司在涉案发明专利授权后为某自来水公司使用被诉专利侵权产品提供售后服务也不侵犯涉案发明专利权。最终，最高人民法院撤销了一审、二审判决，驳回了某化工公司的全部诉讼请求。

3. 案件评述

此案是专利技术交易过程中技术交易受让方侵权风险的典型案件。在本案中，一审原告某化工公司起诉某水处理公司、某自来水公司侵犯其发明专利“制备高纯度二氧化氯的设备”的专利权，并因此要求二被告承担侵权责任。综观整个案件的审理过程，法院对于认定某水处理公司销售、某自来水公司使用的某二氧化氯发生器确实侵犯了某化工公司的发明专利的事实并不存在争议，而一审、二审与再审的裁判结果却截然相反。一审和二审法院认为某水处理公司与某自来水公司在专利临时保护期内的销售与使用行为并不构成侵犯某化工公司的专利权，当某化工公司获得专利授权后，某自来水公司并未停止使用侵权产品，某化工公司也继续向某自来水公司提供侵权产品的售后维修服务，此时二被告的行为侵犯了某化工公司的专利权，应当承担侵权责任。再审法院则认为，根据《专利法》第 13 条规定，发明专利申请公布后，申请人可以要求实施其发明的单位或者个人支付适当的费用。在专利临时保护期内，专利申请人无权制止他人实施自身公开的技术成果，也即他人在专利临时保护期内制造、销售、进口被诉专利侵权产品的行为并不受到专利法禁止，但是可以要求实施人支付适当的费用。同理，既然制造、销售、进口被诉侵权产品的行为不侵犯专利权，其后续的使用、许诺销售、销售该产品的行为同样不侵犯专利权，而通过正当途径获得专利产品的购买者和使用者也不侵犯专利权。本案中某水处理公司制造、销售二氧化氯发生器的行为发生于某化工公司的专利临时保护期内，其行为并未侵犯某化工公司的专利权，因此某自来水公司购买和使用该专利产品的行为同样不侵犯某化工公司的专利权，而此后某水处理公司提供的售后维护行为同样不侵犯专利权。

某自来水公司作为侵权产品购买者和使用者，一旦其购买的专利产品被认定为侵权，则其难以摆脱侵权责任的承担。为了最大限度地摆脱侵权风险的影响，某自来水公司提出现有技术抗辩和合法来源抗辩。在本案审理过程中，现有技术抗辩因为证据不足被法院驳回，而合法来源则是根据《专利法》（2000）第 63 条第 2 款的相关规定，但也未得到法院的支持。再审过程中某自来水公司仍然坚持合法来源抗辩，而其赔偿责任则是通过另一种途径——某水处理公司的专利制造行为并不构成专利侵权行为，因此其后续的销售、使用行为不构成侵权行为——被免除的。虽然某化工公司可以主张要求某水处理公司和某自来水公司支付专利临时保护期内的使用费，但某自来水公司此时可以主张其已经支付合理对价，无需再支付使用费用。本案中，某自来水公司作为技术交易的受让方，承担了因为双方技术交易而产生的侵权风险，其通过主张现有技术、合法来源等抗辩，最终通过专利产品处于专利临时保护期的方式免除了侵权责任，最大限度地降低了侵权风险发生对于自身的不利影响，在实务中值得参考和借鉴。

案例2：北京摩某陶瓷有限公司（以下简称摩某公司）与北京光华某门窗有限公司（以下简称光华某公司）、华某商业投资管理有限公司（以下简称华某公司）的侵犯专利权纠纷案[①]

1. 裁判摘要

最高人民法院根据本案在案证据，认定光华某公司关于其向华某公司提供的涉案侵权产品具有合法来源的抗辩不能成立。理由主要为：（1）涉案防火卷帘门为特种产品，东台某公司并无生产该产品之资质；（2）光华某公司提供的入库单、出库单彼此之间不能对应；（3）前述《征询函》及复函均为当事人单方陈述，并无相关证据佐证；（4）其声称与东台某公司采购合同价款157万元，而对该合同的履行情况，其称没有发票，仅有收据，且均为现金支付，前述合同履行过程不符合商业惯例亦不合常理，且光华某公司在本院要求其提供相关收据及其他支付凭证的情况下，并未向本院提交相对应的收据及其他支付凭证。故根据现有证据，其合法来源抗辩不能成立。因此，光华某公司应当承担侵权责任。

2. 案情介绍

再审申请人（一审原告、二审被上诉人）：摩某公司。

---

① 最高人民法院（2014）民提字第91号民事判决书、北京市高级人民法院（2011）高民终字第869号民事判决书。

被申请人（一审被告、二审上诉人）：光华某公司。

被申请人（一审被告）：华某公司。

摩某公司系发明专利“防火隔热卷帘用耐火纤维复合卷帘及其应用”的专利权人。2009 年 11 月，摩某公司发现华某公司投资建设的某建筑内安装了光华某公司制造、销售的大量无机特级防火卷帘。英特莱某公司认为光华某公司制造、销售，华某公司使用的该防火卷帘侵犯了摩某公司的涉案发明专利权，故诉至法院，请求判令：光华某公司停止制造、销售被控侵权产品；华某公司停止使用侵权产品，即拆除已安装的被控侵权产品；华某公司和被告光华某公司连带赔偿摩某公司经济损失 140 万元及因诉讼支出的律师费和公证费费用 6.3 万元。

北京市第二中级人民法院经审理认为，英特莱某公司作为涉案专利的权利人，其所享有的专利权应当受到法律保护，任何单位或者个人未经许可，都不得实施其专利，即不得为生产经营目的制造、使用、许诺销售、销售、进口其专利产品。被诉侵权产品落入涉案专利保护范围。光华某公司与华某公司就向涉案某建筑工程提供防火卷帘门产品签订了供货合同，光华某公司也实际提供了防火卷帘门产品，故可以认定光华某公司为涉案某建筑工程中安装的涉案防火卷帘产品的生产者。光华某公司的营业范围包括生产防火卷帘门窗，作为一家具有生产防火卷帘门产品的资质和能力的厂家，其主张其提供的防火卷帘产品中的帘面系从东台某公司处采购，但未提供其与东台某公司履行采购合同的正式发票，东台某公司亦无防火卷帘帘面的生产资质，且相关收据、入库单和出库单之间彼此不能对应，故光华某公司的现有证据尚不足以证明其与东台某公司之间签订并实际履行了采购防火卷帘帘面的合同，光华某公司关于涉案被诉侵权的防火卷帘门帘面系其自东台某公司采购的抗辩主张依据不足。光华某公司未经许可制造、销售侵犯涉案发明专利权的防火卷帘产品并在某工程中安装使用，构成对涉案专利的侵犯，应承担停止侵权、赔偿损失的法律责任。华某公司在其某工程中使用涉案侵权防火卷帘产品，具有合法来源，仅应承担停止侵权的法律责任。摩某公司请求判令光华某公司承担停止侵权、赔偿损失及诉讼合理支出的法律责任，请求判令华某公司承担停止侵权的法律责任，理由正当，一审法院根据本案的具体情况，综合考虑摩某公司实施涉案专利的相关获利情况，光华某公司侵权的方式、范围、主观过错程度和侵权行为持续的时间等因素酌情确定赔偿数额。摩某公司有关光华某公司支付因诉讼支出的律师费和公证费的主张中的合理部分亦应予支持。

光华某公司不服一审判决，向北京市高级人民法院提出上诉，请求驳回摩某公司的诉讼请求或者发回一审法院重审并追加东台某公司为被告，摩某公司及华某公司服从一审判决。二审期间，光华某公司提交了新的证据材料，以证明其提供给华某公司的产品确实由东台某公司制造。

二审法院认为，由于光华某公司向一审法院提供的相关收据、入库单和出库单之间彼此不能对应，且未提供其与东台某公司履行采购合同的正式发票，故一审法院认定光华某公司提交的证据不能证明被诉侵权产品系东台某公司生产并无不当，光华某公司有关一审判决认定一审证据不能证明被诉侵权产品购自东台某公司错误的上诉理由不能成立，不予支持。对于公证证据，由于各方当事人在一审诉讼中均已充分发表意见，一审法院将公证证据中的被诉侵权产品与涉案专利进行侵权比对并无不当。但是，光华某公司在二审诉讼中提交的新证据材料可以证明，被诉侵权产品卷帘帘面确系东台某公司生产，故被诉侵权产品给摩某公司造成的损失不宜全部由光华某公司承担，一审法院确定由光华某公司承担的赔偿数额过高。光华某公司有关一审法院确定其承担的赔偿数额不当的上诉理由成立，予以支持。根据相关规定，并综合考虑摩某公司实施涉案专利的相关获利情况、光华某公司侵权的方式、范围、主观过错程度和侵权行为持续的时间，特别是被诉侵权产品系由案外人实际生产等因素，二审法院酌情确定光华某公司因被诉侵权行为应承担的赔偿数额为 50 万元。此外，鉴于被诉侵权产品已经实际安装使用，如果拆卸将造成巨大破坏且成本过高，亦不利于维护已经形成的社会经济秩序，故本案不宜判决华某公司停止使用被诉侵权产品，对一审法院的相关判决内容予以纠正。

摩某公司不服二审判决，向最高人民法院申请再审。最高人民法院认为该案最大的争议焦点在于：光华某公司提供的证据能否证明涉案侵犯专利权产品系东台某公司生产并销售，其合法来源抗辩是否成立的问题。

本案中，光华某公司主张其向华某公司提供的涉案防火卷帘门系从东台某公司采购，在一审诉讼中提交了其与东台某公司于2009年6月18日签订的《采购合同》，东台某公司的企业法人营业执照、2009年6月18日、7月18日、7月21日东台某公司出具的收款收据和光华某公司相应日期的入库单，东台某公司于2009年6月27日、7月4日、7月9日、7月14日、7月16日、7月20日向工程送货的出库单作为证据。在二审诉讼中，光华某公司提供了其于2011年4月11日向东台某公司发出的《询证函》及东台某公司就上述《询证函》的复函。该《询证函》主要内容是光华某公司向东台某公司就双方于2009年6月18日针对无机防火卷帘布基帘面签订的《采购合同》的签订及履行情况进行核实。复函主要内容是：经核实，东台某公司曾于2009年6月18日与光华某公司签订过《采购合同》，向光华某公司出售了该公司生产并安装于北京搜宝商务中心工程所需的无机防火卷帘布基帘面，合同总暂定价为130万元，实际结算为157万余元，所涉货品已全部运至工程所在地，该合同已全部履行完毕。在本院庭审过程中，光华某公司称与东台某公司的交易为现金交易，签订供货合同后，分批供货，分批送货，根据送货量核算价钱，分批支付价款。对其是否向原审法院提供过分批支付的收据，其表示不记得。法庭要求其在庭审后向本院提交相关支付及入库、出库等票据，其未向法庭提交。

最高人民法院认为，根据本案在案证据，光华某公司关于其向华某公司提供的涉案侵权产品具有合法来源的抗辩不能成立，理由主要为：（1）涉案防火卷帘门为特种产品，东台某公司并无生产该产品之资质；（2）光华某公司提供的入库单、出库单彼此之间不能对应；（3）前述《征询函》及复函均为当事人单方陈述，并无相关证据佐证；（4）其声称与东台某公司采购合同价款157万元，而对该合同的履行情况，其称没有发票，仅有收据，且均为现金支付，前述合同履行过程不符合商业惯例亦不合常理，且光华某公司在本院要求其提供相关收据及其他支付凭证的情况下，庭后并未向本院提交相对应的收据及其他支付凭证。故根据现有证据，其合法来源抗辩不能成立。因此，光华某公司应当承担停止侵害并且赔偿损失的民事责任。最终，最高人民法院撤销了二审判决，维持了一审裁判。

3. 案件评述

从专利技术交易中的侵权风险角度解读此案，该案件最引人注目和深思的问题在于两被告希望通过合法来源抗辩免除侵权责任。光华某公司在一审中就提出了合法来源抗辩，举证说明涉案侵权专利产品是其从东台某公司处购买所得，不应当承担侵权责任。虽然光华某公司向法院提交了相当多的证据，但是并未说服法院成立其合法来源的抗辩，最终认定光华某公司侵权行为成立，需承担侵权责任。虽然本案中被告希望通过合法来源抗辩免除侵权责任的努力并未得到法院认可，但是此案仍能给我们诸多启发。

在司法实务中，作为专利技术交易的受让方，一旦发生侵权风险，在应对专利侵权风险的过程中，启用合法来源抗辩以免除侵权责任是技术交易受让方的一把利器。一旦合法来源抗辩成立，不论最终侵权行为是否成立，专利技术交易受让方至少可以避免承担侵权责任。2008年我国《专利法》修改后将“合法来源抗辩”专门作为第70条单独规定：“为生产经营目的的使用、许诺销售或者销售不知道是未经专利权人许可而制造并售出的专利侵权产品，能证明该产品合法来源的，不承担赔偿责任。”根据该条，合法来源抗辩的成立包括以下要件：一是被诉侵权行为人以生产经营为目的使用、许诺销售或者销售侵权产品；二是被诉侵权行为人在使用、许诺销售或者销售侵权产品的过程中不知其侵犯了他人的专利权，也即侵权行为人主观上是善意的；三是被诉侵权行为人能够证明其产品的合法来源。在此三个要件中，证明侵权行为人的主观善意和侵权产品的合法来源是“合法来源抗辩”成立的核心。①

根据侵权责任的相关法理，所谓善意，即侵权行为人主观不知，此种不知包括客观不能知和主观应知而不知两种情况。按照一般举证责任要求，对否定的事实无法要求该事实的指向者承担举证责任，要求某人证明不存在的事实，是不合理的。② 因此在司法实践中，只需当事人提出其不知，并且证明其产品来源合法，主观善意便可成立。被诉侵权行为人证明其侵权产品的合法来源，则要求抗辩人能够证明被控侵权产品是从正规的渠道、以合理的价格合法取得。这些证明合法来源的凭证包括购销合同、付款凭证、发票、营业执照、运输合同、出入库凭证、证人证言等，其中购销合同、付款凭证、发票、出入库单据、供货商的营业执照等具有较强的社会公信力和证明能力。③ 需要注意的是，被诉侵权人证明侵权产品合法来源必须形成真实完整的证据链条，而在本案中，被告光华某公司所提交的证据未形成完整的证据链，导致法院认定其合法来源抗辩不成立，进而需要承担侵权责任。倘若专利技术交易的受让

---

① 《最高人民法院关于审理侵犯专利权纠纷案件应用法律若干问题的解释（二）》（2020）第25条对合法来源抗辩也作了规定。该条第1款规定：为生产经营目的使用、许诺销售或者销售不知道是未经专利权人许可而制造并售出的专利侵权产品，且举证证明该产品合法来源的，对于权利人请求停止上述使用、许诺销售、销售行为的主张，人民法院应予支持，但被诉侵权产品的使用者举证证明其已支付该产品的合理对价的除外；第2款规定：本条第一款所称不知道，是指实际不知道且不应当知道；第3款规定：本条第一款所称合法来源，是指通过合法的销售渠道、通常的买卖合同等正常商业方式取得产品。对于合法来源，使用者、许诺销售者或者销售者应当提供符合交易习惯的相关证据。

② 李双利、魏大海：《合法来源条款文本新探》，载《中华商标》2011年第5期。

③ 参见冯晓青、江锋涛：《恒都知识产权案例研究》，中国政法大学出版社2017年版，第74页。

方陷入侵权风险，能够证明合法来源抗辩中的三个要件，可以以合法来源抗辩为由免除自身侵权责任。

以上两个案例都是在技术交易过程中专利技术受让方遭受了侵权风险。虽然最后的裁决结果相反，但这两个案例的被告方在案件审理过程中均提出了合法来源作为抗辩理由，给企业应对此类技术交易过程中产生的侵权风险提供了经验和教训。对于企业而言，风险的预防与风险的处理同样重要，一旦侵权风险发生，如何在专利侵权诉讼中运用有效手段降低风险发生对于企业产生的不利影响，是企业应对侵权风险的一堂必修课。

（二）从企业知识产权管理角度分析专利技术交易中的侵权风险

从宏观层面而言，企业是国家知识产权综合实力提升的关键因素，国家要为企业知识产权创新能力的提升保驾护航，完善知识产权保护制度，拓宽知识产权运用渠道，构建尊重、保护知识产权创新的良好文化环境。从微观层面而言，企业的自主创新能力是进行市场竞争的基础，而企业的知识产权保护和管理能力是进行市场竞争的保障。从研发到运用的全过程中，进行有效的知识产权管理可以尽量避免专利侵权，助力企业在市场竞争中取得更大的优势。增强企业对于自身知识产权的管理能力，能够有效避免其在技术交易过程中承担侵权风险。

针对如何提升企业在知识产权管理方面的能力，2013 年发布的《企业知识产权管理规范》国家标准就企业预防知识产权侵权这一问题在第七章提出了相应的建议：企业在获取专利技术前，应当对目标专利制定知识产权获取的工作计划，明确获取的方式和途径，同时对目标专利进行必要的检索和分析；建立企业的知识产权管理档案并进行日常维护，注重知识产权信息的变动和更新；在企业专利许可和转让时，应当分别制定调查方案，并进行评估；企业技术研发和交易时应当采取措施，避免或降低生产、办公设备及软件侵犯他人知识产权的风险，同时定期监控产品可能涉及他人知识产权的状况，分析可能发生的纠纷及其对企业的损害程度，提出防范预案，有条件的企业可将知识产权纳入企业风险管理体系，对知识产权风险进行识别和评测，并采取相应风险控制措施。

企业实务中，通过事先布局谋划提升自身预防专利侵权风险能力的案例很多，在此笔者介绍与分析几个典型案例以供参考。

一是北京广利核系统工程有限公司（以下简称广利核公司）针对核电控制系统的专利布局设计有效预防国外企业通过侵权诉讼遏制我国核电 DCS 产品的产业化发展的案例。[①] 广利核公司拥有我国国内唯一一个针对核电仪控专门研究的国家级研发中心——“国家能源核电站数字化仪系统控制研发中心”，其自成立以来，为我国核电事业的发展作出了突出贡献。然而，世界范围内核电仪控市场竞争相当激烈，阿海珐、英维思、三菱、西屋等国外企业为了占领核电仪控市场，纷纷在我国申请核电仪控相关专利，进行专利布局，在保护自身核心专利的同时，通过抢占和垄断我国的核电市场，赚取高额利润并且阻碍我国本土核电产业的发展。在国外企业的专利布局谋划下，如何攻克外国企业在我国建立的知识产权技术壁垒，推动我国本土核电 DSC 产品的产业化发展是我国面临的一大难题。对此，广利核公司在自主研发的基础上，通过分析国外的专利布局、制定具体产品的知识产权保护计划、积极开展知识产权布局，成功实现了自主专利的布局组合，有效防止外国企业的专利侵权诉讼。

具体而言，首先，在研发之前，广利核公司委托权威的知识产权分析机构针对国内外竞争企业的相关专利进行了彻底和详尽的调研分析，掌握了国内外竞争企业针对该领域的专利申请和拥有情况，明确了公司进行自主研发的重点以及在研发过程中需要规避的专利技术领域，对于可能产生侵权纠纷的技术领域进行规避设计，尽可能在研发时降低侵权风险发生的概率。其次，在产品研发过程中，实施可行的知识产权保护计划，及时进行核心专利技术申请，在合理的空间范围内对于核心专利技术

---

① 案例来源于北京科学技术协会：《企业知识产权运用引导与实践》，科学普及出版社 2016 年版，第 166 ~ 172 页。

进行最大限度的保护，防范竞争对手乘虚而入。在知识产权规划布局方面，广利核公司通过对机械、软件、控制系统方法、设计等不同产品和技术内容进行梳理，针对不同产品和技术的特点进行专利布局，为关键产品和核心技术提供更加有效的专利保护，有效避免公司陷入专利纠纷。

二是我国某国有企业 C 公司进行专利技术交易尽职调查避免踏入专利侵权陷阱的案例。① 20 世纪 90 年代，英国某公司研发出技术 X，并且成功申请专利 50 余项，但这些技术并未在中国申请专利。之后该技术被我国 A 公司买入，A 公司在此技术上继续研发，获得了 15 项专利。2004 年，A 公司与我国 B 公司签订专利 X 的授权许可协议，其中约定对于技术 X 的后续研发成果由研发者独自享有，而后 B 公司在技术 X 基础上继续研发并不断完善形成 Y 技术，并以技术所有人的身份对外进行许可。2014 年，我国国有企业 C 公司计划与 B 公司成立合资公司，约定 B 公司以 Y 技术入股。由于 Y 技术以 X 技术为基础研发而成，该技术是否完全独立于 X 技术需要进行核查。为此 C 公司聘请某律师事务所的专利律师团队针对 Y 技术进行了专利稳定性和侵权风险分析，在开展知识产权尽职调查的基础上进行侵权对比分析，揭示 Y 技术可能存在的侵权风险，提出风险规避的相关方案，最终促进了合作的圆满完成。C 公司针对 Y 技术的尽职调查也为合资公司敲响了警钟，避免了 Y 技术在后续使用、实施和研发过程中出现专利侵权。

三是科信必成公司在仿制药领域专利分析与布局避免自身陷入专利侵权风险的案例。② 科信必成公司是专门致力于口服固体药物制剂开发、技术创新与产业化的高科技产业，随着一种名为文拉法辛（商品名为 Effexor）的新型抗抑郁药的风靡，科信必成公司计划开展文拉法辛仿制药

① 案例来源于北京科学技术协会：《企业知识产权运用引导与实践》，科学普及出版社 2016 年版，第 117 ~ 121 页。

② 案例来源于北京科学技术协会：《企业知识产权运用引导与实践》，科学普及出版社 2016 年版，第 172 ~ 177 页。

的研发工作。由于文拉法辛仿制药的申报企业很多，科信必成公司针对该仿制药的专利侵权风险进行了预警并开展了自身的专利布局。在开发立项阶段，科信必成公司针对文拉法辛仿制药的相关专利情况进行了充分的检索和分析，明确了文拉法辛的仿制对象和仿制方式，决定通过改变制剂剂型，进行盐酸文拉法辛控释片的研发。在研发阶段，科信必成公司追踪具体的药物制备方法和剂型，回避侵权风险较大药物制剂方法，在此过程中，科信必成公司发现传统的释控片技术生产成本高，效率低，药物治疗效果差，为此科信必成公司进行了技术改进，成功研发出群孔释放渗透泵技术，简化了制剂工艺，降低了生产成本并极大提高了制剂的安全性。在研发完成后，科信必成公司成功申请了三项发明专利，其关于盐酸文拉法辛控释片的专利侵权防范布局为自身占领市场提供了充分的保障。

从以上三个案件中可以看出，企业提升知识产权管理能力，能够极大增强技术交易过程中知识产权侵权风险的预防能力。在企业进行技术研发与技术交易前，通常需要针对目标专利领域进行知识产权尽职调查，针对该领域业已存在的专利技术成果及其权利情况进行充分的了解和把握，在此基础上明确专利研发的方向、重点和方法，同时积极开展专利技术规避设计，从源头避免专利侵权风险的发生。此外，针对企业在研发过程中创造出的新专利技术，也要及时进行专利技术申请，以免自身知识成果因未受到法律及时保护而失去抢占市场的先机。

（三）从实务看专利技术交易中的侵权风险发生机制

对于技术交易过程中企业可能遭遇的侵权风险，一方面应当通过知识产权管理进行预防，另一方面也应当积极应对已经发生的专利侵权风险，提高自身应对技术交易侵权风险发生的能力。技术类知识产权侵权纠纷主要包括侵犯专利申请权、在先权利和专利权三个类型，笔者针对此三类案由选择相应司法案例加以探讨，以更加直观地了解和认识专利技术交易过程中企业侵权风险的发生机制和应急处理策略。

1. 侵害专利申请权

专利申请权是企业通过申请取得专利权的基础，享有专利申请权的企业有权向国家知识产权局提出专利申请，在满足专利授权的条件下获得专利权。企业对于自身研发的技术成果天然享有专利申请权，且其也能够通过技术转让的方式继受他人的专利申请权。在继受获取专利申请权时，企业需要承担两方面的风险：一是技术成果不被授予专利权的风险；二是侵犯他人专利申请权的风险。后者属于企业技术交易过程中将遭受到的侵权风险之一。专利申请权纠纷实际上属于专利权权属纠纷的范围，在技术交易过程中企业避免陷入侵犯他人专利申请权的关键在于明确专利申请权转让方是否具备转让资格。例如，在北京某公司等与蓝某公司专利权权属纠纷上诉案①中，法院最终认定被告杨某无涉案专利的专利申请权，因而判定杨某与北京某公司的专利申请权转让合同无效，北京某公司就涉案专利申请专利权的行为侵犯了蓝某公司的专利申请权。在该案中，1998 年 11 月 30 日，杨某向原中国专利局提出"冲击碾压增补路基强度与稳定"发明专利申请，后杨某与北京某公司签订《技术转让协议》将该技术转让给北京某公司。专利申请人变更为北京某公司。2004 年 3 月 10 日，上述申请被授予发明专利权，专利权人是北京某公司。法院认为：1997 年蓝某公司与杨某签订《备忘录协议》，协议中约定杨某协助蓝某公司开发冲击压实技术和设备的应用；蓝某公司提供技术和设备给双方同意的项目做试验；试验费用由蓝某公司提供，试验成果属于蓝某公司和其指定的代理人。蓝某公司向杨某支付技术顾问费 20000 元，杨某、蓝某公司履行了《备忘录协议》。杨某与蓝某公司于 1999 年 3 月 5 日签订的《关于促进使用高能量冲击压实技术合作协议》中写明，杨某向蓝某公司提供技术服务、技术秘密以协助该公司在中国应用冲击压实技术和设备。根据以上证据，可以认定杨某申请发明专利

① 北京市高级人民法院（2005）高民终字第 1450 号民事判决书。

的技术方案是蓝某公司所有，杨某只是在我国道路施工中对该技术进行试验和检测。根据现有证据，不能认定杨某申请的发明专利是杨某或者其受北京某公司的指派或者其与北京某公司共同研究、发明的，杨某或北京某公司也并未针对蓝某公司的冲击压实技术提出实质性的改进。涉案冲击压实技术应属于蓝某公司所有。因涉案冲击压实技术属于蓝某公司所有，故杨某无权就根据该技术提出的“冲击碾压增补路基强度与稳定”发明专利申请权进行转让。杨某将“冲击碾压增补路基强度与稳定”发明专利申请权转让给北京某公司，该行为无效。由于专利申请权转让人杨某不具有专利申请权，因此受让人某公司作为专利申请权的继受者直接侵犯了原告蓝某公司的专利申请权。

对于企业而言，在技术交易前进行知识产权尽职调查，审查专利申请权转让方是否具有转让资格尤为重要。

2. 侵犯在先权利

企业在进行技术交易过程中，其所继受的专利技术侵犯他人已在先取得的合法权利，同样会构成专利侵权行为。在先取得的合法权利包括商标权、著作权、企业名称权、姓名权、知名商品包装或装潢使用权、肖像权等。一旦企业的专利技术侵犯了上述权利，作为技术交易的受让方也会直接遭遇专利侵权风险并且承担专利侵权责任。例如，在蒲某与某省盐业总公司、某省盐业总公司成都分公司、成都某印务公司著作权侵权纠纷上诉案[①]中，原告蒲某系涉案摄影作品“大熊猫”的著作权人，涉案外观设计专利产品的主视图为一只在行走和一只侧卧的大熊猫，背景为瀑布和竹枝，2005 年被告某省盐业总公司从原专利权人处继受了该外观设计专利，并且将其用于加碘食用盐包装袋上。作为某省盐业总公司的下属分公司，成都分公司使用这种包装袋，成都某印务公司印刷了印有该图的包装袋。蒲某认为三被告使用该外观设计的行为侵犯了其合

① 四川省高级人民法院（2007）川民终字第 84 号民事判决书。

法的著作权，要求三被告承担侵权责任。法院认为：授予专利权的外观设计，不得与他人在先取得的合法权利相冲突。蒲某的著作权与涉案外观设计专利权均系依相关法律取得的知识产权，当两种权利发生冲突时，法院将根据保护在先和诚实信用原则认定在后权利是否构成对在先合法权利的侵犯。本案中，蒲某的著作权为在先合法权利，某省盐业总公司、某省盐业公司成都分公司、成都某印务公司主张的专利权实际设计人不能说明专利产品包装袋上行走的大熊猫主体图案是从何而来，不能说明及证明使用“大熊猫”有合法来源或由其独创完成，其专利权不能对抗合法的著作权，因此判定三被告承担侵权责任。

由此可见，在专利技术交易的过程中，企业也极有可能因为侵犯他人在先的合法权利而遭受侵权风险。本案中，某省盐业总公司所继受的外观设计因为侵犯他人在先的合法权利而承担了侵权责任，不仅要停止侵权行为，赔偿原权利人损失，还有可能被提起专利无效的行政审查程序以及诉讼程序。某省盐业总公司最终承担了侵权责任，其在案件审理过程中提出了蒲某并非涉案作品“大熊猫”著作权人的抗辩，虽然没有得到法院的认可，但是为企业处理此类侵权风险提供了借鉴。一旦企业继受的专利技术侵犯了他人的在先合法权利，企业可以通过抗辩该合法权利不存在的方式免除其侵权责任。

3. 侵犯专利权

侵害他人专利权是在企业进行技术交易的过程中发生侵权风险的常见事由。遭受专利技术侵权风险，企业可以参考直接侵权行为案件中的侵权抗辩事由，免除自身侵权责任。具体而言，法院在认定某一专利产品或者专利技术侵犯他人专利权时，遵循全面覆盖原则、等同原则、禁止反悔原则和捐献原则，企业在进行专利侵权抗辩时，可以从这些原则入手采取相应措施。例如，在某公司诉常州某制药有限公司侵害发明专利权纠纷案[①]中，法院对涉案专利药品制造方法进行比对，最终认定常州某制药公司的药品生产方法与礼来公司的药品生产方式并不等同，其并不侵权。此案中常州某制药公司通过相关证据证明其并未侵犯某公司的专利权。本案提供的经验是，企业在技术交易侵权风险发生时，从专利侵权认定方式出发，证明自身并非侵犯他人专利权，不失为一种抗辩方法。此外，在意大利某合资股份有限公司诉上海某燃气设备有限公司、上海某动力系统有限公司侵害发明专利权纠纷案[②]中，两被告提出涉案专利技术属于现有技术、存在抵触申请以及被告享有该技术的先用权作为其未侵犯专利权的抗辩事由。虽然法院并未认定其抗辩理由成立，但是该案为企业在技术交易过程中处理侵权风险提供了又一途径。具体而言，企业可以通过证明原告的专利发明属于现有技术或者证明原告就同一专利技术向行政部门提出申请。除此之外，企业还可以提出自身享有针对该技术的先用权，一旦现有技术、抵触申请或者先用权抗辩成立，企业同样可以免除侵权责任。除此二者外，作为专利技术交易的受让方，企业在遭受侵权风险时还可以选择合法来源抗辩以免除侵权责任。这里的合法来源抗辩往往针对的是在侵权行为已经成立的情况下，作为技术交易受让方的企业可以通过提出合法来源抗辩免除赔偿责任。与侵权行为不成立的相关抗辩相比，合法来源抗辩为企业侵权行为成立的情况提供了多一条退路，能够帮助企业减少经济损失。

四、专利技术交易中侵权风险的防范

从专利侵权风险发生的过程看，专利技术交易的侵权风险并非仅发生于交易过程之中，在技术研发、交易、生产、技术维护等阶段都可能发生。从侵权风险承担主体看，专利技术交易的侵权风险主要承担者将随着技术交易由专利技术转让方转化为专利技术受让方，即便技术交易

① 最高人民法院（2015）民三终字第1号民事判决书。

② 上海市高级人民法院（2012）沪高民三（知）终字第68号民事判决书。

已经完成，一旦侵权风险发生，虽然专利技术受让方承担主要侵权风险，但专利技术转让方也必须承担相应的法律责任。从侵权风险发生的原因看，专利技术交易侵权风险的发生主要在于交易双方的信息不对称，缩小双方的信息差距需要交易双方、政府、中介服务机构的共同努力。进行专利技术侵权风险的防范，笔者将对专利技术转让方、专利技术受让方、政府、中介服务机构提出有针对性的建议。

（一）针对技术转让方的对策

虽然转让方并非专利技术交易侵权风险的主要承担主体，但是其对目标专利的权利信息掌握最全面彻底，其应当发挥作为降低技术专利侵权风险的第一环的作用。从整个专利技术交易市场的参与主体来看，企业作为最大交易转让方和最大交易受让方，在个体层面往往会产生身份重合，在此交易中作为专利技术的转让方而在彼交易中作为专利技术的受让方。虽然从某一宗专利技术交易看，技术交易的侵权风险主要由一方承担，但是从技术交易的宏观层面考量，在此宗交易中的转让方在彼宗交易中成为受让方，仍然需要承担侵权风险。因此，企业作为转让方积极承担信息披露的义务，及时与受让方进行信息沟通，对于企业自身发展和技术交易市场的良性运转有积极作用。此外，转让方积极披露信息能够有效防止受让方承担专利侵权风险，对于转让方而言也降低了自身遭受侵权或者违约风险的可能性。

从长远角度看，转让方积极进行信息披露能够降低交易双方的交易成本，提高专利交易的效率，有效推动专利技术转化为市场生产力，促进市场竞争。市场竞争对于专利研发有着反哺作用，专利研发又能促进技术交易，如此循环往复，对于整个专利技术交易市场运行的活态化有着重要的意义。

因此，转让方应当从源头降低或者杜绝专利侵权风险的发生，同时在专利技术转让过程中积极履行信息披露义务，推动双方信息差距的缩小。具体相关对策如下。

1. 加强企业专利意识培养

企业专利意识是指企业作为技术交易研发者，在专利技术研发阶段对于研发技术的侵权风险防范以及研发完成之后企业积极进行专利申请的意识。在专利技术研发阶段，企业需要承担专利技术研发失败的风险和侵犯他人专利权的风险。倘若企业在研发阶段没有进行完备的信息调查，其研发的专利技术极有可能落入他人的专利权范围中，即便专利技术研发成功，在后续的专利实施和转让过程中侵权风险也将一直存在。因此，在专利技术研发阶段，企业就必须注重所要研发的专利技术在技术市场中的相关专利产品情况，以免专利成果侵犯他人专利权。专利技术研发完成后，企业需要积极进行专利申请。我国专利授权实施先申请原则。积极进行专利申请，一方面，可以避免企业怠于申请专利权造成专利权旁落，导致企业在后续的专利技术交易中出现技术侵权，另一方面，只有技术成果获得专利权，企业才能真正取得对于该项技术的权利，企业在获得专利授权后才能够避免在专利技术交易过程中承担侵权风险，以此获得市场竞争优势。企业专利意识培养能够在专利技术研发阶段尽可能降低技术研发的侵权风险，对于后续专利技术交易侵权风险的降低有着重要的意义。

2. 建立企业专利信息数据库，积极进行专利自查

在专利技术成果研发成功后，企业积极进行专利申请，能够获得专利技术成果的专有权。作为专利技术供给方，企业在进行专利许可和专利转让的过程中，仍然需要积极进行专利自查，明确自身专利的权利归属、权利范围、权利的有效期、权利转让情况以及侵权和违约诉讼情况，审查专利的权利状态，以避免出现专利无权授权、重复授权等情况，降低自身侵权和违约风险发生的概率，尽可能避免在后续专利技术转移时受让方侵权行为的发生。同时，为了更加便捷地对企业自有的专利技术成果进行管理，企业也应当建立自己的专利信息数据库，将技术成果的内容、专利权范围、许可与转让情况、侵权和违约诉讼情况等进行整合，通过专

利信息的整合达到专利技术成果的有机聚合，便利企业进行迅捷高效的专利自查，在有效进行专利技术管理的同时提升企业的整体竞争力。

3. 积极进行专利技术转移的登记备案

我国在专利申请、专利转让等领域都建立了专利信息登记和公示制度，但专利登记和公示制度的适用范围并没有延及专利技术交易的所有领域。前已述及，我国涉外专利技术交易实施并不以登记为生效要件，我国的专利技术许可也采用备案制度，由于专利技术交易双方缺乏主动向国家行政部门进行技术转移登记和备案的动力，这两种情形下的专利技术交易过程无法进行有效公示，从长远角度来看并不利于技术交易安全保障。专利技术转移登记或者备案对于缩小技术交易的供给方与需求方之间的信息差距具有重要意义。相较于专利技术交易需求方而言，专利技术供给方对于目标专利技术的权利状态有着更加全面透彻的把握，因此专利技术供给方应当积极履行专利技术转移的登记和备案义务，为促进专利技术交易过程的透明化作出贡献。

4. 积极承担专利必要信息披露责任

减少专利技术交易过程中双方的信息不对称，还要求转让方积极承担必要专利信息的披露责任。客观而言，为了追求专利技术成果交易价值的最大化，专利技术供给方往往倾向于隐瞒专利技术的相关权利信息，特别是会影响技术交易受让方决策的相关信息，加大技术交易双方对于目标专利的信息差距。专利权利信息的过度隐匿也将导致专利技术交易效率的低下，不利于交易双方形成良性合作关系。此外，专利技术供给方作为技术交易的源头，对其拥有的专利权利状态了解最为全面。因此，专利技术供给方应当积极履行专利必要信息的披露责任，在技术交易磋商阶段就将会影响到受让方决策的信息告知受让方，包括目标专利的权利状态、权利转让和其他形式利用情况、已知的侵权和违约情况等必要的专利信息，这样更有利于促成交易双方的友好合作。

（二）针对技术受让方的对策

因为专利技术受让方是专利技术交易侵权风险的主要承担者，所以受让方是降低专利技术交易侵权风险的核心。从侵权风险的成因分析，专利技术受让方需要从缩小信息差距和规范交易合同两方面进行努力。

1. 加强事先专利风险调查，建立专利信息数据库

事先专利风险调查，又称为专利尽职调查，指在进行专利技术交易之前，受让方对目标专利以及转让方的相关信息进行收集并分析，预测目标专利受让的风险及收益，并以此作为专利交易决策的依据。专利交易的风险调查有助于预防侵权争议、控制合同风险、防止专利欺诈、避免投资浪费、降低交易费用、提高交易质量等。[①] 事先专利风险调查能够最大限度地帮助企业了解目标专利的权利信息，缩小企业与专利权人之间的信息差距，为企业进行侵权风险防范提供基础。充分进行事先专利风险调查，是降低企业技术交易侵权风险的关键。

对于受让方而言，事先专利风险调查包括以下内容：

（1）目标专利的法律状态。即确认目标专利处于申请、公开、授权、无效中的哪一种法律状态。如果目标专利处于专利申请或者公开过程，该专利就存在不能授权或者授权范围缩小的风险，受让方在该专利未被授权时应当避免与转让方进行交易。如果目标专利已被宣告无效，该专利就已失去转让的价值，受让方无需再进行磋商。

（2）目标专利权属信息。确定专利权权属即有资格进行专利授权或者转让的主体范围，能够防止无权转让的情形发生。专利权转让关系中的转让方，是指拥有专利权，并在国家知识产权局的专利登记簿上被记载为专利权人的主体。[②] 专利登记簿上所记载的专利权人才具有专利转让资格，同时必须注意，如果专利权是多人共有的，专利所有权的转移

① 袁真富：《专利交易的风险调查——以法律风险为主要视角》，载《中国发明与专利》2009 年第 12 期。

② 马碧玉：《专利权交易法律制度研究》，中国社会科学出版社 2016 年版，第 119 页。

必须经全体共有人的同意，否则该专利只能进行普通许可。如果是职务发明或者技术开发合同的成果，则发明人并非真正的专利权人，无权进行专利转让行为。

（3）目标专利的权利范围。受让方需要调查专利权的权利范围包括以下几方面：一是该专利受法律保护的范围。专利授权范围以专利申请人所提交的专利申请书中权利要求的范围为准，受让方需要通过细读专利授权文件，特别是申请人权利要求的部分，以确定该专利的权利范围，避免出现专利授权大于专利权的情况。二是确定专利权保护期限和地域范围。超出保护期的专利将直接进入公共领域。此外，专利授权具有地域性，专利权只能依据各国国内的专利授权程序获得，如果某一专利希望延伸其受保护的地域范围，必须在他国重新申请。因为专利权固有的时间性和地域性，受让方必须注重收集这些信息，以免合同范围超出授权范围导致侵权行为发生而付出不必要的代价。

（4）目标专利的交易情况。目标专利的交易情况指专利的权利转移情况，包括专利许可、转让、质押、入股、证券化、信托在内的所有交易情况。收集目标专利的交易情况可以了解专利现存的权利可授权范围，包括权利范围、时间和地域范围等，在正式进行专利技术交易时能够规避专利重复授权导致的侵权行为。此外，目标专利的交易情况还能在一定程度上反映该专利的市场价值，为受让方是否决定进行技术交易提供参考依据。

（5）目标专利的侵权和违约情况。专利侵权和违约情况可以反映该专利是否具有转让的价值以及转让带来的侵权及违约风险。倘若某一专利曾经处于或者正处于专利侵权诉讼中，那么该专利权的稳定性令人生疑，受让方可以考虑放弃该专利。违约情况则能够反映合同预期目标实现的可能性，如果目标专利时常陷入违约风险，受让方也就应当考虑继续进行技术交易是否有必要。

通常来讲，专利检索结果是一个无序的、分散的且不易管理的信息集合，不利于后续的统计和分析。[①] 为此，企业应当通过个案积累，建立企业自身的专利信息数据资料库，有助于减少后续专利技术交易前的交易风险调查工作，降低企业的交易成本，提高交易效率。

2. 建立企业侵权预警机制，加强专利风险自查

处于授权状态的目标专利比处于专利申请、公告或者无效等状态的专利更具有稳定性，但这种稳定仍然是一种相对稳定的状态，在受让方行使专利权的过程中都会受到专利侵权、专利被宣告无效等风险的威胁，因此建立企业侵权预警机制十分必要。

所谓企业专利侵权预警，指企业通过统计、采集和分析所关注技术领域的专利动态，跟踪重要技术竞争对手专利活动的动态变化情报及技术产品的市场分布信息，在收集国内外相关专利案例、专利法规、政策变化的有关信息基础上，分析、研究企业在生产、经营和决策中涉及的专利问题，判断企业未来发展可能面临的专利风险，预测风险可能产生的危害程度，提出有针对性的对策、措施。[②] 企业专利侵权预警机制是企业进行专利侵权风险危机管理的重点。作为专利技术受让方，企业侵权预警机制的目标在于防范技术交易后潜在风险的出现，降低企业因为侵权风险出现而遭受的利益损失。在取得目标专利权后，受让方必须加强专利运用过程中的风险自查，警惕专利运用中超越专利权或者专利被无效宣告等情形的出现，以最大限度防范潜在侵权风险的出现。

3. 运用专利诉讼战略，积极应对专利侵权诉讼

由于侵权风险发生的可能性并不能够完全消除，受让方只能通过自身努力尽量避免陷入专利侵权诉讼纠纷，而陷入专利诉讼纠纷并不意味着其最终将承担侵权责任。倘若受让方不得不面对专利诉讼，也应当积极应战，运用专利诉讼策略，积极进行专利侵权抗辩，以减轻甚至免除

---

① 王肃：《企业知识产权管理》，知识产权出版社 2017 年版，第 202 页。

② 鲁瑛、蔡志勇、夏昕：《领先企业先进技术的专利跟踪预警》，载《数字图书馆论坛》2016 年第 11 期。

自己的侵权责任。

从专利侵权内容角度看，专利侵权纠纷包括侵犯专利申请权纠纷、侵犯专利实施权纠纷、侵犯专利转让权纠纷三类，侵犯专利申请权发生于专利申请前或者专利申请过程中，侵犯专利实施权与侵犯专利转让权都发生于专利技术获得专利授权之后。从法律角度思考，专利侵权行为的构成需要同时具备两个要件：一是形式要件——在专利授权前行为人所从事的行为并未得到专利技术成果所有权人的授权，在专利授权后行为人所从事的行为应当是以生产经营为目的且未经专利权人许可的实施他人专利的行为；二是实质要件（技术要件）——被控侵权产品的技术特征落在专利权保护范围之内。[①] 应对专利侵权诉讼，可以从专利侵权行为构成要件入手。

一旦企业在专利运营过程中遭遇专利侵权纠纷，企业首先应当判断专利侵权行为在客观上能否构成。具体而言应当考虑以下几方面因素：

其一，涉案专利是否为有效专利。首先，专利技术具有地域性和时间性，专利技术获得专利授权后，只能在特定的地域和时间范围内受到法律保护。如果涉案专利在侵权行为实施地尚未获得专利权保护，那么该专利侵权行为也无需承担法律责任。其次，在专利权授予之后，专利技术还有可能因为种种原因被宣告无效或提前终止，或者在专利权到期之后直接进入公有领域。一旦专利技术被宣告无效或提前终止，或是因为专利权到期而进入公有领域，对于涉案专利的使用行为就无需承担侵权责任。

其二，被控侵权专利的技术特征是否落在专利权保护范围之中。众所周知，发明和实用新型专利权的范围由企业所提交的权利要求中所要求保护的技术特征决定，外观设计专利权的范围由企业所提交的产品图片或者照片中呈现出的外观设计决定。实务中专利侵权行为的判断常适

① 赵华：《智慧经营——企业知识产权经营管理实务》，科学技术文献出版社 2017 年版，第 230 页。

用“等同原则”，倘若被控侵权专利的技术特征与涉案专利不符，侵权行为自然无法成立。

其三，对于涉案专利的使用行为是否落入专利权范围之中。我国现行《专利法》（2020）对于专利权人的权利范围进行了列举式规定，构成专利侵权行为，行为人在主观层面必须以生产经营作为商业目的，客观行为必须落入专利权人权利范围。倘若行为人并不以生产经营为目的，或者行为人的专利使用行为并没有落入专利权权利范围，涉案专利的使用行为就不侵犯专利权。

其四，是否存在法定的免责情形。我国《专利法》（2020）第75条规定了专利侵权的例外情形。如果行为人的专利使用行为满足法定免责事由，也无需承担专利侵权责任。

如果企业的专利实施行为确实侵犯了他人的专利权，企业作为被控侵权方，可以积极寻找侵权抗辩理由和免责事由，降低甚至避免企业的侵权责任。具体而言，可以从如下几方面入手：

其一，权利主体资格抗辩。提起专利侵权控告的行为人应为专利技术的正当权利人，包括技术成果所有权人、专利权人和获得专利合法授权的权利人。在专利授权前和专利授权后，倘若提出专利侵权控告的行为人并不具有权利主体资格——专利授权前，控告人不属于专利技术成果所有权人或者合法受让人；专利授权后，控告人不属于专利权人或者专利合法授权人——控告人就不具备诉讼资格。

其二，侵权诉讼时效抗辩。《专利法》（2020）第74条第1款规定：“侵犯专利权的诉讼时效为三年，自专利权人或者利害关系人知道或者应当知道侵权行为以及侵权人之日起计算。”如果在法律规定的诉讼时效范围内，专利权人并未就专利侵权行为提起民事诉讼，对于此部分已过诉讼时效的专利侵权行为，企业将无需承担侵权责任。

其三，现有技术或现有设计抗辩。《专利法》（2020）第67条规定：“在专利侵权纠纷中，被控侵权人有证据证明其实施的技术或者设计属于现有技术或者现有设计的，不构成侵犯专利权。”现有技术或者现有设计是指专利申请日以前在国内外为公众所知的技术和专利申请日以前在国内外为公众所知的设计。如果被控侵权企业能够证明自己所实施的专利技术属于现有技术或者现有设计，就可以摆脱专利侵权责任。日本学者中山信弘认为，现有技术抗辩与权利要求无关，即被控侵权技术属于专利权的权利保护范围与否在所不问，只要被控侵权人所实施的技术属于现有技术就不属于专利侵权。现有技术或现有设计抗辩并不涉及原告方专利权的有效性，因此仅作为一种侵权对抗措施加以使用。

其四，免赔事由抗辩。所谓免赔事由是指企业能够免除承担民事赔偿责任的法定事由。企业的专利实施行为虽然客观上侵犯了他人的专利权，但如果满足法律所规定的免赔事由，则可以减轻侵权行为的责任承担，在此情况下企业仅需要承担停止侵权的民事责任，无需承担赔偿专利权人因专利侵权造成的损失。《专利法》（2020）第 77 条规定：“为生产经营目的使用、许诺销售或者销售不知道是未经专利权人许可而制造并售出的专利侵权产品，能证明该产品合法来源的，不承担赔偿责任。”如果企业并不知道其生产经营行为侵犯了他人的专利权，并且能够证明其销售的产品合法来源，可以免除企业的民事赔偿责任。

除此之外，企业还可以主动出击，通过申请专利无效消除已出现或潜在的专利侵权风险。申请某一专利无效，能够直接切断专利权人与专利技术之间的法律联系，提前将专利技术推入公有领域，彻底消除企业对于涉案专利的侵权可能性，可谓一劳永逸。申请涉案专利无效，能够改变被控侵权企业在某项专利侵权诉讼中的被动防守地位，帮助企业在专利侵权诉讼中取得优势。在企业专利技术运营的过程中，申请竞争专利无效能够帮助企业扫除竞争对手，占领市场份额，积累市场竞争优势。因此，积极申请专利侵权无效对企业意义重大。根据《专利法》（2020）的相关规定，宣告专利无效事由主要包括以下情形：

（1）授权专利并非法律所规定的发明、实用新型和外观设计。能够授予专利权的技术成果仅限于发明、实用新型和外观设计，如果目标专利技术不属于法律规定的三类技术成果，该专利无效。

（2）授权专利未达到专利授权要求。我国专利技术授权需要满足三个条件：一是新颖性，即专利技术成果不属于现有技术或者现有设计；二是创造性，即取得专利的发明相较于已有成果具有突出的实质性特点和显著的进步，取得专利的实用新型相较于已有技术成果具有实质性特点和进步；三是实用性，即该发明或者实用新型能够制造或者使用，并且能够产生积极效果。技术成果如果不满足这三个条件，将不能获得专利权；即使获得了专利权，也可以被宣告无效。

（3）授权专利违反法律、社会公德或者妨碍社会公共利益。《专利法》（2020）第5条规定："对违反法律、社会公德或者妨害公共利益的发明创造，不授予专利权。对违反法律、行政法规的规定获取或者利用遗传资源，并依赖该遗传资源完成的发明创造，不授予专利权。"

（4）违反单一授权原则。我国专利授权实施单一授权原则，一项专利技术成果只能授予一项专利权，倘若某一项专利技术被授予两项专利权，对于后一项授权专利可以申请专利无效。

（5）授权专利不属于《专利法》规定的保护对象。《专利法》（2008）第25条规定的下列对象，不予授予专利权：①科学发现；②智力活动的规则和方法；③疾病的诊断和治疗方法；④动物和植物品种；⑤用原子核变换方法获得的物质；⑥对平面印刷品的图案、色彩或者二者的结合作出的主要起标识作用的设计。《专利法》（2020）第25条则除了将上述"用原子核变换方法获得的物质"扩充为"原子核变换方法以及用原子核变换方法获得的物质"以外，其他规定相同。

（6）权利要求范围超出说明书内容。专利权的授权范围以权利要求书为依据，权利要求书的范围以说明书为依据。《专利法》（2020）第26条第4款规定："权利要求书应当以说明书为依据，清楚、简要地限定要求专利保护的范围。"对于超出说明书范围的权利要求，不具有可专利性，对于这部分专利，可以申请专利无效。

4. 明确双方权利义务，规范专利交易合同内容

受让方的专利侵权风险始于专利技术合同的成立，在完成充分的事先专利风险调查的前提下，规范合同内容能够帮助企业减少侵权可能性。专利技术交易合同的核心在于明确交易双方的权利义务，规范合同内容应当从以下几方面入手：（1）合同双方当事人；（2）目标专利的权利信息；（3）专利授权的权利范围、授权期限和地域范围，受让方是否可以继受授权等；（4）价款支付方式；（5）转让方的权利瑕疵担保责任；（6）违约责任；（7）合同免责条款等。规范专利技术交易合同条款，重点在于划清受让方所能行使的专利权范围，以避免其因为授权范围不明而造成侵权风险发生。

（三）针对国家机关的建议

专利申请、授权、转移、消灭，国家在其中都发挥着监管者的作用。除专利技术转让方外，国家机关对于专利技术交易成果的权利状态信息掌握最为全面。缩小交易双方的信息不对称，国家应当提供制度保障和技术支持。针对专利技术交易服务市场相关监管体系的缺失，需要积极立法，促进专利技术中介机构服务的规范化。同时，健全专利技术市场的运行机制，加大专利技术交易侵权行为的打击力度，也是国家机关保障专利技术交易市场健康发展的重要任务。

1. 完善专利技术交易登记备案制度

首先，前已述及，我国《专利法》（2020）与《技术进出口管理条例》对于“登记作为技术转让合同的生效要件”规定存在法律冲突，具体的专利技术交易纠纷对于二者如何取舍，目前并未形成统一的司法实践。从我国的法律位阶进行考量，《专利法》是上位法，而《技术进出口管理条例》为下位法，发生法律冲突时应当适用上位法。涉外专利交易不采用登记生效制度固然能够提高技术交易效率，降低技术交易成本，但从提高专利技术交易过程的安全程度考量，笔者赞成《专利法》采取

的专利技术合同登记生效制。因此，国家机关应当加强立法，消除这两个法律条文的冲突，确保《专利法》规定的技术转让登记制落到实处。

其次，我国规定了专利许可的备案制度，却没有强制要求专利许可进行备案登记。究其原因，专利转让涉及专利所有权人的转移，而专利许可则并不发生法律主体的变更，基于交易效率的考量，国家没有强制要求专利许可进行登记。由于专利技术许可不以登记为生效要件，进行事后备案的意义也相当有限，专利技术交易双方往往怠于进行技术转移的相关备案。从防范技术交易侵权风险的角度考量，专利许可作为专利权行使的重要方式，在专利技术交易中占据了相当大的比重，由于合同的相对性，第三方缺乏相关信息并且没有相关途径可以了解目标专利的实施情况，实际上为转让方实施重复授权提供了操作的空间。完善专利许可备案制度对于保障专利技术交易安全，降低专利技术交易的侵权风险具有重要意义。因此，国家机关应当出台相关政策鼓励专利技术许可进行备案登记。例如，完善技术合同网上备案制度，方便专利技术交易双方进行网络备案登记，以便利交易的受让方有效查询到目标专利的交易信息，减少交易侵权风险。

2. 建立统一的专利信息公共服务平台

就企业专利技术交易的信息提供服务而言，我国目前虽然已经建立了包括国家专利数据中心、区域专利信息服务中心和地方专利信息中心在内的专利信息服务网络体系，但平台建设在制度完善、服务范围、服务效率等方面都有待提高。[①] 对此，国家应当立足于现有专利信息服务平台建设的经验基础，将各级各类网络服务平台信息以及专利司法数据库的相关资源加以整合，建立统一的专利信息公共服务平台。统一的专利信息公共服务平台能够提供全面、高效的专利信息查询服务，使受让企业能够便捷地查询到目标专利的权利状态、权属信息、权利范围、交

① 冯晓青：《技术创新与企业知识产权战略》，知识产权出版社 2015 年版，第 331 页。

易情况、侵权和违约情况，为企业专利技术交易活动提供信息支持。

3. 建立统一的专利技术交易机构平台网络

专利技术交易机构或者专利技术交易场所是专利技术供给方与专利技术需求方寻求交易机会以及进行技术交易的平台和场所。专利技术供给方和专利技术需求方能够通过专利技术交易机构发布的专利技术供需信息，寻求技术交易的合作对象。作为独立的第三方平台，专利技术交易机构能够按需进行项目匹配，帮助技术交易双方尽快达成技术交易，同时为专利技术交易提供安全保障。我国目前具备相当影响力的技术交易机构有科技部牵头的中国技术交易信息服务平台、国家专利技术展示交易中心群，商务部支持设立的上海国际技术进出口交易会和中国国际技术交易平台，其他具有较大影响力的专利技术交易机构还包括中国技术交易所、上海技术产权交易所、深圳国际高新技术产业所、国家专利技术（上海）展示交易中心等，这些专利技术交易机构为专利技术交易作出了重要贡献。虽然我国专利技术交易机构繁多，但地区分配不均衡，机构彼此之间尚未形成辐射全国的专利技术交易机构平台网，不利于调动全国各地区之间技术交易中心进行联动合作，缩小东西部地区专利技术市场的发展差距。为此，国家机关应当加快整合我国的专利技术交易机构资源库，构建一个统一的专利技术交易机构平台网络，可以以中国技术交易信息服务平台作为核心专利技术交易平台，并以此为中心连接各区域的专利技术交易机构，并且根据地区交易市场的客观需要开设交易网点，由点到线再到面，形成一个统一的专利技术交易机构平台服务网，增强专利技术交易机构传递交易信息、促进技术交易效率的功能，提升我国技术交易市场的整体发展速度。

4. 健全中介服务机构法律规范，加强中介服务机构行政监管

中介服务机构在促进转让方与受让方的专利技术交易方面发挥着桥梁作用，为我国专利技术交易市场的发展作出了重要贡献。但是，中介机构也可能为专利技术交易带来重重阻力，损害交易双方的利益。面对

中介服务机构法律规范不健全、服务人员良莠不齐、管理混乱等现状，国家应当积极出台相关法律法规及政策，从制度层面规范中介机构的服务行为，同时运用行政手段积极进行监管，推动中介机构工作的规范化、透明化和中立化。关于我国专利技术交易中介服务机构的制度规范和完善，还将在下面继续讨论。

（四）针对专利技术交易中介服务机构的建议

改善我国专利技术交易中介服务机构市场恶性竞争、违规服务等乱象，对于缩小技术交易双方信息差距、避免专利技术交易受让方侵权风险的发生、推动专利技术交易市场健康高效发展意义重大。专利中介服务市场乱象的改善，核心在于加强专利中介服务及机构的自律机制建设。一方面，需要从外部加强对于专利中介服务的国家机关监管。如上所述，国家需要积极出台相关法律规范，填补专利技术交易中介服务市场法律规则的空白，同时积极履行对于中介服务机构的市场监管职责，规范专利中介服务机构的服务行为，推动专利中介服务机构市场服务质量的提升。另一方面，需要从内部提升整个行业的自律意识。首先，需要建立专利中介服务行业协会，构建专利中介服务行业的标准和规范，对于专利中介服务机构的服务行为进行专业指导和规范。其次，需要建立和完善专利中介服务机构行业的考核评估机制，通过系统专业的考核提高专利中介服务机构从业人员的门槛，提升从业人员的服务质量和服务能力，促进专利中介服务机构服务总体水平的增强。最后，需要专利中介服务机构加强自身信用管理，提高服务意识，增强服务的积极性与主动性，加强自身服务体系建设。

（五）技术交易侵权防范预警机制构建

2016 年国务院印发的《“十三五”国家战略性新兴产业发展规划》中提出，我国要“加强战略性新兴产业专利分析及动向监测。建立重大经济科技活动知识产权分析评议制度，鼓励企业建立知识产权分析评议机制。完善海外知识产权服务体系，研究发布海外知识产权环境信息，跟踪研究重点产业领域国际知识产权动向，引导建立海外知识产权案件信息提交机制，加强对重大知识产权案件的研究，建立海外知识产权风险预警机制，支持企业开展知识产权海外并购和维权行动”。技术交易侵权防范预警机制是企业在专利技术研发、生产、转让、维护过程中企业专利技术侵权危机管理的重要组成部分，是降低企业因为专利技术交易引发侵权风险的重要预防机制。建设技术交易侵权防范预警机制的目的在于对可能发生的专利侵权风险进行日常监控，收集可能造成企业专利侵权风险发生的所有信息，并对其进行研究、分析和监控，某些影响侵权风险发生的指标达到临界值时及时发布专利侵权预警，督促企业尽早开展侵权防范工作，避免因为信息不畅通陷入专利侵权的被动局面，最终目的在于降低企业专利侵权诉累，保障企业专利技术创新的顺利进行。

企业技术交易侵权预警机制主要包括以下几方面的事务：

其一，建立专利侵权预警指标体系，对于可能造成企业侵权风险发生的所有信息进行系统收集。企业在专利研发和专利交易过程中可能导致其遭遇侵权危机的信息多种多样，如国家政策、法律规范变化导致专利技术环境改变，与企业专利技术成果相类似的专利侵权诉讼，竞争对手针对企业的技术成果开展的法律行动等。

其二，对于专利侵权危机信息进行整理、筛选、分析，对于明显可能发生侵权风险的危机信息进行通报预警。信息收集是企业专利技术交易侵权预警机制发生作用的第一步，接下来企业需要对这些危机信息进行整理和筛选，建立侵权危机信息等级评价机制，评估这些危机信息造成企业产生侵权风险的可能性、后果以及企业预防侵权风险产生的成本，提出预防和处理侵权风险的相关方案，并且按照不同的危险层级进行侵权风险通报预警。

其三，侵权危机应急处理机制的建设和启动。一旦企业跨入专利侵权风险产生的红灯区，企业应当立刻开展应急处理措施，了解侵权危机的动态走向并根据应急预案积极作出应对，降低侵权风险危机发生的可能。

其四，进行专利侵权风险预警案例经验教训总结，提升企业未来技术交易侵权风险预警的应对能力。

其五，针对已经完成的侵权风险危机预警管理，企业需要及时总结个案的经验教训，评估个案中技术交易侵权风险预警防范机制发生的效用，推动后续企业技术交易侵权风险预警机制的不断完善。

企业专利技术交易侵权风险防范预警机制的构建，既要求企业拥有完备的情报收集系统，还需要企业具有强大的信息整理、筛选、评估能力，能够按需发布企业的侵权预警信息并针对个案进行系统跟踪与反馈。要想完善企业专利技术交易侵权风险防范预警机制，并且发挥其在个案中的专利侵权预警作用，需要企业内部的努力，同时也需要政府和行业协会外部的大力支持。

从整体上而言，构建技术交易侵权风险防范预警机制，企业需要做到以下几方面：首先，建立并完善企业的专利技术风险信息情报收集系统。风险信息的收集是企业后续进行风险信息管理的基础，其重要性不言而喻。企业的专利技术风险信息情报收集系统的信息收集对象主要是与企业相关的知识产权外部信息和竞争对手的情报信息。知识产权外部信息主要指知识产权的侵权信息，包括知识产权的被侵权信息与侵权信息。同时，为了提升企业进行风险信息评估的准确性，企业还需要收集国内外相关主题的知识产权申请和授权情况、技术发展态势、核心技术专利申请动态、地区分布，以及当前国家科技、经贸、投资等领域活动与知识产权相关的信息和国际动态。① 其次，企业需要建立完善侵权预警信息分析系统以及侵权预警情报发布系统。这是企业在技术开发和交易的过程中预防侵权风险的关键步骤。在完备的信息采集的基础上，对

① 冯晓青：《技术创新与企业知识产权战略》，知识产权出版社2015年版，第312页。

于所有可能影响侵权风险发生的信息进行分类和整合，筛选出较大概率引起侵权风险发生的相关信息并且按照侵权风险发生的可能性进行排序，在此基础上评估侵权风险信息发生后企业受到的影响、采取补救措施将花费的成本以及预防风险发生将付出的代价，权衡后决定是否应当针对某项可能发生的风险采取措施以及采取何种措施。信息评估完成之后，企业需要及时将评估结果在企业内部发布，对于侵权预警信息及时通报，以督促企业内部各部门尽快采取措施，达到预防风险发生或者及时止损的目的。最后，企业需要建立完善的预警案例反馈系统。企业对于技术交易侵权风险的预防是一项长期的事务，不可能一蹴而就。针对企业以往的侵权预警案例，总结经验、吸取教训，根据以往侵权预警案例中取得的相关成果，建立企业的预警案例反馈系统，为企业在之后的技术交易过程中预防侵权风险积累经验。

企业是技术交易侵权预警机制运作的核心，但作为个体，其难以依靠一己之力完成技术交易侵权预警系统的高效运作，因此仍然需要政府、行业协会的大力支持和帮助。为此，政府与行业协会需要从以下几方面作出针对措施：

一是积极进行侵权防范宣传，增强企业侵权风险防范意识。提高知识产权侵权防范意识能够增强企业进行侵权风险防范的主动性，对于尊重知识产权社会氛围的形成有着重要的意义和作用。政府和行业协会作为知识产权交易市场的引导者和监管者，加强企业知识产权侵权预警机制的宣传，在提升企业知识产权侵权防范意识的过程中具有领路人的作用。政府和行业协会可以通过开设线下培训班、进行网上授课、举办企业知识产权侵权预警防范知识竞赛等手段，引导企业内部知识产权侵权防范文化氛围的形成，为企业技术交易侵权风险预警防范机制的建设与运行奠定基础。

二是建立完善、统一、高效运作的海内外知识产权信息数据库和发布平台。信息的充分收集是企业技术交易侵权预警机制能够有效运作的前提，创设知识产权信息数据库能够为企业进行信息收集提供便捷可靠的渠道，同时政府也应当在此类平台上积极发布影响国内企业内部决策的重大信息（譬如美国的特别301调查），对于减少企业遭遇技术交易风险提供保障。

三是完善技术交易纠纷应急处理机制。企业在技术交易过程中所遭遇的侵权风险无法完全消除，虽然侵权风险无法避免，但是政府的及时干预将降低企业因侵权风险发生所带来的不利影响。完善技术交易过程的应急处理机制，能够增强企业在技术交易过程中的应对能力，及时解决技术交易产生的侵权纠纷，提高企业在技术交易市场的生存能力。

本章小结

技术交易过程中企业所遭遇的法律风险主要有两类：一是侵权风险；二是违约风险。如何预防和妥善处理这两类风险对于提升企业的市场生存能力有着重要作用。对于技术交易所产生的侵权风险，企业应当从预防和处理两方面作出应对，预防能够最大限度地降低企业遭受侵权风险的可能性，而一旦发生侵权风险，完善的应急处理措施也能尽可能减轻侵权纠纷对于企业自身产生的不利影响。具体而言，作为技术受让方时企业需要通过积极进行知识产权尽职调查、提升企业自身知识产权管理能力和水平等手段缩小与技术转让方的信息差距，并在政府支持和帮助下积极构建企业自身专利技术交易侵权预警防范机制，提升企业的侵权防范能力与水平，一旦发生侵权风险，企业也要积极采取应急处理机制，运用有效的诉讼手段和策略尽力摆脱侵权风险。与此同时，企业侵权风险的防范预警需要国家和政府的大力支持，通过构建完善的技术交易法律保障体系和技术交易基础设施平台建设，加强技术交易市场监管，为技术交易市场的蓬勃发展保驾护航。

第四章　技术类知识产权交易违约风险防范

《国家知识产权战略纲要》指出，知识产权制度是开发和利用知识资源的基本法律制度，通过合理确定人们对于知识及其他信息的权利，调整人们在创造、运用知识和信息过程中产生的利益关系，激励创新，推动经济发展和社会进步。随着全面深化改革稳步推进，科技成果转移转化加速落实，当前我国技术市场迈进了高速发展的新阶段，技术类知识产权交易总量实现了新的增长。2018 年，全国登记技术合同总量达到了 411985 项，技术交易金额累计达到 17697.42 亿元，较 2017 年全年同比增长了 12.08% 和 31.83%。《国家知识产权战略纲要》进一步明确了科学技术的重要地位，知识经济和全球化的深入发展促使科学技术日益成为国家发展的战略性资源和国际竞争力的核心要素，成为建设创新型国家的重要支撑和掌握发展主动权的关键。我国高度重视科技创新和发展，已经进入科技创新高速发展的新阶段，正在由“中国制造”向“中国创造”转型发展。为了进一步激励企业加大科技创新投入力度，国家从经济、政治、文化等多领域为企业创新创造提供资金和政策支持，大力促进创新科技成果的转化利用，将技术优势转化为经济和商业价值，高新技术企业进入了发展的黄金时期。从各项数据来看，我国技术市场整体保持着稳中向好的发展态势，技术交易各项数据呈现出积极的增长形势。但与此同时，隐藏于技术类知识产权交易过程中的法律风险和问题也随之暴露。最直观的表现是涉及技术类知识产权纠纷的诉讼案件数量正在逐年增加，这一变化在一定程度上反映出普遍存在于技术类知识产权交易中的交易风险。合同是技术类知识产权交易的基础和依据，技术交易离不开交易合同，故实践中技术类知识产权交易违约纠纷占据了技术交易纠纷的主要类型。对这一问题的系统研究和科学指导，将直接降低发生技术交易违约纠纷的法律风险，维护技术交易安全。本章将在对技术类知识产权交易违约一般问题研究的基础上，分析违约的动因与类型，进行实证研究，并提出解决技术类知识产权交易违约风险的对策建议。

一、技术类知识产权交易违约概述

（一）技术类知识产权交易的概念界定

前面对技术类知识产权的概念和内涵作了探讨。理解技术类知识产权交易，可以进一步从知识产权运营的角度加以认识。

《国家知识产权战略纲要》指出，要推动企业成为知识产权创造和运用的主体，促进自主创新成果的知识产权化、商品化、产业化，引导企业采取知识产权转让、许可、质押等方式实现知识产权的市场价值。《国务院关于新形势下加快知识产权强国建设的若干意见》对知识产权运营和转化作出重要部署，提出要加强知识产权交易平台建设，构建知识产权运营服务体系，加快建设全国知识产权运营公共服务平台；创新知识产权投融资产品，探索知识产权证券化，完善知识产权信用担保机制，推动发展投贷联动、投保联动、投债联动等新模式。知识产权运营目的在于实现知识产权的商业价值。“知识产权运营是指企业利用知识产权创造价值，实现知识产权保值增值的过程，是企业在分析面临的技术环境、市场环境和社会环境的基础上，充分利用企业内部的人力资源、财务资源和外部市场资源，谋求知识产权资产增值与价值实现的方式。”① “从知识产权权利人的角度对知识产权运营予以界定，知识产权

① 冯晓青：《企业知识产权运营及其法律规制研究》，载《南京社会科学》2013 年第 6 期。

运营是指知识产权权利人通过实施、转让、许可、交叉许可、投资、融资等方式，将知识产权外化为产品、服务、现金流、股权或有价证券等，以获取知识产权的商业价值和谋求竞争优势的过程。”①

由此可见，知识产权运营包含了知识产权实施与知识产权交易等内容。对于知识产权交易的定义，存在狭义与广义两种观点。狭义的知识产权交易是指知识产权交易仅限于知识产权的转让和许可使用，以知识产权所有权和使用权的转移为主要判断标准，二者作为传统的知识产权交易方式，在现行知识产权立法中都有明确的规定。相反，广义的知识产权交易不仅包括转让与许可使用，还包括知识产权投资和知识产权融资等。其中，知识产权投资是指权利人将知识产权作为一种出资方式，将其现有和潜在的价值及使用价值作价为一定出资或股份，从而参与公司经营决策和收益分配的商业行为。知识产权融资是指权利人为融通资金，将其知识产权质押担保或委托他人代为管理的融资方式，包括知识产权质押、知识产权信托以及知识产权证券化等具体方式。由于知识产权本身的无形性及其商业价值的不确定性，这类以知识产权为核心的新型资产运营方式往往存在较高的法律和商业风险。在技术类知识产权领域，鉴于其技术价值的不确定性和商业效用的后发性，知识产权投融资活动同时具备高风险与高收益的特点。上述交易方式的共同点在于将被交易知识产权中的全部权利或部分权利如使用权、财产权等作为交易内容让与交易对象，从而获得一定经济利益回报。

据此，技术类知识产权交易就是以技术类知识产权的使用权、财产权乃至其所有权为交易内容，让与交易对象并从中获利的过程。实际上，技术类知识产权交易的过程，既是科技成果转化为生产力的过程，也是科技成果商品化的过程。不同于有形商品和实物交易，在大多数技术类知识产权的交易过程中，所购买的多是技术商品的使用权，这主要是由

---

① 肖延高等：《知识产权管理：理论与实践》，科学出版社 2016 年版，第 146 页。

技术商品的独特性所决定的。“技术商品作为一种财产，其所有权除具有以上一般特性外，还具有它的特殊性。一是利润增值性强，二是财产独占性弱。买方购买技术最直接的动机，不是满足使用者的一般需要，而是追求能给使用者带来的超额利润。但这种财产是一种思想财富，不能控制，一旦传播出去，就无法收回。知识商品在传播过程中会出现所有权的流失，不但所有者失去了知识财产的独占性，所有者也失去了商业利润。”① 本质上，技术商品因其具有知识产权的特性而易于传播、难于控制和保密，故技术类知识产权交易中的合同订立显得尤为重要。

（二）合同法上违约的概念及构成

违约，即违反合同约定，是指违反合同约定义务的行为，具体而言，包括不履行合同义务以及履行合同不符合约定两种形式。违约的实质是对合同相对人履行利益的侵犯，由此产生的法律责任即违约责任。违约责任是一种典型的财产责任。《民法典》第 577 条规定，当事人一方不履行合同义务或者履行合同义务不符合约定的，应当承担继续履行、采取补救措施或者赔偿损失等违约责任。违约责任的承担方式主要表现为支付违约金、主张定金罚则、赔偿经济损失、继续履行以及采取补救措施等。相比于法律制裁措施，违约责任作为一种财产责任更侧重于对合同相对人履行利益的补偿，是在违反合同义务的前提下由违约方向被违约方作出的补偿性给付，意在实现或补偿被违约方履行利益的法律效果。实际上，对违约方施加的违约责任本身就代表着对其作出的负面评价，因此，由违约方负担的违约成本也同时能够体现法律的制裁与惩罚作用。

违约行为及相应的违约责任均来源于有效合同。换言之，构成违约行为并承担违约责任的必要前提是有效合同的存在。只有当合同成立并发生法律效力时，才能在合同相对人之间发生受到法律保障的权利和义

---

① 林慧岳：《试论知识产权交易的市场化》，载《科学学研究》1999 年第 4 期。

务关系，违反这一权利和义务关系的行为才构成法律意义上的违约行为，由此才能产生违约责任。若因合同未成立、无效或是被撤销，导致合同相对人约定的权利和义务关系不为法律所承认和保障，由于合同不在当事人之间发生法律效力，当事人之间并未成立具有拘束力的权利和义务关系，无论怎样违反合同约定的义务，都不构成违约行为，亦不产生违约责任。“违约是合同效力的体现。合同之债的效力，表现为履行效力，为保障履行效力，法律设立了违约责任制度。没有违约责任，合同的约束力就无从体现，合同就不会有法律上的强制力，合同也就没有安全可言，市场随之失去了秩序。”①

合同是当事人关于债权和债务关系所达成的合意。依据合同自由原则，当事人可以在不违反法律强制性规定的前提下就合同的内容进行约定。《民法典》第470条第1款规定：“合同的内容由当事人约定，一般包括下列条款：（一）当事人的姓名或者名称和住所；（二）标的；（三）数量；（四）质量；（五）价款或者报酬；（六）履行期限、地点和方式；（七）违约责任；（八）解决争议的方法。”根据合同条款所涉及的权利义务关系的性质，可以将合同条款划分为实体性条款与争议解决条款（程序性条款），后者主要涉及合同的违约责任、免责条款以及风险负担等内容。在订立合同时，为避免嗣后就合同约定内容的解释和履行产生分歧，继而导致合同无法履行或其他严重后果，应当遵循合同法“安全、公平、效率”的基本原则。为保证合同顺利履行，从而实现合同目的，当事人在设计合同时应当尽可能地全面、具体、完备，务必准确、真实、清晰反映当事人的真实意图，并不至于产生歧义。有时，为追求交易效率，由于合同订立较为仓促或者当事人对于业务和法律情况的了解不足，合同部分条款有所疏漏，原则上依据《民法典》合同编的规定，可以由当事人进行协商和补充，也可以由法官或仲裁员对于合同条

① 隋彭生：《合同法要义（第四版）》，中国人民大学出版社2015年版，第228页。

款进行解释或适用补缺性规定予以适当的救济。因技术合同所涉及的权利义务关系往往较为复杂、多样，同时，技术类知识产权具有无形资产的独特性，一旦交易开始就难以完全掌握技术传播和利用的情况，故在订立技术合同时应当更为谨慎、细致，尽量确保合同条款本身没有偏差，减少合同解释、补充和发生争议的成本。

合同法上违约的构成，除了前述有效合同的存续之外，还必须同时发生当事人违反合同约定义务的客观表现。根据违约行为的具体方式，可以进一步将其分为作为的违约和不作为的违约。英美法把合同的解除作为违约补救措施之一，合同的解除权与违约的程度有关，故英美法按违约的程度进行分类。英国合同法按合同条款在合同概念中存在的价值不同，分为条件条款和担保条款。其中，条件条款又称条件，它构成合同的根基。不履行条件条款应视为实际性违约。担保条款附属于合同的主要意图，是某种应该履行，但如不履行还不至于导致合同解除的协议。① 大陆法系国家通常将违约分为给付不能和给付迟延，相反英美法系国家为保护被违约人的利益，常常将违约分为预期违约和实际违约两种类型。大陆法系国家对违约的分类主要是依据违约方作出违约行为的主观原因，违约方实际上并不再具备实际履行能力的视为给付不能，违约方具备履行能力而未能履行的视为给付迟延。英美法系国家对于重大违约和轻微违约的划分意在确定违约补救措施的具体形态。其中，重大违约又称根本违约，导致合同当事人主要利益无法满足，合同目的无法实现，则被违约方可以要求解除合同并由违约方承担违约赔偿责任；在轻微违约中，由于当事人的主要利益和合同的主要目的并不受到妨碍，被违约方不具备合同解除权，但可以要求违约方承担损害赔偿责任或采取补救措施等。

我国《民法典》并未直接采纳英美法系的上述概念，但其第 563 条

---

① 隋彭生：《合同法要义（第四版）》，中国人民大学出版社 2015 年版，第 233 页。

第1款第（4）项明确规定当事人一方迟延履行债务或者有其他违约行为致使不能实现合同目的的，当事人可以解除合同。据此，为保护交易关系，当事人只有在重大违约时才可以行使合同解除权，在轻微违约时不能产生解除权。同时，鉴于合同的法定解除权是法律赋予重大违约情形下的当事人的救济途径，为防止当事人恶意滥用解除权，法律同时规定须经催告和不经催告行使的解除权，当迟延履行本身已经构成根本违约时，解除权条件成就；当迟延履行本身不构成根本违约，经当事人一方催告后违约一方仍不履行的，转化为根本违约，行使解除权条件成就。

（三）技术类知识产权交易违约的表现

技术类知识产权违约的前提是有效技术合同的存在。技术合同的标的，本质上就是各种技术成果。依《民法典》第843条规定，技术合同是当事人就技术开发、转让、许可、咨询或者服务订立的确立相互之间权利和义务的合同。该条列举出的几款合同类型是技术类知识产权交易中最为普遍的交易类型。其中，技术开发合同表现为技术的创新，技术转让合同表现为技术所有权的转移，技术咨询合同表现为技术项目实施及决策分析，技术服务合同表现为解决特定技术问题。对技术合同所涉及的法律关系客体特征的了解是区分不同类型技术合同的关键。技术开发合同的客体是当事人尚未掌握的新技术，合同约定的是等待研究开发的新技术成果。技术转让合同的客体是当事人已知的技术，合同约定的是转让技术权益的技术成果。技术咨询合同约定的是为技术实施所作的可行性分析方案而非实施方案。技术服务合同则是为解决某项具体的技术问题提供支持和援助。总的来说，技术类知识产权交易违约行为体现在对技术合同约定的以下几类义务的违反，即给付费用与交付技术成果的义务、技术的正当使用义务、技术保密义务以及其他支持和辅助交易开展等附随义务。

我国《民法典》针对上述几项技术合同作出了较为明确的规定。如前所述，《民法典》第851条所称技术开发合同，是当事人之间就新技术、新产品、新工艺、新品种或者新材料及其系统的研究开发所订立的合同，包括委托开发合同和合作开发合同。在委托开发合同中，委托开发合同的当事人违反约定造成研究开发工作停滞、延误或者失败的，应当承担违约责任。[①] 合作开发合同的当事人违反约定造成研究开发工作停滞、延误或者失败的，应当承担违约责任。[②]

《民法典》第 858 条对技术开发合同风险负担及通知义务作了规定，即“技术开发合同履行过程中，因出现无法克服的技术困难，致使研究开发失败或者部分失败的，该风险由当事人约定；没有约定或者约定不明确，依据本法第五百一十条的规定仍不能确定的，风险由当事人合理分担。当事人一方发现前款规定的可能致使研究开发失败或者部分失败的情形时，应当及时通知另一方并采取适当措施减少损失；没有及时通知并采取适当措施，致使损失扩大的，应当就扩大的损失承担责任”。

《民法典》合同编对于原《合同法》关于技术转让合同的规定也作了修改，其中一个重要方面是将专利实施许可合同排除在技术转让合同之外，从而使得技术转让合同的定义更加精确。根据《民法典》第 862 条规定，技术转让合同是合法拥有技术的权利人，将现有特定的专利、专利申请、技术秘密的相关权利让与他人所订立的合同。技术许可合同是合法拥有技术的权利人，将现有特定的专利、技术秘密的相关权利许可他人实施、使用所订立的合同。技术转让合同和技术许可合同中关于提供实施技术的专用设备、原材料或者提供有关的技术咨询、技术服务的约定，属于合同的组成部分。关于技术转让合同和技术许可合同类型与形式，《民法典》第 863 条规定，技术转让合同包括专利权转让、专利申请权转让、技术秘密转让等合同。技术许可合同包括专利实施许可、技术秘密使用许可等合同。技术转让合同和技术许可合同应当采用书面形式。

---

① 《民法典》第 854 条。
② 《民法典》第 856 条。

《民法典》第864条规定了技术转让合同和技术许可合同的原则，即技术转让合同和技术许可合同可以约定实施专利或者使用技术秘密的范围，但是不得限制技术竞争和技术发展。其第865条则规定了专利实施许可合同限制，即专利实施许可合同仅在该专利权的存续期限内有效。专利权有效期限届满或者专利权被宣告无效的，专利权人不得就该专利与他人订立专利实施许可合同。

在技术合同中，相关当事人的权利义务，尤其是涉及对应当履行的义务的约定，是合同的实质性内容。为此，《民法典》第866～871条对于相关技术许可与转让合同当事人的义务作了明确规定。具体内容如下：

关于专利实施许可合同许可人和被许可人的主要义务，《民法典》第866条、第867条分别规定："专利实施许可合同的许可人应当按照约定许可被许可人实施专利，交付实施专利有关的技术资料，提供必要的技术指导。""专利实施许可合同的被许可人应当按照约定实施专利，不得许可约定以外的第三人实施该专利，并按照约定支付使用费。"

关于技术秘密让与人、许可人主要义务，以及技术秘密受让人和被许可人的主要义务，《民法典》第868条、第869条分别规定："技术秘密转让合同的让与人和技术秘密使用许可合同的许可人应当按照约定提供技术资料，进行技术指导，保证技术的实用性、可靠性，承担保密义务。前款规定的保密义务，不限制许可人申请专利，但是当事人另有约定的除外。""技术秘密转让合同的受让人和技术秘密使用许可合同的被许可人应当按照约定使用技术，支付转让费、使用费，承担保密义务。"

关于技术转让合同让与人、技术许可合同许可人保证义务，以及技术转让合同受让人和技术许可合同被许可人保密义务，《民法典》第870条、第871条分别规定："技术转让合同的让与人和技术许可合同的许可人应当保证自己是所提供的技术的合法拥有者，并保证所提供的技术完整、无误、有效，能够达到约定的目标。""技术转让合同的受让人和技术许可合同的被许可人应当按照约定的范围和期限，对让与人、许可人提供的技术中尚未公开的秘密部分，承担保密义务。”

技术转让与许可合同中，违约责任也是合同应当约定的重要内容。为规范违约行为，防止违约发生，《民法典》第 872 条、第 873 条针对许可人和让与人违约责任、被许可人和受让人违约责任分别作了规定：“许可人未按照约定许可技术的，应当返还部分或者全部使用费，并应当承担违约责任；实施专利或者使用技术秘密超越约定的范围的，违反约定擅自许可第三人实施该项专利或者使用该项技术秘密的，应当停止违约行为，承担违约责任；违反约定的保密义务的，应当承担违约责任。让与人承担违约责任，参照适用前款规定。”“被许可人未按照约定支付使用费的，应当补交使用费并按照约定支付违约金；不补交使用费或者支付违约金的，应当停止实施专利或者使用技术秘密，交还技术资料，承担违约责任；实施专利或者使用技术秘密超越约定的范围的，未经许可人同意擅自许可第三人实施该专利或者使用该技术秘密的，应当停止违约行为，承担违约责任；违反约定的保密义务的，应当承担违约责任。受让人承担违约责任，参照适用前款规定。”

技术咨询合同和技术服务合同也是技术合同的重要表现形式。根据《民法典》第 878 条规定，技术咨询合同是当事人一方以技术知识为对方就特定技术项目提供可行性论证、技术预测、专题技术调查、分析评价报告等所订立的合同。技术服务合同是当事人一方以技术知识为对方解决特定技术问题所订立的合同，不包括承揽合同和建设工程合同。

在技术咨询合同中，应当明确约定委托人和受托人的义务。根据《民法典》第 879 条规定，委托人应当按照约定阐明咨询的问题，提供技术背景材料及有关技术资料，接受受托人的工作成果，支付报酬。又根据其第 880 条规定，技术咨询合同的受托人应当按照约定的期限完成咨询报告或者解答问题，提出的咨询报告应当达到约定的要求。

技术咨询合同的违约责任，也是这类合同的重要内容。根据《民法典》第 881 条规定，技术咨询合同的委托人未按照约定提供必要的资料，影响工作进度和质量，不接受或者逾期接受工作成果的，支付的报酬不得追回，未支付的报酬应当支付。技术咨询合同的受托人未按期提出咨询报告或者提出的咨询报告不符合约定的，应当承担减收或者免收报酬等违约责任。技术咨询合同的委托人按照受托人符合约定要求的咨询报告和意见作出决策所造成的损失，由委托人承担，但是当事人另有约定的除外。

就技术服务合同而言，《民法典》同样规定了这类合同委托人和受托人的相应义务。具体而言，根据其第 882 条规定，技术服务合同的委托人应当按照约定提供工作条件，完成配合事项，接受工作成果并支付报酬。又根据其第 883 条规定，技术服务合同的受托人应当按照约定完成服务项目，解决技术问题，保证工作质量，并传授解决技术问题的知识。

技术服务合同的违约责任，也是这类合同应当约定的重要内容。根据《民法典》第 884 条规定，技术服务合同的委托人不履行合同义务或者履行合同义务不符合约定，影响工作进度和质量，不接受或者逾期接受工作成果的，支付的报酬不得追回，未支付的报酬应当支付。技术服务合同的受托人未按照约定完成服务工作的，应当承担免收报酬等违约责任。

此外，在技术咨询合同、技术服务合同履行过程中，很可能涉及利用相关技术资料和工作条件而完成新的技术成果。为了避免为此发生技术成果的权属纠纷，《民法典》第 885 条也专门作出了规定：技术咨询合同、技术服务合同履行过程中，受托人利用委托人提供的技术资料和工作条件完成的新的技术成果，属于受托人。委托人利用受托人的工作成果完成的新的技术成果，属于委托人。当事人另有约定的，按照其约定。至于这类合同涉及的相关工作费用的负担，其第 886 条则规定：技术咨询合同和技术服务合同对受托人正常开展工作所需费用的负担没有约定或者约定不明确的，由受托人负担。

（四）规制技术类知识产权交易违约的重要意义

基于各种原因，技术类知识产权交易很容易发生违约风险。一旦出现这种风险，将对相关当事人利益造成严重损害，也可能会使合同签订目的落空。因此，需要高度重视规制技术类知识产权交易违约问题。笔者认为，其重要意义主要体现于以下方面。

1. 提高技术合同规范性，维护技术交易安全

改革开放以来，我国经济社会持续快速发展，科学技术和文化事业取得长足进步，创新能力不断提升，知识在经济社会发展中的作用越来越突出。然而，直至1997年，据当时学者对技术合同违约情况进行的抽样调查，“从北京市已登记的技术合同中抽查了近3000份合同，统计结果中有一个意外数字，79%的技术合同没有违约条款，有违约条款的66%显失公平。技术合同中出现如此大量的无违约责任条款和违约责任不公的现象，从一个侧面反映了市场经济中各经济主体在不健全的技术市场下的广泛摩擦，以及违约现象的普遍性和严重性”。[①] 这反映出在20世纪90年代的技术交易中，违约风险及违约责任尚没有引起人们的充分重视。自2008年6月5日国务院颁布实施《国家知识产权战略纲要》十余年来，我国知识产权事业迅速发展，成效显著。知识产权制度在激励创新创业、营造良好营商环境、支撑经济高质量发展、促进社会进步和文化繁荣等方面发挥了日益显著的作用。

近些年来，随着国家知识产权战略的有效实施，我国技术创新能力也不断提升。《〈国家知识产权战略纲要〉实施十年评估报告》显示，2007—2017年间，我国国内有效发明专利拥有量从8.4万件增长至135.6万件，居全世界第三位，植物新品种、集成电路布图设计等数量同样大幅增长。战略实施后我国知识产权转化运用取得显著成效，逐步形成了一批高价值核心知识产权，有力支撑了经济社会发展和各项产业

① 王建萍：《技术合同中的违约责任问题》，载《成都大学学报（社科版）》1997年第2期。

转型升级，促进了品牌经济、特色农业发展和文化繁荣。经过评估，我国知识产权保护正不断加强，逐步建立起符合国际通行规则、门类齐全的知识产权法律制度，知识产权司法保护和行政保护全面强化，营商环境得到了持续改善，“严保护、大保护、快保护、同保护”的知识产权保护格局正在逐步建立。

随着我国社会主义市场经济的不断发展，贸易发展逐步加以契约化、规范化，形成了较为稳定的市场经济秩序。在技术类知识产权交易中，契约规则和违约责任逐渐成为人们的共同认识，不遵守契约规则的经济主体将被市场淘汰出局。同时，通过合同违约条款和违约责任的约定，能够督促、保障合同当事人确实全面履行合同义务，尽可能确保交易的顺利完成，减少交易过程中的不稳定因素。这对于交易各方而言均是一种重要的保障手段，对于维护社会经济正常运转、整肃技术类知识产权交易市场秩序，从而促进社会主义技术市场的良性有序发展，具有十分重要的现实意义。

2. 全面系统认识违约行为，防范交易法律风险

广义的技术类知识产权交易风险既包括非人为因素造成的损失，也包括人为因素造成的损失。非人为因素造成的损失，是指由于市场行情的变化、法律法规及国家政策的变化以及环境、气候、原材料等自然因素引起的损失。人为因素造成的损失，则是指由于技术类知识产权交易中的各方自身行为导致的各项损失，其中最典型的就是技术类知识产权交易中普遍存在的违约行为。违约是合同法中的基本概念，是指合同相对各方不履行或者不按照合同约定履行合同义务的行为。违约行为在技术类知识产权交易中的具体表现，可参见前文的论述内容。

技术类知识产权交易合同，具备一般民事合同的共有属性。同时，由于其交易的对象是技术成果等无形知识产权，也具有知识产权交易合同的特殊性。这一类型的法律风险通常发生在技术类知识产权交易双方就该项技术交易所达成的技术合同的履行过程中，故这一风险的发生情

况可以通过技术合同所涉及的法律纠纷情况得以展现。研究近几年来的技术合同案件可以发现，随着我国技术发展，这类案件有增长态势。例如，中国裁判文书网检索结果显示，2014 年案由为“技术合同纠纷”的案件总数为 693 件，2015 年为 626 件，2016 年为 1544 件，2017 年为 1755 件，2018 年为 1728 件。总体来看，技术合同纠纷的案件数量逐年递增，尤其是 2016 年。

在这些案件中，出现最多的关键词是“合同违约”，反映出违约是目前存在于技术类知识产权交易中的一个最基本、也是最突出的问题。正是基于此，以技术类知识产权交易违约的基本情况为研究对象，系统分析技术合同违约行为，能够帮助从事技术类知识产权交易的企业和个人对此产生清晰的认知，在日后的交易各个环节中（如磋商、订立合同等），警惕可能出现的违约风险，并及时采取应对措施，将违约造成的损失降低到最小限度，借此降低技术合同纠纷产生的法律风险，维护技术类知识产权交易的正当秩序，促进技术市场的繁荣发展。

3. 严格执行技术交易规则，把握技术内在规律

如前所述，技术类知识产权作为一种典型的无形资产，在交易中表现出与有形资产和实物交易截然不同的特殊性。同时，技术成果本身又是知识产权中一类极其特殊的知识产品，从经济价值和商业效用来看，其研发成本和产出价值一般高于其他类型的知识产权，只有及时加以转化利用才能收回研发成本，实现技术成果的经济价值，投入后续的研发工作。同时，此类技术交易往往对专利和专有技术等的保密性有着很高的要求。因此，即使技术类知识产权交易法律关系已经被纳入《民法典》的规制范围，在处理技术合同违约纠纷案件时，也要严格遵循《民法典》的相关法律规则，深刻把握技术合同标的的特点，始终把尊重科学规律作为审判技术合同纠纷的重要司法原则之一。

“在实施技术合同时容易产生纠纷，这是因为提供技术行为的特点使各个种类的技术合同有不同于其他合同的地方，在技术开发、转让、

咨询和服务中蕴含着自身的规律，在审判案件中对这些规律是不容忽视的。”① 以技术开发合同为例，如果约定开发的技术成果已经由他人率先开发完毕并公开，该合同已经没有继续履行的必要，此时有理由认为该合同可以解除，从而避免关于该技术开发的重复性劳动。同时，技术开发本身存在较多的不确定性，如果技术开发方依照约定履行了应尽的义务，由于无法预期、不可避免的其他原因导致合同目的无法实现，基于风险分担的原则，在归责时应对技术研发的规律和特点等情节予以充分考虑。司法实践中，在对技术合同进行合同解释时，也要兼顾技术本身蕴含的科学规律，避免法律适用的盲目性。技术调查官参与知识产权案件诉讼活动的制度设计就是对科学规律的尊重和把握，能够维护科技工作者的合法权益。

二、技术类知识产权交易违约的动因

（一）研究技术类知识产权交易违约动因的意义

技术合同作为一项有名合同，在我国合同制度中占据着重要的地位。如前所述，我国《民法典》对各类技术合同作出了定义。在定义的基础上，理解技术合同时，应当清楚地认识到其所具备的如下三个特征：

第一，技术合同的主体即平等民事法律主体，包括自然人、法人和非法人单位，合同各方均具有平等的法律地位，不存在法律上的特权或强权。

第二，技术合同的客体即与技术交易相关的民事权利与义务，技术合同的主要目的为调整和确认技术交易各方之间的权利和义务关系。由于技术交易的内容主要是以技术成果为代表的技术类知识产权，这种权利和义务往往同时涉及人身和财产上的内容。

---

① 戴建志：《尊重科学规律是技术合同审判的重要原则》，载《人民司法》2000 年第 1 期。

第三，技术合同的内容即就技术开发、技术转让、技术咨询或者技术服务等技术交易所达成的合意，是技术类知识产权转移转化利用的主要法律形式。以技术开发合同为例，按照其特征分析，技术开发合同就是技术开发各方就技术开发的预期成果和风险负担、技术成果的成本和收益、权属和利用等权利义务关系所达成的合意。

合同的生命力在于履行。技术合同也不例外，其以技术研发为初衷，以技术转化利用为手段，以技术发展和全社会生产力进步为目的，技术合同的生命力更在于如约履行合同内容。在研究违约问题时，常规思路往往以违约的主要形式和内容为起点，而忽视了违约背后的原因。面对瞬息万变的技术市场和经济环境，只有深刻理解违约方违约行为背后的真实动机，才能从根本上防患未然，将技术交易违约行为的发生遏制于萌芽状态。这不仅将从源头上降低技术合同违约纠纷发生的法律风险，促进交易的稳定和顺利进行，维护交易安全和经济市场的平稳运行，也将提高技术交易的效率，实现更大范围和数量的技术创造和创新，提升企业核心竞争力和综合实力，提高我国技术类知识产权在全球范围内的竞争力，也有利于减轻诉累，节省司法资源，将诚实信用和交易自由原则落到实处。

综观技术合同违约纠纷的多种情形，其背后的动因基本可以划分为三大主要原因，即经济利益原因、不可抗力与情势变更原因、竞争及其他原因。

（二）技术类知识产权交易违约的原因

1. 经济利益原因

所谓经济利益原因，是指在技术合同交易中，经济性原因是造成违约的主要原因。经济性原因是促使违约方枉顾合同约定实施违约行为的根本原因，也是最为普遍的原因。经济利益不仅是商业生产经营活动的根本目的，也符合商业经营者趋利避害的“天性”。在技术合同违约中所涉及的经济性原因可以进一步分为“积极动因”和“消极动因”。

所谓"积极动因"，是指技术合同违约方认为如约履行或者如约继续履行无法使其获取足够多的经济利益，或是其付出的履行成本要大于预期收益，或是履行所带来的收益无法实现其利益预期。更特殊的情形是违约方感知到已经存在或潜在的其他交易机会，并且新的交易机会在经济收益上胜过已经达成的技术交易合同，继续履行原有的技术合同可能使其丧失更大的经济利益或是潜在的交易机会，故违约方选择实施违约行为。需要注意的是，在衡量违约行为的经济动因时，应当考虑到原本技术交易合同约定的违约责任，尤其是定金、违约金和损失赔偿条款。只有当违约成本不高于履行成本或者是能够被新的交易机会充分弥补时，违约方才不致遭受更大的利益损失，此时基于积极的经济利益吸引而蓄意违约的行为具有更为显著的主观恶意，应当受到更为严厉的苛责和制裁。

在经济利益的驱使下，不仅违约方可能背弃已经达成的合同，而且有可能出现第三人"引诱违约"的情形。所谓"引诱违约"，是指"第三人采取说服、劝告等方式，使合同一方当事人违背合同约定，合同不能全面、适当地履行"[①] 的行为。基于合同的相对性原理，原《合同法》对于此类违约行为难以发挥作用，"合同法无法对合同以外的其他经营者通过引诱一方当事人违约而达到侵占竞争对手优质竞争资源的行为进行评价和规制"[②]。为规范此类行为，针对第三人原因造成违约时的违约责任承担，《民法典》第 593 条规定："当事人一方因第三人的原因造成违约的，应当依法向对方承担违约责任。当事人一方和第三人之间的纠纷，依照法律规定或者按照约定处理。"如果引诱违约同时构成不正当竞争行为，则可以适用《反不正当竞争法》予以规制。

与此相对的是此类违约的"消极动因"，即违约方之所以违约是因为其自身的经营管理情况出现了严重问题，具体包括但不限于：资金问

---

① 王利明：《违约责任论》，中国政法大学出版社 2003 年版，第 731 页。

② 李扬、蓝小燕：《引诱违约行为的反不正当竞争法评价》，载《知识产权》2018 年第 7 期。

题，如企业资金链断裂甚至破产、倒闭，因此无法按时支付合同价款；管理问题，如企业管理层出现重大变动或严重分歧，导致企业无法作出有效的决议和决策；组织问题，典型情况是家族企业或者具有关联关系的股东之间发生离婚财产分割、遗产继承纠纷等内部矛盾，致使企业无法正常运转。不同于“积极动因”中的违约方有利可图、唯利是图的主观心理，“消极动因”下的违约方本身并不存在违约的主观故意，但上述原因使其在合同的履行上发生某种更类似于因主观原因导致的客观不能的情况。无论是合同相对方还是法院，都应当区别对待这两种截然不同的违约动机。故意违反已经达成的合意、无视技术交易诚实信用原则的违约方应当承担更重的违约责任；对于非因故意导致无力履行的违约方，同样应当承担与之违约行为相应的法律责任，但在对其主张违约责任时，应当适当考虑其实际经营状况，给予其适度的忍耐和宽容。

2. 不可抗力与情势变更原因

造成技术合同违约的另一类主要原因是自然和政策等，具体到民事法律制度中，即不可抗力和情势变更制度。我国《民法典》第 180 条规定，因不可抗力不能履行民事义务的，不承担民事责任。法律另有规定的，依照其规定。不可抗力是不能预见、不能避免且不能克服的客观情况。又根据其第 590 条规定，当事人一方因不可抗力不能履行合同的，根据不可抗力的影响，部分或者全部免除责任，但是法律另有规定的除外。因不可抗力不能履行合同的，应当及时通知对方，以减轻可能给对方造成的损失，并应当在合理期限内提供证明。当事人迟延履行后发生不可抗力的，不免除其违约责任。民法中的不可抗力作为合同责任部分的一项归责原则，其核心的制度价值体现在两方面：一是保护无过错违约方的利益，避免因不可抗力违约使违约方承担过重的违约责任；二是在交易各方之间合理分配交易风险，进而实现促进市场交易和维护交易安全的目的。目前，学界通说认为不可抗力包括地震、海啸、台风等自然灾害以及战争、武装冲突等社会事件。

情势变更是指合同成立以后客观情况发生了当事人在订立合同时无法预见的、非不可抗力造成的、不属于商业风险的重大变化，继续履行合同对于一方当事人明显不公平或者不能实现合同目的的情形，如立法机关修改法律、行政机关颁布政令等均属于情势变更的情形。对于这种区别于不可抗力的政府行为，其对合同履行所造成的障碍同样是由客观外因所造成的，且具有强制力，违约方既不能预见又不可避免。为了衡平交易各方的风险和利益，法律赋予当事人请求人民法院变更或者解除合同的权利，由法院根据公平原则，结合案件实际情况予以确定。对比上述法律规定，不难发现，发生不可抗力时，合同将陷于履行不能的状态，而发生情势变更时，合同一般仍可以继续履行，但继续履行将造成明显不公平的后果。

除此之外，《民法典》第858条规定了技术开发合同中的风险负担规则：技术开发合同履行过程中，因出现无法克服的技术困难，致使研究开发失败或者部分失败的，该风险由当事人约定；没有约定或者约定不明确，依据该法第510条的规定仍不能确定的，风险由当事人合理分担。对该条规定的一种理解是，技术开发过程中的风险也构成一种不可抗力，立法者为了合理分配这种技术风险，允许技术开发各方就风险负担和损失分配达成意思自治，最终目的同样是实现交易风险的合理分担。“在技术风险造成了科学研究开发合同履行的失败或者部分失败的情况下，对新技术研究开发所投入的人力、物力和财力都会成为客观上的损失。法律并不确认技术开发方在遇到技术风险并造成了实际损失的情况下必须承担违约责任，也即在这种情况下，当事人并没有过错，不构成为违约。”[①] 过错责任是民事责任制度中的基本归责原则，在此立场下，将技术风险划分到不可抗力的范畴具有一定的合理性。特别要注意的是，在不可抗力发生后，违约方应当及时通知对方，以减轻可能给对方造成

① 刘凯湘、张海峡：《论不可抗力》，载《法学研究》2000年第6期。

的损失，因未能及时通知而造成对方的损失扩大，将视为违反减损原则而承担相应的损失赔偿责任。

3. 竞争及其他原因

技术类知识产权凝结着技术开发者大量的知识和智力投入，蕴含着丰富的科学和技术创新。因此，一项核心技术成果在技术市场中往往具有极高的经济价值和使用价值。为了剽窃、破解相关技术成果，作为同行业竞争对手或是利益相关者的违约方假意与合同相对方就技术交易进行磋商并达成一项技术交易合意，嗣其获取相关技术成果后便毁约。这种违约即由于竞争等其他原因造成的违约。鉴于此类行为具有极其恶劣的主观恶性，不仅违反了合同法的诚实信用原则，而且破坏了市场竞争秩序，视其具体情节可能同时构成合同违约、侵权以及不正当竞争等多重违法行为，应当引起技术类知识产权交易各方的重视和防范。在上述情形下，即便违约方承担起相应的违约责任，但技术类知识产权的无形性特征也决定了违约方对技术的知晓是无法恢复且不可返还的。

在上述原因中，技术合同当事人违反保密义务也是十分常见的违约原因。由于违反保密义务对相关当事人造成的后果可能十分严重，《民法典》针对包含专利技术和技术秘密的技术转让合同、许可合同专门作了规定。主要内容如下：

《民法典》第871条针对技术转让合同受让人和技术许可合同被许可人保密义务，规定“技术转让合同的受让人和技术许可合同的被许可人应当按照约定的范围和期限，对让与人、许可人提供的技术中尚未公开的秘密部分，承担保密义务”。

《民法典》第868条、第869条分别针对技术秘密让与人和许可人、技术秘密受让人和被许可人主要义务作了规定：“技术秘密转让合同的让与人和技术秘密使用许可合同的许可人应当按照约定提供技术资料，进行技术指导，保证技术的实用性、可靠性，承担保密义务。前款规定的保密义务，不限制许可人申请专利，但是当事人另有约定的除外。”

“技术秘密转让合同的受让人和技术秘密使用许可合同的被许可人应当按照约定使用技术，支付转让费、使用费，承担保密义务。”

《民法典》第 872 条针对许可人和让与人违约责任规定：“许可人未按照约定许可技术的，应当返还部分或者全部使用费，并应当承担违约责任；实施专利或者使用技术秘密超越约定的范围的，违反约定擅自许可第三人实施该项专利或者使用该项技术秘密的，应当停止违约行为，承担违约责任；违反约定的保密义务的，应当承担违约责任。让与人承担违约责任，参照适用前款规定。”

实际上，任何一种违约责任都不足以规制假意交易的违约方窃取技术成果的行为，对于涉及技术保密的风险的防范，应当引起足够的重视。

与此同时，即便是非竞争对手的违约方，也可能出于其他私人目的订立非以实际履行为目的的技术交易合同。尤其是在国防技术类知识产权交易中，要警惕可能出现其他国家或者地区的间谍等基于政治等原因蓄意窃取技术机密。在一般的技术类知识产权市场交易中，要警惕专门的“间谍公司”，此类公司以为客户窃取目标技术为主要业务，作为第三方中介机构假意代为磋商并订立目标技术交易合同，待其得到技术资料等技术内容后，将其转手出售给其他公司以牟取更大的非法利益。这种行为并非出于直接的竞争目的，但同时也构成对技术合同保密义务的违反，与政治原因一同被视为造成技术合同违约的其他原因之一。

三、技术类知识产权交易违约的类型

违约是合同法上的核心问题之一，对这一问题的研究和讨论历来是民法学界的研究热点和难点。本部分以技术类知识产权交易合同违约风险为研究对象，本不必从合同法的违约基础理论出发，对此展开详细介绍。但是，考虑到我国《民法典》确认了不同类型的违约情形，对技术合同进行了较为详细的分类，对技术类知识产权交易违约类型展开讨论更加符合我国立法现状的要求。

违约风险防范不是一劳永逸或者一蹴而就的过程，在合同订立后至履行完毕前的每一个阶段都可能发生违约行为。以法律规定为基础，能够系统、全面地了解和认识技术类知识产权违约的情形，有助于日后在技术交易过程中对违约风险充分重视和及时防范。为实现上述目的，以下将根据技术类知识产权交易中违约行为发生的时间，将技术类知识产权交易违约分为预期违约和履行违约两大主要类型，其中，预期违约包括明示的预期违约和默示的预期违约；履行违约又称实际违约，根据其实际履行的情况，又可以进一步分为拒绝履行、未如约履行以及其他违反合同义务的行为。未如约履行又可分为迟延履行、瑕疵履行以及部分履行。

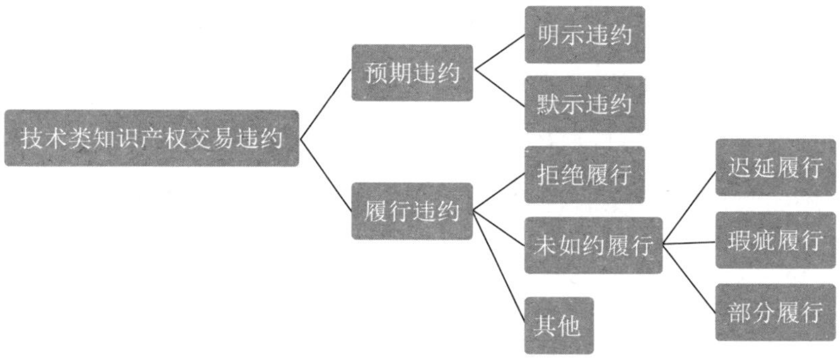

（一）预期违约

预期违约，又称先期违约或期前违约，这一概念缘起于19世纪中期的英国普通法，并得到其他英美法系国家和德国等大陆法系国家的普遍承认和接受，在不同法域内构筑起各具特色的履行拒绝规则。我国早在1999年《合同法》中就对预期违约规则予以了承认。有观点认为，预期违约构成对合同相对人对合同履行之期待权的违反；也有观点认为，"是违反了法律直接规定的在履行期届满前保持履行意愿或者履行可能性的义务"①，学界关于预期违约的规则基础有着不同认识，其与不安抗

① 葛云松：《期前违约规则研究——兼论不安抗辩权》，中国政法大学出版社2003年版，第425页。

辩权的关系更是众说纷纭，各执一词。

预期违约是对合同预期不履行的救济制度。《民法典》第578条规定，当事人一方明确表示或者以自己的行为表明不履行合同义务的，对方可以在履行期限届满前请求其承担违约责任。根据上述规定，构成预期违约的情形一定是违约方在履行期限届满前，作出了明确拒绝履行的意思表示，或者以其实际行动默示拒绝履行。判定预期违约的关键，就在于当事人主观上是否存在履行合同的意愿，而无须考虑当事人此时客观上是否仍具备履行合同的能力。值得注意的是，对于“以自己的行为表明不履行合同义务”的情形应当作何理解，存在不同的观点，有的观点认为默示违约应当与明示违约保持一致，即解释为严格意义上的拒绝履行而不问违约方的客观履行能力，二者之间的区别仅在于作出拒绝意思表示的方式不同。也有观点主张“只有在债务人主观上拒绝履行或者客观上确定无法履行的情形下，债权人才能主张基于预期违约的规则解除合同”①，这一观点将当事人客观上无法履行的情形认定为“以自己的行为表明不履行合同义务”。当合同客观上无法履行时，如果当事人主观上同样拒绝履行，那么其行为当然构成预期违约；相反，如果当事人主观上愿意履行，由于其客观上已经不具备履行的能力，其行为亦构成默示的预期违约。

上述第二种观点实际上是对默示违约作出的一种扩大解释。一般来说，在技术委托开发合同中，受托人负有交付研究开发成果的义务，如果受托人在技术开发合同履行期限届满之前，明确告知委托技术开发失败或者以其实际行动如返还技术资料及原始数据、将开发成果交付给委托人以外的第三人，则受托人的行为就构成预期违约，这是履行拒绝的预期违约。除此之外，当发生如技术开发人员全体离职等情形时，即使受托人本意仍希望继续履行，但由于受托人已经实际陷于履行不能，这

① 王利明：《预期违约与不安抗辩权》，载《华东政法大学学报》2016年第6期。

种情形也同样属于默示的预期违约，这是履行不能的预期违约。在技术类知识产权交易诸如技术开发和技术服务等过程中，虽然技术开发人员和技术服务人员并非合同相对方，但是因其行为所产生的法律效果往往由受托方承受，故在技术合同中将客观不能解释为默示违约确具有以下现实意义：一方面，受托方应对合同履行过程中可能发生的客观不能情形承担保证和监管义务，受托人应当谨慎防范和承担这类风险；另一方面，尽管受托人需要对上述情形承担相当的责任，但很多时候这类意外情形的发生并非委托人在签订技术合同时可以预见、可以避免的，要求委托人对此承担容忍义务并继续等待受托人作出明确拒绝履行的意思表示或是承认自己不具备履行能力，不仅有损委托人的现实利益，还会对其造成更大的损失，甚至丧失潜在的弥补和其他交易机会，这对于委托人而言是明显不公平的，也有悖于合同违约责任的减损原则。因此，将这种情形解释为默示违约是平衡委托人与受托人二者间利益和风险分担的一种较好的处理方式。

（二）履行违约

履行违约是指违约方在履行期限届满时发生的违约行为，根据其实际履行的情况，分为拒绝履行和未如约履行等违反合同义务的行为。拒绝履行区别于预期违约之处在于违约方作出拒绝履行意思表示的时间。拒绝履行是指违约方在履行期限届满时，向合同相对方作出不履行的意思表示，在此情形下，违约方实际上并未履行合同约定的各项义务。未如约履行是指违约方在合同期限届满之时，未完全按照合同约定的时间、程度、内容适当地履行合同义务，包括迟延履行、瑕疵履行以及不完全履行三种情形，以下着重介绍此三种情形。

迟延履行又称逾期履行，是指当事人在合同约定的履行期限届满之时，具备履行的能力而不履行的行为。《民法典》第 563 条规定的合同法定解除情形的前两项分别对应着不可抗力和预期违约，其中第（3）项“当事人一方迟延履行主要债务，经催告后在合理期限内仍未履行”

和第（4）项“当事人一方迟延履行债务或者有其他违约行为致使不能实现合同目的”为迟延履行的法律规定。界定迟延履行的关键问题在于合同履行期的确定。实践中，技术合同通常会约定一个确定的合同履行期，如果合同约定以某条件成就或某事件发生为合同的履行期，如一份技术服务合同约定以提供服务一方实现某项技术攻关或取得某项服务资质之时为合同的履行期限，在这一所附期限到来之时，除非双方都已经知晓所附期限届至，否则知晓所附期限到来的一方依据诚信原则应当对不知晓的一方负有告知义务。当另一方得知或被告知履行期限届至时，开始计算履行迟延的时间。比较特殊的是，当技术合同未约定履行期限或履行期限约定不明时，待履行一方可以随时履行，待接受履行的一方可以以催告的方式通知对方履行。如《民法典》第 511 条第（4）项规定，履行期限不明确的，债务人可以随时履行，债权人也可以随时请求履行，但是应当给对方必要的准备时间。

迟延履行的法律效果包括继续履行和合同解除。“履行迟延后，只要债权人没有解除合同，债务人依然负履行的义务，债权人可请求债务人继续履行（任意履行请求权），如债务人不为履行，则可以诉求法院判令强制履行（履行诉求权），并可同时诉求迟延赔偿。”① 如果在债权人催告后的合理宽限期内，债务人仍未履行合同约定的主要债务，或者由于债务人的迟延履行导致合同根本违约，则债权人具有单方合同解除权。对于合同的附随义务，如技术委托开发合同中委托人的协作义务，除非由于不履行导致合同目的不达，否则债权人不能就附随义务的未履行要求解除合同，但可以要求债务人承担未履行附随义务的违约责任。

瑕疵履行与部分履行都属于对合同的不适当履行，区别在于前者是合同履行“质”的不适当，即履行程度上的不适当，没有达到合同预期的标准和要求，而后者是合同履行“量”的不适当，即没有完整履行合

① 韩世远：《履行迟延的理论问题》，载《清华大学学报（哲学社会科学版）》2002 年第 4 期。

同约定项下的全部义务。针对瑕疵履行的违约责任，《民法典》第 582 条规定："履行不符合约定的，应当按照当事人的约定承担违约责任。对违约责任没有约定或者约定不明确，依据本法第五百一十条的规定仍不能确定的，受损害方根据标的的性质以及损失的大小，可以合理选择请求对方承担修理、重作、更换、退货、减少价款或者报酬等违约责任。"针对违约损害赔偿责任，其第 583 条规定："当事人一方不履行合同义务或者履行合同义务不符合约定的，在履行义务或者采取补救措施后，对方还有其他损失的，应当赔偿损失。"在履行不适当的情况下，债务人可以先采取一定的补救措施，如继续履行未履行完毕的合同义务，或采取修理、更换、重作等补救措施使已经履行的部分达到合同约定的质量，以降低可能承担的违约责任。由于技术合同具有不同于一般产品和服务的特点，上述补救措施很难适用于技术合同。但在处理技术合同纠纷时，遇到此类情形时，分配违约责任和解除合同并不是最终目的，在合同仍然可以继续履行、合同目的仍然能够实现的前提下，应当先继续履行合同，直至无法履行或履行完毕时，再评估履行的情况并据此判定损失赔偿责任。

四、技术类知识产权交易违约风险的实证研究

近年来，技术交易的蓬勃发展促进了技术的转化利用，也带来了大量技术合同纠纷。根据笔者检索到的北大法宝司法案例数据库结果，知识产权合同纠纷数量达到了 50077 件，技术合同纠纷案例数量达到了 11848 件。其中，技术委托开发合同纠纷 1716 件，技术合作开发合同纠纷 1355 件，技术转让合同纠纷 1599 件，技术咨询合同纠纷 617 件，技术服务合同纠纷 4034 件，技术培训合同纠纷 454 件，以上是涉及技术合同纠纷的主要合同类型。从上述案件的审理法院来看，由最高人民法院审理的技术合同纠纷案件数量达 215 件，北京市各级法院审理的技术合同纠纷案件数量达 1428 件，上海市各级法院审理的技术合同纠纷案件数

量达935件，江苏省各级法院审理的技术合同纠纷案件数量达1220件，浙江省各级法院审理的技术合同纠纷案件数量达951件，广东省各级法院审理的技术合同纠纷案件数量达981件。由此可见，技术合同纠纷的高发地域仍是经济较为发达、技术领域产学研较为先进的地区。本部分选取其中极具代表性的两件诉讼案件为例，阐释技术合同违约纠纷案件中所涉及的事实认定、法律适用等核心法律问题，以更真实、具体地呈现技术合同违约的全貌。

（一）从诉讼案件分析技术合同违约问题

案例1：汾州某土特产品有限公司与陕西某大豆食品技术研究所技术合同纠纷再审案①

1. 裁判摘要

能否产出符合合同约定的产品，与该产品能否上市销售、是否适销对路、有无利润空间等并非同一层面的问题。在技术合同领域，尤其是涉及技术工业化的合同中，如果当事人之间没有明确约定，不应将产品商业化认定为技术合同的目的。投资方应审慎签订涉及技术工业化的合同，在技术指标的设置和产品合格标准的选择上，应当尽可能贴近市场对产品的要求，尤其应避免在市场竞争较为激烈或者相关公众要求较高的领域，仅以市场准入标准作为合同项下的产品合格标准，从而陷入产品合格而商业失败的窘境。

2. 案情介绍

再审申请人（一审被告、二审上诉人）：陕西某大豆食品技术研究所。

被申请人（一审原告、二审被上诉人）：汾州某土特产品有限公司。

再审申请人陕西某大豆食品技术研究所（简称某研究所）因与被申请人汾州某土特产品有限公司（简称某土特产公司）技术合同纠纷一

① 最高人民法院（2016）民再251号民事判决书。

案，不服山西省高级人民法院（2014）晋民终字第141号民事判决，向最高人民法院申请再审。最高人民法院于2016年1月13日作出（2015）民申字第942号民事裁定，提审本案。

某土特产公司始建于1998年，是以从事核桃、核桃仁等农副产品的研发加工为主的生产销售企业。某研究所是从事大豆系列食品新技术、新产品的研究、开发的咨询公司，其于2006年5月22日向国家专利局申请了涉案专利，该专利2010年5月22日被授权并公告。本案专利实施许可合同签订的背景为，某研究所提供给某土特产公司的《核桃乳酸菌饮料的初步可行性研究（经济分析部分）》载明：核桃乳酸菌饮料的发酵和乳合技术居国内领先，国际先进水平，属世界首创的填补国际空白项目。该饮料产品口感细腻、香味纯正、无分层沉淀产生。该项目投资小、见效快，其投资利润率高达100%至200%。某土特产公司、某研究所先后签订《专利实施许可合同》《投资合作协议》，约定某研究所将其涉案专利许可某土特产公司实施，双方投资组建核桃乳酸菌饮料生产企业。此后，双方就某研究所订制的非标设备质量问题和试生产过程中出现的技术问题不断交涉，鉴于试生产出的核桃乳酸菌饮品因存在口感及沉淀等问题无法上市销售，某土特产公司向法院起诉，主张某研究所未按照合同约定履行相关义务，构成根本违约，请求判令解除合同并赔偿损失。

3. 审理与裁判

事实1：2006年5月5日，某土特产公司、某研究所签订《专利实施许可合同》，合同约定某研究所将其涉案专利许可某土特产公司实施。

事实2：2006年5月6日，某土特产公司和某研究所签订《投资合作协议》，协议约定双方投资组建核桃乳酸菌饮料生产企业。

事实3：2006年12月2日，由某研究所订制的非标设备运抵某土特产公司生产车间后，就设备质量问题和试生产过程中出现的技术问题，双方通过会议纪要和往来函件等方式不断进行交涉，直至2012年8月29

日某研究所给某土特产公司发函，仍谈及退还设备等问题。2007 年 4 月 14 日，某土特产公司提供的核桃乳酸菌饮品及其制备方法通过了吕梁市科技局组织的科学技术成果鉴定。2007 年 6 月 1 日，某土特产公司一方接受技术及资料人王某签的是《专利技术暨技术资料验收书》，而不是专利实施许可合同中约定的合同技术验收合格协议书。2007 年 6 月、7 月，试生产出的核桃乳酸菌饮品被送到当地酒店进行过免费品尝，但仍因存在口感不稳定等问题无法上市销售。2014 年 8 月 11 日，二审法院合议庭及双方当事人到本案核桃乳酸菌生产车间，共同实地查勘了涉案设备及试生产等情况。双方认可的涉案设备全部处于废弃状态，该生产线已被拆除，部分车间已挪作他用。经查，某研究所没有依约将大豆纤维乳酸菌饮料专有技术无偿转让给某土特产公司使用。

一审法院认为：根据在案证据，某土特产公司提交的技术使用费收据、资金运作账目清单、配货明细表、现金凭证、转账凭证、费用报销单及增值税发票等证据足以证明某土特产公司履行了其合同义务；而某研究所未能举证证明其履行了合同义务。判决：一、解除某土特产公司、某研究所签订的《专利实施许可合同》和《投资合作协议》；二、某研究所返还某土特产公司支付的专利技术使用费 500000 元；三、某研究所返还某土特产公司支付的代订购设备款 655100 元，某土特产公司将相应代订购设备返还某研究所；四、某研究所赔偿某土特产公司自购设备费用 486791 元，某土特产公司将相应自购设备交付某研究所；五、某研究所赔偿某土特产公司为试生产投入的研发费用 96000 元；六、驳回某土特产公司的其他诉讼请求。

二审法院认为：某土特产公司与某研究所签订核桃乳酸菌饮料及其制备方法专利实施许可合同，目的是通过实施该专利技术，生产出某研究所许诺的核桃乳酸菌饮品并上市销售，获取企业投资利润。本案中双方产生纠纷的根源是试生产出的核桃乳酸菌饮品因口感不一、有沉淀物等原因没能实现工业化生产并上市销售，某土特产公司为实施该专利技术所建立起来的生产线因解决不了该产品所存的质量问题而处于废弃状态，双方因实施该专利技术在长达6年的不断交涉中，终因生产不出符合上市条件的合格产品而诉诸法律。某土特产公司在签订涉案专利实施许可合同后，依约分七笔支付给某研究所技术使用费500000元以及非标设备、通用设备等设备款1141891元，完成项目土建工程等，履行了专利实施许可合同中的义务，没有证据证明某土特产公司在本案双方合作过程中有违约行为。某研究所作为专利实施许可合同的许可方，自2006年12月由其订制的非标设备运抵某土特产公司生产车间后，双方就该非标设备的质量问题产生争议，在不断改进设备并进行核桃乳酸菌饮品的试生产过程中，某研究所始终没有解决试生产饮品存在的口感不稳定、沉淀等问题，导致双方没能按合同约定的验收标准和方法共同签署合同技术验收合格协议书，且经合议庭到生产车间现场勘验，涉案所有设备均处于废弃状态。据此，可以认定某研究所并没有按合同约定完成其合同义务，某土特产公司因实施该专利技术进行投资所遭受的损失显而易见。

某研究所在二审程序中，提供的证据均不能证明其已经履行了合同义务：（1）2007年4月，吕梁市科技局出具核桃乳酸菌饮品及其制备方法科学技术成果鉴定证书，该证书是对其专利方法的鉴定，且颁发该证书时还没有进行过试生产，该证书不能作为本案专利实施结果的证据使用；（2）2007年，某研究所法定代表人自己送检后取得核桃乳酸菌饮料检验合格报告，某土特产公司不认可该检验报告的真实性，因是某研究所自己所为，不符合合同约定的检验送检程序；（3）某土特产公司所有的蛋白类饮料检验报告及生产许可证、卫生许可证、生产条形码等证据，均是某土特产公司为生产蛋白饮料所完善的手续，蛋白饮料生产是一种较成熟的技术，在国内市场早已普遍存在，而本案核桃乳酸菌饮料生产中所运用的发酵和乳合技术则属于国内乃至国际领先技术，显然该组证据中涉及的蛋白饮料与本案中的核桃乳酸菌饮料不是同一种技术产品；

（4）某研究所在某土特产公司的互联网宣传页面通过公证方式下载的有关核桃乳酸菌饮料生产销售的宣传用以证明涉案产品已规模生产并上市销售，该组证据仅是某土特产公司的一种企业宣传，也恰恰证实了某土特产公司合作的诚意和渴望产品上市的意愿，而双方合作的结果是该试生产线已被废弃，生产车间和当前市场上也找不到任何核桃乳酸菌饮料。故某研究所关于其完成了合同约定义务并已实现合同目的的上诉主张缺乏依据。关于双方签订的投资合作协议，2006 年 12 月 2 日至某土特产公司提起本案诉讼期间，双方一直就非标设备存在的质量问题和试生产产品是否合格问题进行交涉，因没有实现合同约定产品的工业化生产并上市销售，也就不存在双方投资设立新公司的问题。

综上，因某土特产公司签订本案合同的目的落空，一审法院判决双方解除合同，并由某研究所退还其已收取的专利技术使用费 500000 元并无不当。实施涉案专利技术没有生产出合同约定的达到工业化生产条件的产品，确给某土特产公司造成较大损失，但本案双方对该结果的发生均不存在主观过错，依照公平原则，对一审判决中赔偿损失部分作出适当调整，由某土特产公司承担 20% 损失的责任，即（655100 + 486791 + 96000）×20% = 247578. 2 元；由某研究所承担剩余 80% 损失的赔偿责任，即 990312. 8 元。二审法院判决：一、维持一审判决第一、二、六项；二、撤销一审判决第三、四、五项；三、改判某研究所赔偿某土特产公司订购设备款、自购设备款及研发费用共计 990312. 8 元，某土特产公司将相应设备退还某研究所。

某研究所不服二审判决，申请再审。最高人民法院再审认为，本案中，关于某研究所与某土特产公司所签订的合同是否可以解除的问题，应从以下三个方面予以分析：一是某研究所是否违反了合同约定；二是合同目的是否不能实现；三是若某研究所确实构成违约，合同目的亦确已不能实现，则二者是否具有因果关系。故应首先考察关于某研究所是否违反了合同约定的问题。本案中，根据某土特产公司的主张，关于某研究所是否违反了合同约定的认定，主要应从产品是否合格、设备是否合格以及技术传授是否完整三方面予以考察。

（1）关于某土特产公司能否运用涉案专利技术生产出合格产品的问题

①涉案合同项下合格产品的认定标准为国家标准

在判断某土特产公司能否运用涉案专利技术生产出合格产品前，首先应当明确涉案合同项下合格产品的认定标准。涉案合同第5条第1款记载，乙方使用该项技术，试生产后达到了本合同规定的技术性能指标（卫生、质量均为国标），采取一次性实践的方法验收，由双方签署合同技术验收合格协议书。上述约定表述清晰，意思明确，且互为印证。故本院认定，涉案合同项下合格产品的认定标准为国家标准。

某土特产公司主张运用涉案专利技术生产所得的核桃乳酸菌饮料产品存在口感不稳定、有沉淀物、会分层、有黑色漂浮物等问题，故其属于不合格产品。本院认为，且不论某土特产公司是否有充分证据证明上述问题确实存在，鉴于涉案合同项下合格产品的认定标准为国家标准，故在某土特产公司未能明确口感、沉淀、分层、黑色漂浮物等是否属于核桃乳酸菌饮料卫生、质量国家标准检验项目的情况下，不能以上述问题的有无判断涉案合同项下产品是否合格。关于涉案合同项下产品合格与否的认定，必须以某土特产公司和某研究所明确约定的国家标准为依据。

②在案证据足以证明某土特产公司能够运用涉案专利技术生产符合国家标准的核桃乳酸菌饮料产品

首先，《2007年检验报告》足以证明某土特产公司能够运用涉案专利技术生产出符合国家标准的核桃乳酸菌饮料产品。根据某土特产公司的自述，其于2007年5月26日至2007年6月5日期间，在某研究所的指导下进行了第一次共计五批试产。2007年6月14日，郭某受某土特产公司委托将试产产品送至山西省食品质量监督检验中心检测。该中心于

2007年7月3日出具了《2007年检验报告》。报告明确记载，某土特产公司的送检样品符合乳酸菌饮料的国家标准和轻工行业标准。

其次，《专利技术及技术资料验收书》构成某土特产公司关于其能够运用涉案专利技术生产出符合国家标准的核桃乳酸菌产品的自认。该验收书明确记载，甲方已按乙方法定代表人委托将该项目暨核桃乳酸菌饮料及其制备方法全部技术（含核心技术）传授给指定专利技术接受（收）人王某，其已运用（独自）该项专利技术生产出符合国标和行标的产品。某土特产公司主张该《专利技术及技术资料验收书》并非涉案合同第5条第1款所约定的合同技术验收合格协议书，故其不能证明合同履行情况。本院认为，该验收书是否构成涉案合同所约定的合同技术验收合格协议书的问题，并不影响关于某土特产公司是否就其能够运用涉案专利技术生产出符合国家标准的核桃乳酸菌饮料产品予以自认的判断，某土特产公司的上述主张，明显缺乏依据，本院不予支持。此外，《2008年生产许可证》亦可印证上述关于某土特产公司能够运用涉案专利生产出合格核桃乳酸菌饮料的结论。

（2）关于某研究所订制的设备是否合格的问题

根据涉案合同第1条第8项、第10项之约定，订制设备是否合格的认定标准在于其是否能够正常运行并生产出合格产品。如前所述，某土特产公司能够使用某研究所订制的设备生产出合格产品，故应认定相关设备合格。

（3）关于某研究所是否将专利核心技术传授给了某土特产公司的问题

某土特产公司主张，某研究所未将益生菌种培养、驯化、发酵等专利核心技术传授给某土特产公司。但在某土特产公司核桃乳酸菌饮料项目筹备小组成员、技术负责人王某签字确认的《专利技术及技术资料验收书》中明确记载，甲方已按乙方法定代表人某董事长委托将该项目暨核桃乳酸菌饮料及其制备方法全部技术（含核心技术）传授给指定专利技术接受（收）人王某……甲方已将绝密资料——核桃乳酸菌饮料制备方法、配方及其他（指菌种之相关技术资料）交给甲方指定接受（收）人王某主任。故某土特产公司关于某研究所未将专利核心技术传授给某土特产公司的主张，明显缺乏依据，本院不予支持。

综上，某研究所并无某土特产公司所主张的违约行为，故某土特产公司关于其因某研究所违约而不能实现合同目的的主张，缺乏依据，本院不予支持。某土特产公司不得解除涉案合同，亦不能获得相关费用的返还和赔偿。二审法院以符合上市条件作为认定产品合格的依据，将合同约定的技术标准拔高为市场标准，系对涉案合同关于合格产品认定标准条款的错误理解，其关于某研究所因始终未能解决试产产品存在的口感不稳定、有沉淀物等问题而构成违约的认定，确有错误，本院予以纠正。此外，二审法院关于某土特产公司的合同目的是运用涉案专利技术工业化生产核桃乳酸菌饮料并上市销售，实现利润的认定，亦有不当。本院认为，如前所述，在没有明确约定的情况下，不应将产品商业化认定为技术合同的合同目的。鉴于涉案合同中并无关于产品上市销售的约定，故仅应认定合同目的为运用涉案专利技术实现符合国家标准的核桃乳酸菌饮料的工业化生产。

综上所述，某研究所的再审请求成立，判决撤销山西省高级人民法院（2014）晋民终字第141号民事判决书；撤销山西省吕梁市中级人民法院（2013）吕民三初字第1号民事判决书；驳回某土特产公司的全部诉讼请求。

4. 案件评述

本案的主要争议焦点在于涉案合同是否可以依据原《合同法》第94条第（4）项规定得以解除。该规定确立了合同法定解除权制度，有下列情形之一的，当事人可以解除合同：（1）因不可抗力致使不能实现合同目的；（2）在履行期限届满之前，当事人一方明确表示或者以自己的行为表明不履行主要债务；（3）当事人一方迟延履行主要债务，经催告后在合理期限内仍未履行；（4）当事人一方迟延履行债务或者有其他违约行为致使不能实现合同目的；（5）法律规定的其他情形。如最高人民法院在判决理由部分对这一制度的理解，合同法定解除权制度的首要之意固然是授予非违约方以合同解除权，使其能够获得以解除合同为补救方式的特殊救济，但法定解除权制度作为合同法项下的制度，必须以维护意思自治、鼓励市场交易、稳定市场秩序、实现资源的有效配置的合同法立法宗旨和价值取向为依归。因此，对合同法定解除权的使用条件予以严格限定才是这一制度的主要方面和价值侧重。解除合同本不是违约情形下唯一的救济手段，更不是当然的救济手段。若合同动辄可得解除，交易关系动辄可致流产，必将引发市场秩序的混乱、交易成本的虚高和资源配置效率的低下。

正因如此，在本案的再审程序中，法院推翻了一审、二审对于某研究所构成根本违约的结论，重新审视某土特产公司能否运用某研究所持有的涉案专利技术生产出合格产品的问题。由于一方迟延履行债务或者有其他违约行为致使合同目的不能实现构成根本违约，另一方有权解除合同。对于该条款正确的理解和适用逻辑应当是从合同目的出发，只有当违约致使合同目的不能实现时，才存在适用解除合同这一救济方式的空间，即该条款项下合同法定解除权的行使须以一方的违约行为致使合同目的落空为标准。综上，为实现合同法定解除权制度的主要价值，必须对上述规定严格适用，而要严格适用该条款，关键在于正确认定合同目的，避免对合同目的作出超越当事人真实合意的扩大解释。工业化是科学技术转变为生产力的关键阶段，故在技术合同领域，特别是在涉及技术工业化的合同中，尤其应注意对合同法定解除权的适用予以严格规范。

最高人民法院对本案中所涉及的原《合同法》第 94 条的适用问题作出了明确的解释。首先，要明确致使合同目的落空是行使合同法定解除权的判断标准。以违约结果的严重性作为法定解除认定标准的落脚点，本身就是对合同法定解除权的限制。在判断违约行为是否足以导致合同法定解除时，不能简单地由所违反条款的性质推断根本违约，而必须讨论这一违约是否会产生合同目的落空的结果。在没有明确约定的情况下，不宜将产品商业化认定为技术合同的目的。产品商业化是不同于技术工业化的概念。技术工业化以技术的工业化运用为目标，其仅解决技术能否从实验室走向工厂、产出合格产品的问题。产品商业化则以盈利为目标，其所关心的是供给侧和需求侧在质和量上是否匹配的问题，亦即产品是否适销对路、有否利润空间的问题。诚然，技术工业化应以产品商业化为最终目标和导向，应当服务于产品商业化。技术工业化中技术指标的设置越贴近市场要求，产品商业化获得成功的可能性就越大。但技术工业化也只是产品商业化的必要条件，而非充分条件。产品商业化的达成，还需要满足诸如精准分析市场需求、巧妙设定营销策略、严格控制产销成本、切实保障资金流转等其他条件。实践中，技术工业化成功但产品商业化失败的实例并不罕见。若在无明确约定的情况下将产品商业化乃至盈利认定为技术合同的合同目的，无疑是赋予技术其不可承受之重，最终必将阻滞技术向生产力的转化。因此，在技术合同领域，应避免对合同目的的扩大解释。

案例2：某制药集团股份有限公司与海南某药物研究所有限公司、海南某生物制药有限公司技术转让合同纠纷申请再审案①

1. 裁判摘要

在技术转让合同中，当受让方未依合同的约定付款，转让方擅自将技术所有权转让给第三人，双方在不同程度上构成违约，在此情形下该技术合同已经无法继续履行，双方当事人已无法达到合同最终实现的目的。在本案中，技术转让合同的变更或者解除，并不影响当事人要求赔偿损失的权利。任何一方当事人都应当为其损害对方利益的行为承担相

---

① 最高人民法院（2012）民申字第1542号民事判决书。

应的民事责任。

2. 案情介绍

再审申请人（一审原告、二审上诉人）：某制药集团股份有限公司。

被申请人（一审被告、二审被上诉人）：海南某药物研究所有限公司。

被申请人（一审第三人、二审被上诉人）：海南某生物制药有限公司。

再审申请人某制药集团股份有限公司（以下简称某制药公司）因与被申请人海南某药物研究所有限公司（以下简称某药物公司）、海南某生物制药有限公司（以下简称某生物公司）技术转让合同纠纷一案，不服海南省高级人民法院（2012）琼民三终字第21号民事判决，向最高人民法院申请再审。

某制药公司（甲方）与某药物公司（乙方）达成本案新药技术转让合同，约定乙方将其取得的二甲双胍格列吡嗪片（2.5mg：250mg）新药证书和生产批件转让给甲方，乙方继续完成二甲双胍格列吡嗪片（5mg：500mg）的相关研究和申报生产工作，并转让给甲方。此后，某制药公司取得二甲双胍格列吡嗪片（2.5mg：250mg）生产批件后支付25%。某制药公司取得二甲双胍格列吡嗪片（5mg：500mg）生产批件后支付5%。2008年2月2日，某制药公司通过招商银行重庆分行南岸支行向某药物公司支付了40.8万元的款项。2009年3月16日，某药物公司取得二甲双胍格列吡嗪片（2.5mg：250mg）的新药证书和药品生产批件。2012年10月16日，某制药公司向某药物公司发出《解除合同的通知》，要求解除双方之间在签订本案新药技术转让合同之前签订的六份技术转让合同，某药物公司返还某制药公司基于上述六份合同已经支付的转让费62万元，并要求某药物公司承担38万元的违约金。2013年1月18日，某制药公司向法院提起诉讼，请求法院确认其与某药物公司签订的前述六份技术转让合同已经解除，判令某药物公司向某制药公司返还已收取的转让费62

万元，并向某制药公司支付违约金 38 万元。

3. 审理与裁判

事实 1：某制药公司（甲方）与某药物公司（乙方）达成本案新药技术转让合同。

事实 2：某制药公司取得二甲双胍格列吡嗪片（2.5mg：250mg）生产批件后支付 25%；某制药公司取得二甲双胍格列吡嗪片（5mg：500mg）生产批件后支付 5%。中国招商银行结算业务委托书记载，2008 年 2 月 2 日，某制药公司通过招商银行重庆分行南岸支行向某药物公司支付了 40.8 万元的款项。2009 年 3 月 16 日，某药物公司取得二甲双胍格列吡嗪片（2.5mg：250mg）的新药证书和药品生产批件。新药证书的持有者为某药物公司，药品生产企业为某生物公司。

事实 3：2009 年 4 月 8 日，某制药公司的股东重庆长龙实业集团有限公司向某药物公司发出《关于二甲基双胍格列吡嗪转让函》，该函记载了如下内容："贵公司和我公司签订的二甲基双胍格列吡嗪转让协议时讲明，贵公司是第一家申报生产，预计于 2008 年 4 月前取得全国第一家生产批件，因此我公司以较高价格签订转让协议，但贵公司直到 2009 年 3 月才取得生产批件，而且是第四家取得。由于延期取得批件，很难取得预期市场份额，其产品批件价值已打较大折扣，而贵公司反而以不合理理由来函要求加价转让。鉴于以上情况我公司提出：1. 合同金额降为 378 万元；2. 将原来支付于脂肪乳注射液等仿制药技术转让的首付金额（由于多种原因未能进行），转用于二甲基双胍格列吡嗪转让费。望贵方能理解并及时回复。" 2010 年 4 月 15 日，某药物公司向某制药公司传真《致某制药公司的函》，某药物公司在该函中提出将二甲基双胍格列吡嗪片项目转让金额调整为 560 万元。

事实 4：在某药物公司和某制药公司签订本案新药技术转让合同之前，双方还签订了如下六份合同：（1）2008 年 1 月 3 日，双方签订技术转让合同书，转让标的为注射用阿莫西林钠舒巴坦钠等项目，转让费总额为25万元。（2）2008年1月3日，双方签订技术转让合同书，转让标的为香菇多糖原料及制剂，转让费总额为20万元。（3）2008年1月3日，双方签订技术转让合同书，转让标的为奥沙利铂原料及制剂，转让费总额为20万元。（4）2008年1月3日，双方签订技术转让合同书，转让标的为长春瑞滨原料及制剂，转让费总额为50万元。（5）2008年1月8日，双方签订技术转让合同书，转让标的为复方氨基酸注射液（6种规格），转让费总额为30万元。（6）2008年1月8日，双方签订技术转让合同书，转让标的为脂肪乳注射液（2种规格），转让费总额为10万元。基于上述六份合同，某制药公司向某药物公司共计付款62万元。

某制药公司不服二审判决，向最高人民法院申请再审。

最高人民法院再审认为，本案争议焦点在于：某制药公司是否履行了本案技术转让合同的主要付款义务；本案技术转让合同是否已经解除；本案技术转让合同是否可以继续履行。

（1）某制药公司是否履行了本案技术转让合同的主要付款义务

本案中，某制药公司主张其已经支付了本案技术转让合同价款102.8万元，已经履行了本案合同的主要付款义务。其主要理由有两个：一是某药物公司仅取得了一个转让标的即二甲双胍格列吡嗪片（2.5mg：250mg）的新药证书和生产批件，原定转让价格应该减少为200万元；二是在某制药公司与某药物公司签订的其他六份技术转让合同中，由于某药物公司未能履行合同，应退还某制药公司首付款共计62万元，该笔款项与某制药公司在本案中应付转让款构成抵销，加上某制药公司已经实际支付的40.8万元，共计付款102.8万元。对于某制药公司的上述主张，分析如下：

①某药物公司在其他六份合同中是否对某制药公司负有返还技术转让费首付款的债务。

根据本院查明的事实，某药物公司和某制药公司在签订本案新药技术转让合同之前，还就其他技术项目签订有六份技术转让合同。在该六份合同中，某药物公司均为技术转让方，负有转让相关技术的义务，某制药公司均为技术受让方，负有支付技术转让费的义务。基于该六份合同，某制药公司向某药物公司共计支付技术转让费首付款62万元。对于上述六份合同，某制药公司股东重庆长龙实业集团有限公司在2009年4月8日向某药物公司发出的《关于二甲基双胍格列吡嗪转让函》中，提出将该六份合同的技术转让费首付款转用于本案技术合同转让费。在此之前，双方当事人对上述六份合同是否继续履行或者解除未进行过任何协商。因此，在某制药公司股东重庆长龙实业集团有限公司向某药物公司发出的《关于二甲基双胍格列吡嗪转让函》之前，双方当事人之间的上述六份技术转让合同仍然有效，并未发生变更或者解除。根据上述六份技术转让合同，某制药公司对某药物公司负有支付技术转让费的义务，某药物公司对某制药公司负有转让相关技术的义务。某药物公司在上述六份合同中是否对某制药公司负有返还技术转让费首付款的债务，尚属不确定的事实。2012年10月16日，某制药公司向某药物公司发出《解除合同的通知》，要求解除上述六份技术转让合同并要求某药物公司返还转让费62万元。2013年1月18日，某制药公司向重庆市第三中级人民法院提起诉讼，请求法院确认其与某药物公司签订的前述六份技术转让合同已经解除，判令某药物公司向某制药公司返还已收取的转让费62万元。上述事实亦进一步佐证，某药物公司在上述六份合同中是否对某制药公司负有返还技术转让费首付款的债务尚未确定。

②某药物公司在其他六份合同中对某制药公司负有的返还首付款的债务与某制药公司在本案技术转让合同中对某药物公司负有的支付技术转让费的债务是否构成抵销。

合同法上的抵销有两种类型：法定抵销和合意抵销。法定抵销需要满足以下条件：当事人互负到期债务；双方债务的标的物种类、品质相同；不属于依照法律规定或者按照合同性质不得抵销的情形。合意抵销需要满足以下条件：当事人互负债务；双方协商一致。前文分析表明，某药物公司在其他六份合同中是否对某制药公司负有返还技术转让费首付款的债务，尚属不确定的事实，更谈不上该债务已经到期。因此，该债务不符合法定抵销中债务需确定且到期的要件，无法与某制药公司在本案技术转让合同中对某药物公司负有的支付转让费的债务构成法定抵销。同时，本案中，某制药公司亦未提供有效证据证明，某药物公司在收到《关于二甲基双胍格列吡嗪转让函》后同意将基于上述六份技术转让合同取得的首付款抵作本案技术合同转让费。因此，某制药公司与某药物公司并未就上述债务进行抵销协商一致，没有达成合意，不能成立合意抵销。可见，某药物公司在其他六份合同中对某制药公司负有的返还首付款的债务与某制药公司在本案技术转让合同中对某药物公司负有的支付技术转让费的债务不能构成抵销。某制药公司关于债务抵销的相关主张不能成立。

③某制药公司在本案技术转让合同中的付款条件。

根据本案技术转让合同的约定，转让标的为二甲双胍格列吡嗪片（2.5mg：250mg）与二甲双胍格列吡嗪片（5mg：500mg）两个规格的新药证书和生产批件，转让价款总额为408万元。合同约定某制药公司支付技术转让费的分期付款方式是：签订合同10日内，支付10%；本药品通过药审中心审查，交付国家食品药品监督管理局注册司制作批件，支付40%；某药物公司取得新药证书及生产批件，支付20%；某制药公司取得二甲双胍格列吡嗪片（2.5mg：250mg）生产批件，支付25%；某制药公司取得二甲双胍格列吡嗪片（5mg：500mg）生产批件，支付5%。对于第一期款，某制药公司已经向某药物公司支付了40.8万元，双方对此并无争议。对于第二期款和第三期款，双方存在争议。某制药公司认为，合同约定的“本药品通过药审中心审查”中的“本药品”是指2.5mg：250mg与5mg：500mg两个规格的二甲双胍格列吡嗪片；“某药物公司取得新药证书及生产批件”中的“新药证书和生产批件”亦是指前述两个规格的二甲双胍格列吡嗪片新药证书和生产批件。某药物公司则认为，“本药品”是指二甲双胍格列吡嗪片（2.5mg：250mg），“新药证书和生产批件”是指二甲双胍格列吡嗪片（2.5mg：250mg）的新药证书和生产批件。

对此，分析如下：第一，本案技术转让合同首部表达了如下内容，某药物公司拥有二甲双胍格列吡嗪片新药证书和生产批件实际所有权（某药物公司与生产批件持有者有协议，可将生产批件转让），某制药公司受让该药品新药证书和生产批件并支付相应的转让价款。第二，本案技术转让合同第3条明确要求某药物公司将其即将取得的二甲双胍格列吡嗪片（2.5mg：250mg）新药证书和生产批件转让给某制药公司，而对于二甲双胍格列吡嗪片（5mg：500mg），合同仅约定某药物公司继续完成相关研究和申报生产工作，并转让给某制药公司。可见，在本案技术转让合同签订之时，某药物公司仅就二甲双胍格列吡嗪片（2.5mg：250mg）提出了新药证书和生产批件申请。第三，在本案技术转让合同第12条约定的双方责任中，仅提及了某药物公司主导完成二甲双胍格列吡嗪片（2.5mg：250mg）的相关研究和申报工作并转让给某制药公司，并未提及二甲双胍格列吡嗪片（5mg：500mg）。可见，双方在签订本案技术转让合同时，其主要目的在于转让二甲双胍格列吡嗪片（2.5mg：250mg）新药证书和生产批件。因此，“本药品”应指二甲双胍格列吡嗪片（2.5mg：250mg），“新药证书和生产批件”应指二甲双胍格列吡嗪片（2.5mg：250mg）新药证书和生产批件。某制药公司的相应主张缺乏证据支持。按照上述理解，至某药物公司于2009年3月16日取得二甲双胍格列吡嗪片（2.5mg：250mg）的新药证书和药品生产批件时，某制药公司应该向某药物公司支付合同总金额的70%即285.6万元（408万元×70%）。即便按照某制药公司的主张，“本药品”是指2.5mg：250mg与5mg：500mg两个规格的二甲双胍格列吡嗪片，且2.5mg：250mg规格的二甲双胍格列吡嗪片的实际价值暂定为200万元，至某药物公司于2009年3月16日取得二甲双胍格列吡嗪片（2.5mg：250mg）

新药证书和药品生产批件时，某制药公司亦应向某药物公司支付 140 万元（200 万元×70%）。

④某制药公司的实际履行情况。

根据本院查明的事实，某制药公司除在 2008 年 2 月 2 日向某药物公司支付了本案技术转让合同的第一期款（40.8 万元）外，没有证据证明某制药公司向某药物公司另外支付过有关本案技术转让合同的转让费。至某药物公司于 2009 年 3 月 16 日取得二甲双胍格列吡嗪片的新药证书和药品生产批件时，某制药公司向某药物公司支付的技术转让费应为 285.6 万元，而某制药公司实际支付的款项不足应付款项的 15%（40.8÷285.6＝14.28%）。即便按照某制药公司的主张，某制药公司亦应向某药物公司支付 140 万元，但其实际支付的款项不足应付款项的 30%（40.8÷140＝29.14%）。无论按照上述何种方式计算，某制药公司实际支付的技术转让费均远远低于到期应付款项的 50%，难以认定其履行了本案技术转让合同的主要付款义务。

综上，某药物公司在其他六份合同中是否对某制药公司负有返还技术转让费首付款 62 万元的债务尚未确定，该债务与某制药公司在本案技术转让合同中对某药物公司负有的支付技术转让费的债务不能构成抵销。某制药公司关于其已经支付了本案技术转让合同价款 102.8 万元，已经履行了本案合同的主要付款义务的主张不能成立。

（2）本案技术转让合同是否已经解除

根据本案技术转让合同第 13 条第 5 项的约定，若某制药公司不支付约定款项，某药物公司有权停止向某制药公司进行新药技术转让，并不退还某制药公司已支付款项。本案合同双方当事人对上述约定的性质存在不同理解。某制药公司认为，上述约定属于约定解除的条款，即使某药物公司拥有解除合同的权利，也应按照《合同法》第 96 条第 1 款规定的方式和程序行使解除权。某药物公司没有向某制药公司发出解除合同的通知，没有实际产生解除合同的效力，双方之间的合同关系并未解除。

某药物公司认为，上述约定属于《合同法》第45条第1款规定的解除条件，本案技术转让合同属于附解除条件的合同。该解除条件因某制药公司的违约行为已经成就，本案技术转让合同已经解除，无需通知某制药公司。对此，分析如下：

①本案技术转让合同第13条第5项约定的性质。

合同效力附条件是指当事人对合同效力的发生或者消灭施加限制，使其取决于将来的不确定性事实，附条件包括附生效条件和解除条件。附解除条件的合同，自条件成就时失效。一般认为，合同所附解除条件是对合同所加的附款，通常与合同自身的内容以及合同的履行行为本身无关。合同约定的解除条件则是指当事人在合同中约定了解除合同的条件，合同的解除条件成就时，解除权人可以依照法律规定的程序和方式解除合同。对本案技术转让合同第13条第5项约定的性质，应结合该约定的内容、该约定与整个技术转让合同的关系、约定的目的等因素进行解释。从约定的内容看，该项约定在某制药公司不支付约定款项的情况下，赋予了某药物公司停止向某制药公司进行技术转让的权利，并且不退还某制药公司已支付款项。这实际上是约定了在某制药公司出现违约的情况下，某药物公司享有的权利以及所产生的相应法律后果。从该约定与整个技术转让合同的关系看，该约定在本案技术转让合同的第13条即违约责任条款中。显然，合同双方当事人约定该项的目的在于防范一方的违约行为，而不是简单地通过附款限制本案技术转让合同的效力。由上可见，本案技术转让合同第13条第5项实际上约定了合同解除的条件以及合同解除后双方当事人之间的权利义务关系处理，该项约定应该属于《合同法》第93条规定的合同约定的解除条件，而不是对本案技术转让合同的效力附条件。

②本案技术转让合同第13条第5项约定的合同解除条件是否已经成就。

根据本院查明的事实，某制药公司的股东重庆长龙实业集团有限公司于2009年4月8日向某药物公司发出《关于二甲基双胍格列吡嗪转让函》时，已经知晓某药物公司取得了二甲双胍格列吡嗪片（2.5mg：250mg）新药证书和生产批件。在这种情况下，某制药公司虽然提出减少技术转让费价款的要求，但未获得某药物公司同意，双方未就合同价款的变更达成合意，某制药公司应按照本案技术转让合同原约定的付款条件支付后续技术转让费却未支付，构成违约。本案技术转让合同第13条第5项约定的合同解除条件已经成就，某药物公司因此享有合同约定的解除权。

③解除合同的通知的方式与效力。

根据《合同法》第96条的规定，当事人一方依照约定解除的条件主张解除合同的，应当通知对方，合同自通知到达对方时解除。解除合同通知的目的在于解除权人将其行使合同解除权的意思表示告知对方当事人，以期对方当事人知晓其解除合同的意思表示。只要能够实现上述效果，通知的方式可以多种多样。专门的解除合同的通知当然符合通知的要求；通过起诉的方式要求解除合同也可以看作一种通知；对方起诉后一方在应诉过程中表示解除合同的意思亦可视为一种通知。本案中，技术转让合同第13条第5项约定的合同解除条件已经成就，某药物公司因此享有合同约定的解除权，但应向某制药公司发出解除合同的通知。在某制药公司提起本案诉讼前，没有证据证明某药物公司向某制药公司发出过解除合同的通知。但是，在某制药公司提起本案诉讼后，某药物公司在答辩状以及庭审过程中一直主张本案技术转让合同已经解除，该主张为某制药公司所知晓，应视为已经向某制药公司发出了解除合同的通知。应当说明的是，尽管解除合同的通知有多种方式，但是为保障交易安全、尽快明确双方之间法律关系，解除权人应该及时向对方当事人发出解除合同的通知。解除权人怠于发出解除合同的通知，致使对方当事人产生合同未解除的信赖并因此遭受损失的，应当承担相应的违约责任。某药物公司没有及时向某制药公司发出解除合同的通知，且在本案技术转让合同解除前即将本案技术抵偿给案外人，违反了本案技术转让合同第12条第5项“未经甲方同意，乙方不得生产本品，不得将本品技术转让给第三者”的合同约定，构成违约，应承担相应的违约责任。本案一审、二审判决已经判令某药物公司按照合同约定承担10%的违约金即40.8万元，适用法律正确。

综上，本案技术转让合同第13条第5项是对合同解除条件的约定；由于某制药公司的违约，某药物公司基于该约定取得了合同解除权；某药物公司在答辩状中向某制药公司表达了解除合同的意思，某制药公司亦已知晓该意思表示，应认为某药物公司已经发出了解除合同的通知，本案技术转让合同已经解除。某制药公司相应的申请再审理由不能成立，不予支持。

（3）本案技术转让合同是否应该继续履行

二审法院认为，鉴于某制药公司的违约行为及某药物公司已将二甲双胍格列吡嗪片（新药证书）的生产技术所有权通过调解书抵偿给通用公司，本案双方当事人已无法实现合同最终目的，本案技术转让合同已无法继续履行。某制药公司主张，二审法院关于某药物公司将二甲双胍格列吡嗪片新药技术抵偿给通用公司得到了法院调解书的确证的认定是错误的，本案技术转让合同可以继续履行。基于前述分析，由于本案技术转让合同已经解除，不存在继续履行的可能性，某制药公司关于本案技术转让合同应该继续履行的主张不能成立。鉴此，对某制药公司的上述申请再审的具体理由，不再进行分析。

综上，某制药公司的申请再审理由不成立，裁定驳回某制药公司的再审申请。

4. 案件评述

本案中的一个争议焦点在于某制药公司是否履行了本案技术转让合同的主要付款义务。某制药公司主张其已经履行了本案合同的主要付款义务的理由有二：一是某药物公司仅取得了一个转让标的即二甲双胍格列吡嗪片（2.5mg：250mg）的新药证书和生产批件；二是在某制药公司与某药物公司签订的其他六份技术转让合同中，由于某药物公司未能履行合同，应退还某制药公司首付款与某制药公司在本案中应付转让款构成抵销。实际上，这里涉及合同法上几个重要的概念，即合同变更、合同解释与债务抵销。

首先，某制药公司的股东重庆长龙实业集团有限公司曾向某药物公司发出《关于二甲基双胍格列吡嗪转让函》，提出降低合同金额并将原来支付于脂肪乳注射液等仿制药技术转让的首付金额转用于二甲基双胍格列吡嗪转让费。此后，某药物公司向某制药公司传真《致某制药公司的函》，某药物公司在该函中仅仅提及二甲基双胍格列吡嗪片项目转让金额调整问题，并未就此前的六份技术转让合同首付款的问题作出答复。同时，此前双方当事人对上述六份合同是否继续履行或者解除未进行过任何协商，据此，双方当事人之间的六份技术转让合同仍然有效，且并未实际发生任何变更或者解除。根据这六份技术转让合同，某制药公司对某药物公司仍然负有支付技术转让费的债务，已经支付的首付款不能视为经双方协商同意挪作他用。

其次，合同法上的抵销有两种类型：法定抵销和约定抵销。法定抵销需要满足如下条件：当事人互负到期债务，该债务的标的物种类、品质相同的，任何一方可以将自己的债务与对方的债务抵销，但依照法律规定或者按照合同性质不得抵销的除外。在法定抵销中，主张抵销的当事人应当通知对方，通知自到达对方时生效。债务的约定抵销需要满足以下条件：当事人互负债务，标的物种类、品质不相同的，经双方协商一致，也可以抵销。本案中，鉴于某药物公司在其他六份合同中是否对某制药公司负有返还技术转让费首付款的债务，尚属不确定的事实，更不论该债务是否已经到期。显然，该债务不符合法定抵销中债务需确定且到期的要件，无法构成法定抵销，由于某制药公司与某药物公司并未就上述债务进行抵销协商一致，该笔债务亦不能成立约定抵销。

本案中另一个重要的问题是，本案技术转让合同是否已经解除。根据本案技术转让合同第 13 条第 5 项约定，若某制药公司不支付约定款项，某药物公司有权停止向某制药公司进行新药技术转让，并不退还某制药公司已支付款项。本案合同双方当事人对上述约定的性质存在不同理解。某制药公司认为，上述约定属于约定解除的条款，即使某药物公司拥有解除合同的权利，也应按照法定的方式和程序行使解除权。某药物公司没有向某制药公司发出解除合同的通知，没有实际产生解除合同的效力，双方之间的合同关系并未解除。某药物公司认为，上述约定属于法定的合同解除条件，本案技术转让合同属于附解除条件的合同。该解除条件因某制药公司的违约行为已经成就，本案技术转让合同已经解除，无需通知某制药公司。

当事人对合同的效力可以约定附条件。附生效条件的合同，自条件成就时生效。附解除条件的合同，自条件成就时失效。所谓附条件合同，即合同的当事人对合同何时生效或何时失效预先进行了约定，使合同效力的变化取决于可能发生于未来的特定事实。当这一事实发生时，附生效条件的合同自这一事实发生起生效，相反，附解除条件的合同，自条件成就起失去效力。本案中，对技术转让合同第 13 条第 5 项约定之性质的解释，应当充分结合约定内容、约定目的以及合同整体等因素进行综合理解。从约定内容来看，该项约定实际上是在某制药公司出现违约的情况下，赋予了某药物公司相应的权利并对由此产生的法律后果进行了约定，实际上属于该技术合同的违约责任条款。同时，从约定在合同中的所属来看，该约定被规定在本案技术转让合同的第 13 条即违约责任条款中。因此，法院认定本案技术转让合同第 13 条第 5 项实际上约定了合同解除的条件以及合同解除后双方当事人之间的权利义务关系处理，该项约定应属于合同约定的解除条件，而非对本案技术转让合同的效力附条件。诚如前文所述，违约行为发生的前提是存在一份真实有效的合同，据此也能够正确地理解和把握本案中违约责任条款的性质。

（二）从企业知识产权管理分析技术合同违约问题

当今时代，知识产权已经成为决定企业核心竞争力的关键因素。随着世界经济一体化进程不断推向纵深，科学技术不断创新、高速发展，知识产权管理在企业发展的进程中凸显出越来越重要的作用和影响力。由国家知识产权局起草制定，国家质量监督检验检疫总局、国家标准化管理委员会批准颁布的国家标准《企业知识产权管理规范》于 2013 年 2 月 7 日正式发布，同年 3 月 1 日起正式实施。这是我国首部企业知识产权管理国家标准，它提出了基于“过程方法”和“系统原理”的管理理念的企业知识产权管理模型，用于企业构建策划、实施、检查和改进知识产权管理体系。对这一标准的正确理解和深入贯彻落实，是我国高新技术企业知识产权管理面临的一项重大任务。

该标准的第 4 章至第 9 章是管理体系要求的主体内容，涵盖了组成知识产权管理的六大过程，即知识产权管理体系、管理职责、资源管理、基础管理、实施和运行、审核和改进。尤为重要的是，该标准的第 7 章“基础管理”是企业知识产权管理控制的核心过程，主要囊括了 6 项核心要素：获取、维护、运用、保护、合同管理以及保密。在合同管理部分，关于企业加强合同中知识产权管理的具体内容表述如下：

（1）应对合同中有关知识产权条款进行审查，并形成记录；

（2）对检索与分析、预警、申请、诉讼、侵权调查与鉴定、管理咨询等知识产权对外委外业务应签订书面合同，并约定知识产权权属、保密等内容；

（3）在进行委托开发或合作开发时，应签订书面合同，约定知识产权权属、许可及利益分配、后续改进的权属和使用等；

（4）承担涉及国家重大专项等政府支持项目时，应了解项目相关的知识产权管理规定，并按照要求进行管理。

“企业知识产权管理属于企业管理范畴，它是为规范企业知识产权工作，充分发挥知识产权制度在企业发展中的重要作用，促进企业自主创新和形成自主知识产权，推动企业强化对知识产权的有效开发、保护、运营而对企业知识产权进行的有计划的组织、协调、谋划和利用活动。企业知识产权管理是企业对知识产权开发、保护、运营的综合管理，在知识经济时代的知识管理、战略管理中具有特别重要的地位。它是对知识产权所进行的系统化的谋划活动，通过对知识产权实施动态管理、法制管理、市场管理和国际化管理，能够提高企业运营知识产权的水平，强化企业对知识产权的保护，提高市场竞争力。”① 对企业知识产权的科学管理，不仅是促进企业发展的重要手段，也是提升一个国家和民族科技、经济、文化各项事业发展的重要途径。在企业知识产权管理中，对于合同风险的管理特别是违约风险的防范十分重要。因此，加强企业知识产权管理，也应当作为规制技术合同违约风险的重要途径和措施。

五、技术类知识产权交易违约风险防范的对策研究

技术类知识产权交易违约风险的频发，提出了有效防范风险的问题。笔者以为，需要重视以下措施和策略的运用。

（一）掌握技术交易的特殊性是防范风险的基础

技术交易中，因违约而遭受利益损失的程度，取决于当事人对交易风险的认知和防范风险的能力。实际上，在技术类知识产权交易过程中，除了违约风险，在合同订立前与合同订立后还存在诸多不同类型的风险。例如，“在合同订立之前，当事人假借订立合同故意隐瞒与订立合同有关的重要事实或提供虚假情况，特别是利用订立技术合同过程中获知的商业秘密，在合同未成立时泄露或不正当使用，构成了合同订立前的缔约过失责任风险”②。无论是违约风险还是其他潜在风险，很大程度上都与技术合同的标的技术密切相关。技术所蕴含的价值越高，违约造成的

---

① 冯晓青：《企业知识产权管理基本问题研究》，载《湖南社会科学》2010年第4期。

② 陈何嵩：《与技术合同有关的风险防范》，载《安徽科技》2008年第4期。

损失就越大。因此，在提出具体的建议和对策之前，有必要对技术类知识产权交易的显著特征有一个清晰的认识。

与一般合同相比，由于技术类知识产权交易合同的合同标的是技术成果和技术服务等无形知识产权，这类交易往往具备其独有的显著特征：

1. 特殊的交易风险

技术开发具有很大程度的不确定性，在以技术开发为交易内容或者以技术开发为前提的技术服务交易中，由于开发者未能成功研发出相应的技术成果导致违约的情形比较常见。同时，基于此类风险，技术合同的订立往往包含一定的人身信赖关系。

2. 特殊的权利义务关系

技术合同涉及技术类知识产权开发、利用、转移等不同技术交易环节，所涉及的权利义务关系一般包括技术的权属关系、成果使用以及利益分配等特殊问题。

3. 特殊的合同履行方式

技术交易的履行方式一般是交付技术成果或者提供技术服务。《民法典》第854条规定："委托开发合同的当事人违反约定造成研究开发工作停滞、延误或者失败的，应当承担违约责任。"第856条规定："合作开发合同的当事人违反约定造成研究开发工作停滞、延误或者失败的，应当承担违约责任。"由于技术开发本身具有一定的风险，在研发失败导致的违约情形中，如研发方因不可攻克的技术困难无限期拖延成果交付时间，委托方将承担更加严重的损失。因此，不宜一味地贯彻合同制度中的实际履行原则，要求研发方承担继续履行的违约责任。

4. 特殊的价款计算方式

"因为对一项技术的价值评估一般涉及技术的市场机会、权利状态、技术的生命周期、竞争优势等诸多灵活多变的因素限制"①，所以对于技

① 邓益志：《应对技术合同纠纷从签约开始》，载《中国发明与专利》2008年第4期。

术合同标的的价格，不能简单地根据成本收益计算，而要综合考虑成本收益、市场供需、行业竞争、风险分担等多重因素确定。

综合技术类知识产权交易合同标的的特殊性，对此类技术交易进行知识产权管理与合同管理时，需要对以下几类风险引起高度重视和警惕：一是保密性风险，技术类知识产权极易传播且一经传播无法回收，对此，在签订技术合同时一定要将保密条款设计得更为全面和精确，对于违反保密义务的行为可以科以更高的违约责任；二是系统性风险，技术类知识产权同时面临着国内和国际市场的冲击和影响，要时刻关注全球技术市场的最新动向，以确保有针对性地投入和付出，不做无用功；三是管理性风险，技术交易本身充满着复杂的技术性难题，一旦发生纠纷，对技术问题和交易情况作出判定的主要依据是交易各方呈现的证据，在此前的诉讼案件中，技术开发合同受托人在技术成果验收后对其中的某些参数进行了调整，导致在诉讼程序中无法证明此前是否已经达到某项技术标准，此等举证不利的后果只能由受托人自行承担。因此，在技术交易过程中，对交易相关的技术、财务、磋商等重要问题的证明材料要予以充分重视和谨慎保管，以避免决策和管理的失误造成损失的扩大。

（二）对交易对象资质和信用情况的严格审查

在签订技术合同前，必须对该项技术交易进行充分的基础调研和可行性分析，考察交易对象的基本情况是其中的重要一环，尤其是交易对象的技术资质和商业信用情况。“在有合作意向或是进行接触洽谈时，应审查对方是否符合基本要求，是否具备相应的主体资格，这是审查的重点。”① 在技术交易接洽与磋商的过程中，首先要对交易对象的基本情况进行充分的背景调查，包括但不限于从国家企业信用信息公示系统、中国裁判文书网等权威信息检索系统中调取交易对象的企业信用情况、

---

① 雷舒雅、舒涛：《技术合同风险防范策略研究》，载《成都大学学报（社科版）》2013年第4期。

诉讼情况等信息，深入了解企业经营范围、经营资质、行政许可审批、诉讼纠纷等情况，以对交易对象的资信情况有一个清晰的认识。在合同订立的磋商环节，应当要求交易对象提供上述基础信息和本次交易相关的基本材料，仔细审阅并保存这些材料，在必要时，这些材料可以作为解决交易纠纷的重要证据。此外，在条件允许的情况下，应当充分了解交易对象的过往交易情况，包括曾经的交易合作伙伴以及相关社会公众对于该交易对象的评价情况，作为考察交易对象的参考。鉴于技术交易所涉及的技术信息往往具有较高的保密性，为防止恶性竞争原因导致的违约情况发生，交易方应当就本次技术交易所涉及的技术资料、技术信息、技术秘密以及交易信息等签署保密协议，保密的范围包括但不限于上述技术信息，保密的时间最好能够覆盖从交易磋商环节到交易结束后的一段合理时间，一旦违反上述保密条款，应当承担相应的违约责任。

技术交易各方之间存在信息不对称的情况，这种非对称信息的存在加大了技术交易的成本，大大增加了交易违约的风险。“技术合同中的非对称信息，一类是与知识相关的非对称信息，这种知识既不是一般常识也不是公共知识，而是作为交易对象的技术本身所具有的核心内容、本质特性和功能等，它是由技术本身的属性和特点所决定的，与当事人的行为无关，所以称为外生性非对称信息。技术合同的产生和实施，正是以此为前提。还有一类是与当事人行动有关的非对称信息，这种非对称信息发生在技术合同签订后，其中一方当事人无法观察、监督或验证另一方当事人的行为而导致信息非对称，视作内生性非对称信息。”① 简言之，技术合同中的非对称信息既包括交易双方对技术本身的接触和了解程度不一致，也包括交易双方对彼此行为的了解和把握情况不一致，技术的开发者或所有者对于技术优劣程度的了解，远胜于技术交易中的委托方或购买方，这种信息不对称恰恰是吸引和促成技术交易的关键，

① 梁剑：《技术合同中的非对称信息问题研究》，载《西南大学学报（社会科学版）》2010 年第 1 期。

因而信息不对称是不可避免的。无论是弱势一方还是优势一方，对于非对称信息的获取或保密需求，基本上处于彼此对立的立场，认识到这一点有助于双方增进对于彼此的理解，在协调和磋商中达成信息的合理共享。

（三）明确交易标的的基本情况与履行方式

"技术的实施具有不确定性，在进行技术实现、软硬环境的配置以及其他方面都有可能达不到合同预期的目的。"① 技术风险是技术类知识产权交易的特征之一，例如在技术开发合同履行过程中，出现无法克服的技术困难，致使研究开发失败或者部分失败的，该风险责任可以由当事人约定，也可以由当事人合理分担。技术风险可以被解释为技术开发中的一种特殊的不可抗力。尽管如此，从合同的履行情况来判断，因技术风险导致的合同未履行实际上也构成了违约，但法律对该情形下违约责任的分配作出了特殊的规定。在技术交易中，应当重视这类可能发生的技术风险导致的违约，类似情形下的违约金条款或许并不能完全得到支持。

面对交易标的上存在的技术风险和信息不对称，委托人或者购买方并不能提前加以防范，在技术合同订立前，能够确定的是本次交易技术的基本情况和交易方式。《民法典》第 845 条规定，技术合同的内容一般包括项目的名称，标的的内容、范围和要求，履行的计划、地点和方式，技术信息和资料的保密，技术成果的归属和收益的分配办法，验收标准和方法，名词和术语的解释等条款。与履行合同有关的技术背景资料、可行性论证和技术评价报告、项目任务书和计划书、技术标准、技术规范、原始设计和工艺文件，以及其他技术文档，按照当事人的约定可以作为合同的组成部分。技术合同涉及专利的，应当注明发明创造的

---

① 广东省高级人民法院民三庭：《审理技术合同纠纷案件中难点热点问题综述》，载《人民司法》2013 年第 5 期。

名称、专利申请人和专利权人、申请日期、申请号、专利号以及专利权的有效期限。在订立合同时，对上述合同基本内容的约定要做到尽可能详尽，就标的技术的预期成果、技术要求等要进行充分的可行性论证，使标的的内容和要求尽可能地具体、详细且具备可操作性，减少交易标的上存在的不确定因素。另外，要对合同履行的时间、地点、方式等在合同中作出详细的约定，避免因约定不明产生的纠纷。

（四）法定抗辩权与违约救济途径的积极行使

当前，学界通说认为违约金属于一种较为普遍的违约责任承担方式，这一点在我国现行法中得以体现。《民法典》第585条规定，当事人可以约定一方违约时应当根据违约情况向对方支付一定数额的违约金，也可以约定因违约产生的损失赔偿额的计算方法。约定的违约金低于造成的损失的，人民法院或者仲裁机构可以根据当事人的请求予以增加；约定的违约金过分高于造成的损失的，人民法院或者仲裁机构可以根据当事人的请求予以适当减少。当事人就迟延履行约定违约金的，违约方支付违约金后，还应当履行债务。根据这一规定，违约金是违反合同原义务后衍生的次义务，另一种观点则侧重于将违约金理解为主合同的从义务，用于解释合同无效时违约金条款随之无效的情形。“以违约金作为原义务被违反后所衍生的次义务（亦即违约责任），侧重的是其填补违约损害的功用；而将违约金理解为从属于合同义务的从债，强调的则是类似于保证、定金或担保物权之从权利所具有的履约担保机能。”[①] 在我国现行法下，违约金尚不具备担保功能，其主要目的仍在于填补违约行为造成的损失。

尽管如此，在订立技术合同时，事先约定合理数额的违约金可以起到预防和填补损失的功能。一方面，在违约方基于经济原因和竞争原因违约的情形中，违约金虽然并不能对合同的履行起到担保的作用，但能

① 姚明斌：《违约金双重功能论》，载《清华法学》2016年第5期。

够对当事人的行为起到一定的监督和震慑的作用，在考虑违约所带来的经济或其他利益时，必须充分考虑违约金这一项必要支出，加重当事人的违约成本。另一方面，在违约行为发生后，违约金亦能够补偿和填平当事人因违约产生的各项损失，起到违约事后救济的作用。此外，《民法典》第587条规定了定金罚则，同样可以作为对履行的担保。根据该条规定，债务人履行债务的，定金应当抵作价款或者收回。给付定金的一方不履行债务或者履行债务不符合约定，致使不能实现合同目的的，无权请求返还定金；收受定金的一方不履行债务或者履行债务不符合约定，致使不能实现合同目的的，应当双倍返还定金。需要注意的是，在同时约定了定金和违约金的技术合同中，只能选择适用违约金或者定金条款其中之一，而不能同时适用。在适用定金或者违约金后，技术合同是否还要继续履行，则要具体情况具体分析。"在适用违约金的情况下，由于违约金的支付是独立于合同履行之外的，因此违约金的支付并没有给予债务人一种违约的权利，债务人支付违约金后还应继续履行合同。"① 在适用定金时，除非定金被明确约定为解约定金，否则当一方放弃或双倍返还定金后，在合同具备履行可能性的情况下，应当继续履行合同。

"不安抗辩权行使的前提条件是双务合同中双方当事人履行合同义务有先后顺序，且行使抗辩权一方负有先履行义务，而默示预期违约则无此前提条件之限制，即使是发生在双方同时履行或受害方负有后履行义务，该受害方也可以依默示预期违约规则请求保护。"② 不安抗辩权是当事人防范技术合同违约风险的另一道屏障，在交易双方互负履行义务的技术交易中，先履行一方在特定情形下可以行使不安抗辩权保护自身的利益免遭损害，这些特定情形规定于《民法典》第527条："应当先履行债务的当事人，有确切证据证明对方有下列情形之一的，可以中止

① 何薇：《技术合同违约责任探析》，载《中国科技信息》2010年第10期。

② 李军：《默示预期违约与不安抗辩权制度法系适应性之探讨》，载《政法论坛（中国政法大学学报）》2004年第4期。

履行：（一）经营状况严重恶化；（二）转移财产、抽逃资金，以逃避债务；（三）丧失商业信誉；（四）有丧失或者可能丧失履行债务能力的其他情形。”当事人没有确切证据中止履行的，应当承担违约责任。当上述情形发生，后履行一方主观上表示拒绝履行进而构成预期违约时，“先履行一方实际享有了一种选择权利，他既可以行使不安抗辩权，也可以在符合默示毁约的情况下解除合同，或请求毁约方承担违约责任”①。因此，不安抗辩权与预期违约制度在我国《民法典》中居于不同地位，前者相当于对先履行一方的风险分担，而后者则从属于违约责任制度。正确适用两种制度才能有效防范技术交易中的违约风险。

本章小结

诚如《最高人民法院知识产权案件年度报告（2018）》所言，技术合同案件的主要特点是对双方履约行为的判断通常包含对复杂技术问题的认定，对有关专业问题的事实查明方式尚待规范。可见，技术类知识产权交易中的违约不仅是技术交易各方出于安全审慎交易的注意需要密切关注的问题，由于技术成果所具有的特殊性，这一问题也引起了司法裁判机关的关注。我国现行法律对于技术类知识产权交易中存在的包括违约在内的各种问题有明确的规定，在应对技术交易违约风险时，既要考虑合同交易的一般规则，也要充分认识到技术类知识产权的独特性。当发生技术类知识产权交易违约时，应充分运用法律中的纠纷解决规则，维护自身的合法权益。更重要的是，应在违约行为发生前，提高自身的法律意识和风险防范意识，建立健全系统的技术合同制订、管理和履行监督机制，从源头上降低违约发生的概率以及违约可能造成的损害程度，防违约风险于未然。

---

① 王利明：《预期违约与不安抗辩权》，载《华东政法大学学报》2016 年第 6 期。

第五章　技术类知识产权交易纠纷实证分析

随着我国经济发展水平的不断提高，科学技术对社会进步和经济发展的推动作用也越发凸显。科学技术创造出的成果层出不穷，技术成果在市场交易中扮演的角色也越来越重要，在技术成果交易持续增长的态势下，因技术类知识产权交易而引发的纠纷和诉讼不断增加，尤其体现在专利类（发明、实用新型）纠纷上。本章通过对法院受理的技术类知识产权典型案例的梳理和归纳，从产权权属纠纷、交易合同纠纷及产权侵权纠纷三种诉讼类型观察我国对此类纠纷的司法实践态度，旨在为技术类知识产权相关主体进行自身权利保护以及对待侵权或违约风险进行防范提供一定的参考。

2018 年 10 月 26 日全国人大常委会通过的《关于专利等知识产权案件诉讼程序若干问题的决定》将发明专利、实用新型专利、植物新品种、集成电路布图设计、技术秘密、计算机软件、垄断等类型的知识产权统一归为“专业技术性较强的知识产权”，基本划定了技术类知识产权这一概念。由于技术类知识产权案件对专业技术要求较高、审理难度较大，与科学技术的发展创新有着密切关联，该类案件的上诉案件由最高人民法院审理，有利于更好地协调法院裁判的尺度，尽可能实现案件的公平正义。

随着社会的发展和科学技术的进步，科技成果的市场需求量不断上升，这些技术类知识产权交易呈现持续增长的态势，因技术类知识产权引发的纠纷和诉讼也不断增加。以 2018 年最高人民法院知识产权案件年度报告为参考，最高人民法院知识产权审判庭 2018 年全年新收各类知识产权案例共1562件，专利案件共有684件，包括专利行政案件120件，垄断案件1件，植物新品种案件15件。其中，专利案件数量的增长幅度在2018年各类知识产权案件中最大，同比增长103.6%，且预计2019年案件数量将继续保持较快增长，与专利有关的知识产权案件在全部受理案件中占43.8%的比重，与知识产权其他客体类型的诉讼相比占较高的比重，成为技术类知识产权诉讼中最主要和最普遍的诉讼类型。①

在司法实践中，根据纠纷产生阶段的不同以及因纠纷而形成诉讼的类型的差别，可以将技术类知识产权纠纷区分为知识产权权属纠纷、知识产权交易合同纠纷以及知识产权侵权纠纷三个主要类型，其中发明专利、实用新型专利两类技术类知识产权引起的纠纷又占绝大多数。本章通过研究最高人民法院知识产权审判指导案例、最高人民法院知识产权审判庭的知识产权审判指导案例、北京市法院知识产权裁判文书等相关资料中的典型案例，同时利用中国裁判文书网、中国知网、无讼、北大法宝、万方数据网等相关网络搜索引擎，收集相关知识产权政策法规及司法审判案例，筛选出若干典型纠纷案例，进行分析、归纳和总结，通过实证研究的方法，一方面对各类纠纷的成因、特点进行梳理，探究我国技术类知识产权纠纷的司法现状，另一方面根据现实中存在的容易导致纠纷的问题，进行概括总结，为当事人避免或减少因技术类知识产权纠纷造成损失提供应对之策。

一、技术类知识产权权属纠纷

顾名思义，权属纠纷即多个相关主体之间就一项权利该归谁所有产生的纠纷。学界对于技术类知识产权权属纠纷有广义与狭义两种理解：狭义的权属纠纷是指一项技术成果形成产权后，有关当事人对该产权应当归谁所有而引发的争议；广义的权属纠纷除了狭义的权属纠纷这一情

---

① 参见《最高人民法院知识产权案件年度报告（2018）》。

形，还包括基于产权申请这一权利形成的争议纠纷，如专利申请权纠纷，是指一项发明创造在申请专利之前，或者申请专利后、授予专利以前，当事人之间就谁应当享有申请专利的权利而发生的争议。专利申请权只针对发明创造被授予专利之前的一定阶段，是发生在特定时间阶段的一项权利，因而其存在具有暂时性，但只有成为专利申请权的合法主体，才能成为原始专利权的合法主体，专利申请权与专利授予后形成的专利权之间有着十分重要的关联性，这使得对专利申请权纠纷的处理能够对专利权的权属确定起到一定的预决作用。考虑到专利申请权的重要性，对专利权的权属纠纷的界定往往从广义上理解，包括专利申请权由谁取得并行使的问题。技术类知识产权以专利权为代表，对技术类知识产权权属纠纷的探讨，可以参考专利权权属纠纷的类型，既包括技术类知识产权的申请权纠纷，也包括取得产权后的权属纠纷。

在技术类知识产权诉讼中，法院的首要步骤通常是解决该诉争权利的归属问题，审查原被告是否依法享有该项产权或有权就该产权提起诉讼，并在确定产权归属的基础上对案件争点进行审理。只有对技术类知识成果的产权归属作出正确的判断，才能对案件作出符合公平正义理念的判决，合理解决当事人之间的争议和纠纷。在权属纠纷类案件当中，由于存在多个相关主体，不同主体之间的相互关系决定了技术类知识产权的权属纠纷类型。在司法实践中，主要存在以下三种典型类型的权属纠纷：因委托进行开发形成知识成果的产权归属问题、因合作开发形成知识成果的产权归属问题以及职务发明或非职务发明形成知识成果的产权归属问题。

（一）因委托进行开发形成知识成果的产权归属问题

在某能源公司与某机器人公司专利权权属纠纷案件[①]中，原告某能源公司与被告某机器人公司就名称为“一种锂电池双面贴保护膜设备”

① 广东省深圳市中级人民法院（2018）粤03民初834号民事判决书。

的诉争专利权发生权属纠纷。2015 年 1 月 9 日，原被告双方签订了采购订单，同时附随了《订单交易条款》，其中第 7 条“知识产权”中对采购过程中涉及的知识产权归属作出了约定：“完全由卖方自主提供的设备的知识产权属卖方所有。双方共同研制开发的设备的知识产权由双方共有。买方对于设备在调试使用过程中的技术改进和方案等产生的知识产权、非专利技术成果归买方单独所有。”“主要由买方提供技术参数、设计标准等技术数据、图纸、规格的设备，属专门为买方定制的设备，其知识产权属买方所有。”在本案中，原告认为，被告接受原告的委托研发涉案设备，双方当事人就委托事项及研发形成的知识产权权属已达成合意，但被告在未通知原告的情况下将电池贴膜机所采用的技术方案向国家知识产权局提出专利申请并获得授权，违反了双方约定，严重损害了原告的合法权益，诉请法院判决诉争专利权归原告所有。

在该案中，2016 年，被告向国家知识产权局提出名称为“一种锂电池双面贴保护膜设备”的实用新型专利申请，并于 2016 年 7 月 27 日获得授权，专利权人为被告，此为本案诉争专利。2017 年 11 月 1 日，被告以原告某能源公司向博发公司采购的电池贴膜机设备涉嫌侵犯案涉诉争专利权为由，将某能源公司作为被告、博发公司作为第三人，诉至福建省福州市中级人民法院，请求确认某能源公司从博发公司处采购的设备侵犯诉争专利权，并请求判令某能源公司赔偿某机器人公司专利许可使用费及合理维权费用合计 110 万元。福州市中级人民法院依法受理，案号为（2017）闽 01 民初 1130 号，该案尚未审结。2018 年 3 月 22 日，本案原告某能源公司将被告某机器人公司诉至深圳市中级人民法院，称原告为诉争专利的唯一权利人。根据《订单交易条款》的约定，请求法院判令诉争专利权应当归原告所有。本案所涉争议焦点如下：（1）本案所涉条款《订单交易条款》第 7.7 条是否为格式条款？对该条款中约定的“主要由买方提供技术参数、设计标准等技术数据、图纸、规格的设备”如何解释？（2）本案所涉专利归属如何认定？是否属于委托专利或合作专利？经审理，法院驳回某能源公司的诉讼请求。

在该案中，虽然原被告双方在合同中约定了相关知识产权的归属，但法院并未完全依照合同约定进行审理，而是通过对合同约定本身是否符合公平正义、合同双方是否履行相应的权利义务等方面进行审理，认为原被告双方约定中有关知识产权的条款违背了公平原则，导致双方利益之间出现失衡的情况，且关于知识产权归属的条件未成就，诉争专利权不应当归属于原告，故驳回了原告的诉讼请求。

现代专利服务业中，存在大量专利委托开发合同，甚至更多的是以“设备买卖合同 + 技术委托开发合同”形式或“服务提供合同 + 技术委托开发合同”形式出现，即购买设备、购买服务的同时要求将“定制类”的设备和服务所涉知识产权转移，在这一交易中，存在以下确权风险：（1）格式条款的认定；（2）条款的解释；（3）发明类别及权属认定。

1. 格式条款

格式条款大量存在于“设备买卖合同 + 技术委托开发合同”或“服务提供合同 + 技术委托开发合同”形式的专利交易中，尤其是规模较大的科技型公司强调合同的规范性，内部即存在已成模板的格式合同，而一旦相关条款被认定为格式条款会导致《民法典》第 498 条①的适用，即有两种以上解释的，应当作出不利于提供格式条款一方的解释。

上述案例中原告某能源公司作为海内外知名的电子企业的移动电源供应商，其合同中的知识产权条款约定也非常详细，产生争议的是第 7.7 条是否属于格式条款，这一认定会作为前提影响到其他条款的解释问题。本案中法院基于以下理由认定所涉条款为格式条款：（1）涉案条款不存在被告可与原告协商的余地；（2）涉案条款被原告多次反复使用

---

① 对格式条款的理解发生争议的，应当按照通常理解予以解释。对格式条款有两种以上解释的，应当作出不利于提供格式条款一方的解释。格式条款和非格式条款不一致的，应当采用非格式条款。

在采购中，系原告为重复使用而预先拟定并在与供应商签订订单时未与对方协商的条款。

结合《民法典》第496条第1款[①]的规定可见，针对格式条款认定风险规避的关键就在于预留出双方协商的余地，而非仅单纯要求对方予以“确认”。此种情况下，对方往往只能确认以保证设备买卖或服务提供订单成立，此时便不存在协商余地，从而所涉条款更易于被认定为格式条款。

2. 条款的约定与解释

针对委托专利而言，根据《专利法》（2020）第8条规定，其专利权的归属约定优先，若无约定，则归属于完成的单位或者个人。针对委托开发，委托人可通过约定归属的方式获得专利权，但并非约定完就高枕无忧，因为后面还会涉及约定条款的解释问题，此时还要考虑是否为格式条款的前提。尤其是在“设备买卖合同+技术委托开发合同”或“服务提供合同+技术委托开发合同”形式的专利交易中，约定条款的解释尤其复杂，且更易于被认定为格式条款：一方面，因为本身存在购买设备、服务的行为，其并不会导致知识产权的转移，约定条款可能会因为本身显失公平而无效；另一方面，约定得过于严苛，可能会导致具体情形并不符合约定内容而难以认定专利权归属于委托人。

对上述案件中《订单交易条款》第7.7条中约定的“主要由买方提供技术参数、设计标准等技术数据、图纸、规格的设备”的解释问题，法院基于以下理由认定其为设备研发出来之前所能提供的关于设备功能和验收方面的总体技术参数和规格以及针对案涉设备本身的设计原理、设计构思和主要部件功能、主要部件的相互位置关系和传动配合关系所提出的技术参数、设计标准、设计规格和设计图纸：（1）基于格式条款的考虑，应当作出不利于提供格式条款一方的解释；（2）根据条款本身

---

① 格式条款是当事人为了重复使用而预先拟定，并在订立合同时未与对方协商的条款。

之间过渡式表述的关系和公平原则，第7.6条起到“举轻以明重”的效果，第7.7条主张诉争专利权单独归其所有，便意味着原告不但参与了案涉设备的研发，而且对诉争专利技术方案的形成作出了最重要且无可替代的实质性贡献；（3）专利法所称发明人或者设计人，是指对发明创造的实质性特点作出创造性贡献的人，第7.7条中“主要由买方提供技术参数、设计标准等技术数据、图纸、规格”的含义，也应当理解为对诉争专利技术方案的实质性特点作出创造性贡献的技术数据、图纸和规格主要由原告提供。

由此可见，对委托开发而言，首先，要对权利归属作出约定，否则难以主张专利权；其次，在约定时，要留出协商空间，避免认定为格式条款；再次，注意条款之间的关系，以免相互设限掣肘；最后，在“设备买卖合同+技术委托开发合同”或“服务提供合同+技术委托开发合同”形式的专利交易中，因涉及多份合同，合同条款的约定也存在交叉，需要对其中具有专利开发委托合同性质的条款作出更加明确的认定。因为法律明确规定专利开发委托合同约定优先，此时就无需通过现行《专利法实施细则》第13条①的检验，否则若落入合作开发或委托方单独开发中，将会大大加重委托方举证责任，易导致举证不利的后果。并且，根据《民法典》第859条的规定，研究开发人转让专利申请权的，委托人享有以同等条件优先受让的权利。

3. 专利类别及权属认定

根据《专利法》（2020）第8条的规定，委托专利与合作专利都遵循约定优先，否则专利权属于实际完成人。两种专利的区别在于，委托专利中的委托方无需达到“合作开发”专利的地步，即无需对专利技术方案的实质性特点作出创造性的贡献，而后者需要，但委托合同需要支

① 该条规定，专利法所称发明人或者设计人，是指对发明创造的实质性特点作出创造性贡献的人。在完成发明创造过程中，只负责组织工作的人、为物质技术条件的利用提供方便的人或者从事其他辅助工作的人，不是发明人或者设计人。

付报酬作为对价，合作开发合同则不是。因此，在委托开发中，委托方应当进一步明确委托合同性质，而不是与其他合同内容及条款混为一体、不加区分，导致委托开发性质认定困难，从而被认定为合作开发，增加委托方的举证责任，也往往容易导致其获权愿望落空。

在陷于难以认定为委托开发合同并被认定为格式条款等不利情形之下，委托方仍有一招制敌之法，即通过现行《专利法实施细则》第13条的规定，证明其对发明创造的实质性特点作出了创造性贡献，从而以合作专利的形式主张共有的专利权，此时就存在专利类别的认定问题。但是，在完成发明创造的过程中，只负责组织工作的人、为物质技术条件的利用提供方便的人或者从事其他辅助工作的人，不是发明人或者设计人。

在上述案例中，原告仅提供设备在功能和验收方面的总体技术参数和规格，不可能视为对诉争专利技术方案的实质性特点作出创造性的贡献。由此可见，在委托开发中，委托方需注意留存权属证据，保存可能可以在相关合同条款无法被认定为委托开发条款时用以证明其“对发明创造的实质性特点作出创造性贡献”的证据内容。

在某信息科技公司与杜某专利权权属纠纷案①中，某信息科技公司与某运动公司签订《开发合同》，约定由某运动公司提供功能需求，委托某信息科技公司设计开发“蓝牙计步器”，但未约定项目研发产生的知识产权的归属事宜。后某运动公司法定代表人杜某申请涉案专利并获得授权，专利产品投入市场，某信息科技公司、杜某就涉案专利的权属发生争议。某信息科技公司主张，其作为涉案专利的受托研发方，应享有专利申请权及专利权，杜某抗辩称其已与某信息科技公司口头约定相关知识产权归其所有，某信息科技公司对杜某申请专利及获得授权的过程全部知悉并无异议。

---

① 广东省高级人民法院（2015）粤高法民三终字第577号民事判决书。

法院经审理认为，本案系专利权权属纠纷，从《开发合同》条款中可以看出，某运动公司并未明确将涉案专利委托给某信息科技公司，某信息科技公司称某运动公司将包括涉案专利在内的整个硬件设计变更为全部委托其进行，对于其主张的涉案专利归自己所有的待证事实，并未提交充分的证据。根据当事人之间的邮件往来内容，通常理解为杜某负责涉案专利的设计，而某信息科技公司员工负责的设计并非涉案专利。据此，法院判决涉案专利归杜某所有，而非受委托方某信息科技公司。在本案中，在双方当事人未就委托进行技术类知识成果创造的产权归属进行约定的情况下，法院并不必然认定产权权属归于受托方，而是根据双方合同的相关内容、涉案专利研究开发的具体情形综合判断，作出符合公平原则的审判。

（二）因合作开发形成知识成果的产权归属问题

当事人合作开发技术成果，如果约定了技术成果的知识产权归属，则从其约定，且当事人行使权利不得损害其他共有权人的合法利益。在朱某等诉张某等专利权权属纠纷一案[①]中，2005 年 7 月 1 日起，原告朱某等与被告张某等合作开发生产玉米收获机，原告投入资金、厂房、场地，2006 年 11 月 6 日，原告、被告七人签订了合作协议，约定自 2005 年 7 月 1 日起开始研发玉米收获机的成果（专利）归双方共同享有，任何一方不得转让技术和私自生产。2006 年 9 月 28 日，张某申请“一种改进的玉米收获机”实用新型专利，专利权人为张某，并于 2009 年 12 月 31 日与沧州某公司签订转让协议，将该实用新型专利的全部权益转让给沧州某公司。一审法院认为，本案为专利权权属纠纷，被告张某擅自将与他人共有的技术成果以个人名义申请专利并进行转让，判决涉案实用新型专利权属于原告、被告双方共有。被告张某提出上诉，主张涉案专利系其自行研究设计的玉米收获机，原告方不熟悉玉米收获机的技术，

① 河北省高级人民法院（2010）冀民三终字第 82 号民事判决书。

双方也未进行合作研发，请求二审法院撤销一审判决。

二审法院认为，双方签订的合作协议是平等协商、合法有效的结果，合同约定涉案专利归双方共同享有，是双方真实且有效的意思表示，据此应认定涉案专利由双方共同享有。上诉人张某称被上诉人未参与研发工作的主张缺乏依据，张某以自己的名义申请应由双方共同享有的涉案专利权，违反了合同约定，应承担相应的违约责任，原审法院认定并无不当，故驳回上诉，维持原判。

在甲公司与乙公司专利权权属纠纷、专利申请权权属纠纷案①中，甲公司与某研究院签订《技术开发合同》，该合同约定，某研究院委托甲公司对化合物 CPY1302 筛选新晶型并开发指定新晶型的制备方法，研究成果及知识产权归属某研究院，且甲公司不得再接受其他公司的该产品晶型筛选业务。甲公司参与乙公司的坎格列净筛选合作项目与某研究院委托开发的项目的化合物为同一个，委托项目均包括晶体筛选，两个项目的实验时间、人员上均存在部分重合。甲公司完成某研究院的委托项目，筛选坎格列净—水合物晶型 HI、坎格列净—水合物晶型 HII 作为研究成果，其晶型相关的技术方案，以及某研究院指定的其中一种晶型制备方法技术方案依据合同约定应归属某研究院，但涉案专利并非仅涉及上述两种晶型，还包括两种晶型制备方法、包含有坎格列净—水合物晶型 HI 或坎格列净—水合物晶型 HII 的药物组合物、坎格列净—水合物晶型 HI 或坎格列净—水合物晶型 HII 在制备治疗和/或预防疾病的药物中的用途的技术方案，就此些研究成果是否也归属某研究院产生了本案的争议。

一审法院认为，涉案发明专利经授权是完整的专利权，无法分割，某研究院、乙公司虽对于涉案发明创造的完成没有合意，但均对专利技术方案作出创造性贡献，各技术特征结合成为涉案专利整体，其专利权

---

①　浙江省高级人民法院（2018）浙民终 835 号民事判决书。

应由共同完成专利技术方案的某研究院、乙公司共有，所以某研究院对整体发明专利权享有共同权利。二审法院认为，一审法院认定某研究院对涉案专利技术方案作出创造性贡献并判决确认其为共同专利权人完全符合涉案技术开发合同中有关研究成果及知识产权归属的约定及本案的基本事实，事实认定清楚，法律适用正确，故维持原判。从此案可以看出，我国司法审判中“合作开发”的认定更侧重于客观方面各主体作出的贡献，而对主观上的“合作意识”没有强制性要求。

（三）职务发明或非职务发明形成知识成果的产权归属问题

在判断一项技术成果是否属于“职务发明”时，是否“利用单位的物质技术条件”是一项关键标准，邹某与某电子公司专利权权属纠纷案[①]具有代表性。在该案中，邹某与某科技公司于2006年4月10日订立《合作协议书》，约定某科技公司以资金入股，邹某以技术入股，共同注册成立某电子公司，双方利用研发中心开发出的产品，知识产权归某电子公司所有。2007年邹某以自己名义申请了涉案专利，但某电子公司认为该涉案专利系邹某在某电子公司工作期间为完成工作任务，利用公司的物质条件并与研发中心其他成员共同完成的，根据《专利法》及《合作协议书》的约定，该专利权应属于某电子公司。法院审理认为，在《合作协议书》真实合法有效的情形下，某科技公司与邹某共同成立某电子公司，邹某是某电子公司股东，其认可在某电子公司承担的是与涉案专利主体相同的工作。虽然邹某提出涉案专利仅为“测速雷达”，而某电子公司投资的技术项目为“抓拍系统”，但其在上诉理由中明确认可“测速雷达”为“抓拍系统”的一部分，因此涉案专利与邹某所承担的公司项目主体相同，一审法院认定涉案专利应视为邹某执行单位任务的情形并无不当，涉案专利应作为职务成果归某电子公司所有。二审法院驳回了邹某的上诉请求，维持一审判决。

---

① 北京市高级人民法院（2014）高民（知）终字第3430号民事判决书。

判断是否属于“职务发明”的另一标准是发明人与单位之间的人事关系，认定职务发明创造从而判定专利权归属的重要前提是争议双方之间存在单位归属关系。《专利法实施细则》第12条规定，《专利法》第6条所称执行本单位任务所完成的职务发明创造，包含了退休、调离或人事关系终止后一年内作出的，与其在原单位承担的本职工作或原单位分配的任务有关的发明创造。离职时间、诉争知识成果是否与本职工作或分配任务相关，也对判断知识成果是否属于职务发明有重要的影响。例如，在汪某与某材料公司专利权权属纠纷案①中，某材料公司向法院诉称汪某作为公司原法定代表人，在离开公司不满一年的时间，将与其在公司承担的本职工作有关的发明创造以个人名义申请了专利，该专利属于职务发明创造，应归某材料公司所有。最高人民法院再审将汪某离职时间、诉争专利是否与汪某任职期间的本职工作有关作为案件的焦点问题进行审理，最终认定诉争专利是汪某在某材料公司任职期间与其本职工作具有关联性的技术研发，该诉争专利的产权应归某材料公司所有。

以某技术公司与孙某、陈某等专利权权属纠纷案②为例，2012年3月1日，某技术公司与陈某签订《总经理聘任合同》，2012年1月1日，某技术公司与孙某签订《副总经理聘任合同》，某技术公司认为北京某公司于2013年提出的涉案专利，系陈某、孙某在本职工作中执行某技术公司工作任务所完成的发明创造，据此引起本案专利权权属纠纷。法院经审理认为，根据某技术公司提交的在案证据，陈某与孙某担任公司职务时的职责规定仅为概况性内容，不能体现两人具体参与的研发项目。某技术公司认为陈某与孙某在涉案专利申请日前后四年左右的时间与公司存在劳动关系，其两人在公司的职责就是从事专利技术的开发和研制，对此主张法院不予支持。某技术公司提供的各项材料证据不足以证明涉案专利是主要利用该公司的物质技术条件完成的发明创造，据此，法院

---

① 最高人民法院（2014）民提字第90号再审民事判决书。

② 北京市高级人民法院（2017）京民终707号民事判决书。

驳回了某技术公司的诉讼请求。

若单位与职员之间已就开发成果的产权归属问题达成合意，约定了产权归属，法院在审判时应尊重当事人之间合法、有效、意思真实的合同约定，对产权权属作出正确判断。以凌某与浙江某机械公司职务发明创造发明人、设计人奖励、报酬纠纷案①为例，凌某与某机械公司就签订技术聘用协议后技术成果的知识产权归属产生争议。在单位与工作人员对利用单位物质技术条件形成的知识成果的产权归属问题上，法院认为，根据涉案技术聘用协议的约定，凌某完成协议项目产生的技术成果归某机械公司所有，该约定系双方当事人真实意思表示，不违反法律法规的禁止性规定，应属合法有效，对各方当事人具有法律约束力。故凌某提出的涉案专利已经依据涉案协议确认转让给某机械公司、涉案专利为职务发明的主张，法院不予支持。

再以上诉人南京某医疗公司科技有限公司、史某、杨某、周某、杨某某与被上诉人南京某医疗科技股份有限公司专利权权属纠纷案②为例，职务发明创造与非职务发明创造的重要区分是涉案相关主体能否享有职务发明创造者的身份。

在该案中，2012 年 11 月 5 日，杨某某申请了名称为“一种阴道电极”的发明专利，即本案的涉案专利。2013 年 8 月 29 日，国家知识产权局收到涉案专利申请人变更的请求，2013 年 9 月 13 日，涉案专利申请人变更为南京某医疗公司科技有限公司（以下简称某医疗公司）。南京某医疗科技股份有限公司（以下简称某科技公司）系一家专业从事医疗器械、生物医学工程、家庭健康产品及计算机软件的研发、生产、代理销售的企业。史某、杨某、周某原为某科技公司员工，系上述多项专利的共同发明人。史某自 2002 年 11 月 1 日起在某科技公司工作，担任研发部负责人。杨某自 2007 年 10 月 25 日起在某科技公司工作，担任市场

---

① 浙江省湖州市中级人民法院（2015）浙湖知初字第 224 号民事判决书。

② 江苏省高级人民法院（2016）苏民终 988 号民事判决书。

部经理、产品部经理，具体工作包括负责对新产品、新技术开发方向进行调查，负责产品的售前技术支持等。周某自2011年2月21日起在某科技公司工作，在研发部担任高级结构工程师，史某是其部门主管。2012年10月31日，杨某通过某科技公司邮箱向史某发送了一份名为《商业计划书》的邮件，该邮件内容是拟成立一家与某科技公司有市场竞争关系的公司，其中，项目运营及团队架构：总经理杨某、研发负责人史某等，项目名称：××筛查诊断及治疗系列产品，所处行业：医疗健康（妇女产后康复），主要产品：盆底肌电筛查仪，盆底阴道一次性电极。上述《商业计划书》形成两个月后，某医疗公司登记成立，公司股东为崔某、杨某某、阎某等，其中，崔某系杨某母亲，周某某系周某的妻子，陈某系郑某（原为某科技公司员工，现在某医疗公司工作）的妻子，其余股东均系杨某的朋友。某医疗公司成立后不到一个月，史某从某科技公司离职，在《离职交接单》上史某承诺对某科技公司的有关情况予以保密。2013年3月，史某至某医疗公司并工作至今，担任副总经理一职。同年7月8日，杨某向某科技公司提出了辞职申请，在其提出申请但尚未离职期间，杨某就着手为某医疗公司办理相应的行政许可手续。2013年7月23日，杨某从某科技公司离职，在《离职交接单》上杨某亦签署了与史某相同的保密承诺。离职后，杨某即入职某医疗公司，担任总经理一职，全面负责某医疗公司的生产经营。2014年8月，某科技公司以周某不服工作安排拒不签订保密协议，且其妻子在竞争企业某医疗公司担任股东为由，解除了与周某的劳动关系，后周某入职某医疗公司工作，担任售后经理一职。2013年，某医疗公司从杨某某处受让了涉案专利的申请权，并最终获得国家知识产权局授权。除涉案专利外，某医疗公司还先后申请了其他8项类似专利。某科技公司认为其自2011年起就为一次性阴道电极项目进行了长期大量的投入与研发，而史某、杨某、周某在某科技公司处工作时参与了涉案技术的设计、研发，还对技术进行了改进、调研、评估、论证，2012年6月11日，史某通过电子邮箱对阴道电极套的可行性进行了评估，并最终以使用不便、成本过高等理由否定了该技术方案。某科技公司认为，包括涉案专利在内的上述9项专利均是史某、杨某、周某等人在某科技公司的职务发明，专利权均应为某科技公司所有，而史某、杨某、周某等人为将上述专利据为己有，以其亲属和朋友的名义成立某医疗公司，利用公司的独立人格规避法律。故某科技公司将包括本案在内的上述9项专利一并起诉至一审法院，请求法院判令专利权归某科技公司所有。

本案所涉争议焦点如下：（1）杨某某是否为涉案专利的发明人；（2）涉案专利是否为杨某、史某、周某等的职务发明。经审理，法院驳回上诉，维持原判，认定涉案专利为职务专利，专利权归南京某科技公司所有。

对于科技研发、科技产品提供类企业而言，职务专利广泛存在，甚至可以说，技术的研发和改进是其赖以生存的基础，在这一过程中，存在以下确权风险：（1）第三人申请——实际发明人认定；（2）职务发明的认定。

1. 第三人申请——实际发明人认定

根据《专利法》第6条第1款的规定，职务发明创造的专利权属于单位，为规避职务专利归属条款，职务发明的实际发明人往往不会自己提出专利申请，而是找到与本单位无关的第三人提出申请专利以规避法律，而后以专利转让或变更专利申请人的方式将专利权转移给他人（往往是实际发明人后任职的单位），或者直接由后任职单位提出申请，由此实现对职务专利的侵占，此即第三人申请的风险。

本案中，某科技公司曾安排周某负责导电硅胶的市场调研工作，提出了以导电硅胶为材料的阴道电极套的生产要求。但之后史某通过电子邮箱向公司汇报可行性评估结果，以使用不便、成本过高等理由否定了该技术方案。后史某、杨某、周某以杨某某的名义申请专利规避法律，在由杨某某提出专利申请人变更的请求，将涉案专利申请人变更为实际发明人后任职的某医疗公司。法院基于以下理由认定杨某某并非实际发明人：（1）我国专利申请并不对申请文件中所记载的发明人作实质性审查，故记载的仅是名义上的发明人；（2）杨某某就涉案专利的发明过程、专利申请、专利申请权转让的过程等所作陈述存在无法证实、印证或矛盾之情况；（3）杨某某无法提供涉案专利研发的相关资料；（4）杨某某不具有涉案专利研发的相关知识：杨某某在法庭上无法熟练操作所涉专业软件、基本无法辨识区分同类专利产品、杨某某对涉案专利相关问题无法作出回答、没有涉案专利技术领域相关的学习和从业经历；（5）存在其他程序瑕疵、证言矛盾之处。

由此可见，面对职务专利遭第三人申请的风险时，第一，即便针对内部评估未通过的技术方案，单位也可先通过申请专利的方式规避，因为专利本身不可重复授权，若某科技公司针对周某经过调研提出的技术方案先提出专利申请，会阻止在后申请专利的新颖性，即便之后杨某某提出改进型发明申请，也可以在先基础专利的禁止权内容阻止在后改进型专利的实施。第二，上述做法可能会导致无市场价值的专利囤积、造成成本及资源浪费，或者业已出现第三人申请事实时，单位可以通过现行《专利法实施细则》第 13 条，主张第三人并非实际发明人，此时需要单位注意留存在职务专利研发过程中的材料、数据、所用工具、方法等，以便证明第三人不具有相关研发事实和能力，因为一旦第三人具有相关研发知识、从业经验，则需要证明其没有具体参与所涉专利的研发，对其实质性特点作出创造性贡献。

2. 职务发明的认定

根据《专利法》第 6 条的规定，职务专利权归属的基本原则是属于单位，利用本单位的物质技术条件所完成的发明创造，约定优先；非职务专利归属于发明人。由此可见，即便单位未对职务专利作出归属约定，其依然归属于单位，故职务发明归属的问题主要存在于职务发明还是非职务发明的认定，即《专利法实施细则》第 12 条的认定与适用问题，尤其是针对许多专利是在科研人员离职后提出申请的，此时，科研人员往往主张所涉专利为其自主研发的，与原单位承担的本职工作或者原单位分配的任务无关，即便在原单位接触了相关工作内容，但原单位没有形成完整技术方案，后任职单位也从事相关领域研发，具有研发能力。

本案中，某科技公司提供了一系列文件档案和技术资料，包括史某负责编写、制订的《阴道电极立项文件》《阴道电极技术报告》《设计开发计划书》等技术文件，史某创建的《阴道电极立项文件》，记载了史某在会上的发言的《新产品研发会议》，某科技公司根据用户反馈改进的《产品品质提升立项列表》，周某编写的《阴道电极套可行性调研》及史某对其进行的可行性评估，最终以使用不便、成本过高等理由否定了该技术方案的邮件。法院基于以下理由认定涉案专利属于职务发明：（1）史某、杨某、周某等人曾在某科技公司工作，具备研发能力，掌握了涉案专利核心技术；（2）涉案专利属于杨某、史某、周某执行某科技公司任务所完成的发明创造，为职务发明，专利权权属应归某科技公司；（3）在职务发明的认定中，并非只有当原告单位能够举出包含了与诉争专利技术完全一致信息的相关证据时，才能将诉争专利认定为属于原单位职工的职务发明。涉案专利技术方案与某科技公司提出的工作任务极其相关，一审法院据此认定涉案专利属于职务发明具备事实和法律依据。

由此可见，为规避职务发明创造确权风险，单位须注意以下内容：（1）留存职务发明创造相关材料，尽量以文字材料方式进行工作的分配、安排与反馈，包括发明人与单位之间的工作关系材料、离职材料、工作任务内容、所利用物质技术材料等，这对于后期证明与原单位工作任务“有关”尤其重要；在无法证明存在工作关系时，可以通过主张单位已经完成的工作任务包含了涉案发明创造的所有技术特征的方式，此时，只需证明更为宽泛的能够接触到上述发明创造的“接触关系”，这对相关材料的留存和材料详细程度就提出了更高的要求。（2）保证技术材料的非公开性，否则会影响“主要是利用本单位的物质技术条件”的认定。（3）在科研人员离职1年内，应密切关注其去向及其个人或后任职单位的专利申请情况，避免出现申请职务发明创造的情形。（4）科研人员离职时，进行保密义务的约定。在该案例中，相关人员离职时在《离职交接单》上进行了保密承诺，但该承诺仅约定“承担相应的法律和民事责任”，过于笼统，法院并未对此进行认定。为避免出现职务发明创造的权属纠纷，单位在科研人员离职时可以签署离职保密协议，但内容应该更为具体，若约定竞业禁止条款，则需按照劳动法的规定予以补偿。

二、技术类知识产权交易合同纠纷

准确定位知识产权制度在社会中的功能和作用，对于明确知识产权对社会经济发展、科学技术进步以及文化繁荣发挥的独特价值、解决知识产权争议和纠纷有重要的意义。知识产权制度的直接目的是保护知识产品的创造者等知识产权人的利益，通过提供法律制度上的保障，维护知识产权人的专有权利，充分调动知识产权人的创造积极性；而知识产权制度的最终目的是通过保障知识产权人利益的激励机制，促进知识和信息的广泛传播，促进经济发展和科技、文化进步。[①] 技术类知识产权作为知识产权的一类，同样具有保护技术成果所有人的直接目的和推动技术传播、利用和信息的扩散，从而促进社会技术进步的最终目的。因此，在解决技术类知识产权纠纷时，需要从保护技术类知识产权的目的和价值出发，考虑其对于科技发展的重要功能，作出既符合公平正义理念，又有利于社会技术进步的最优决断。

技术类知识产权能够通过交易极大地发挥技术成果的市场价值，知识产权人通常选择以市场交易的方式获取利益。在技术类知识产权的交易中，合同扮演着重要的纽带角色，不仅对合同各方当事人的权利义务

---

① 参见冯晓青：《知识产权法》，中国政法大学出版社2015年版，第49页。

有着约束和限制作用，也对有效发挥技术类知识产权的价值有重要的推动作用。随着技术类知识产权交易的日益频繁，因交易形成的争议和纠纷也不断涌现，其中以知识产权交易合同纠纷最为常见。

（一）技术类知识产权交易合同纠纷与一般合同纠纷相同的特征

《民法典》第844条规定，订立技术合同，应当有利于知识产权的保护和科学技术的进步，促进科学技术成果的研发、转化、应用和推广。该规定体现了我国对技术合同推动国家科技发展的关注和重视，其与Trips协定规定的“知识产权保护的目的”相契合。技术类知识产权交易合同相较于一般合同，除具有维护和约束当事人权利义务的作用外，其更负有加速科学技术革新、推动知识产权制度发展、创新及应用的重要使命，而这一使命不但体现在技术类知识产权交易合同的订立和履行步骤中，还贯穿于此类合同发生纠纷时的处理过程。在司法实践中，法院处理技术类知识产权交易合同纠纷时，应当秉持法律所规定的促进科技进步这一原则和理念，在当事人的个人利益追求与社会的科学技术发展利益之间尽可能地进行权衡，最大限度实现两者的利益平衡与协调。对于仍然存在继续履行可能的技术类知识产权交易合同，法院可以通过调解、解释等方式化解争议，推动合同双方继续履行技术合同，以达到推动技术运用、推广和发展的目的；如果双方之间的技术类知识产权交易合同已无继续履行的可能，法院则应综合考虑双方当事人的地位和利益关系，结合双方权利义务的履行情况，遵循民法的基本原则，公平公正地作出审理和判断。

知识产权合同本身是合同的一种，合同又属于民法的范畴，因此民法的基本原则、合同法的基本原则都当然适用于知识产权合同。[1] 在订立知识产权合同时，需要遵循民法追求的正义、自由、公平和鼓励交易等原则。技术类知识产权合同主要包括技术开发合同、技术转让合同、

---

① 张耕：《知识产权民事诉讼研究》，法律出版社2004年版，第247页。

技术许可合同、技术咨询合同、技术服务合同等主要类型。在技术类知识产权合同的订立和纠纷解决中，既要体现民法合同制度的基本理念，也要考虑到技术类知识产权本身的价值和意义，体现出技术类知识产权交易合同的独特性。尽管技术类知识产权合同因“技术性”而在风险上展现出独特的法律特征，但一般性合同法律风险在技术类知识产权合同中依然存在，技术类知识产权合同仍具有一般合同的本质特征和属性，其一般为双务、有偿合同，在合同中通常详细列明了各方当事人的权利义务，在合同纠纷引起的原因和合同纠纷的种类上，也与一般合同有着相类似的特征，符合一般合同所具有的基本特点。具体就引起合同纠纷的风险而言，一般合同中最为普遍的风险是当事人违反合同约定或是合同约定内容不明确，这类风险在技术类知识产权合同中同样是最常见的情形。因合同属性产生争议导致纠纷也是一般合同纠纷的常见情形，这在技术类知识产权合同中也是典型的一种纠纷类型。基于在交易过程中技术类知识产权合同与一般合同所具有的相同属性，以下首先对引起合同纠纷的共同原因进行论述。

1. 因违反合同约定引起的合同纠纷

因违反合同约定而引起的合同纠纷，是在实践中最容易遭遇的问题。前文提到，技术类知识产权合同通常为双务合同，只有合同双方均按照合同约定，全面及时履行合同义务，合同的订立才有价值，当事人的权利才能实现。合同双方义务是否全面、及时地履行，是判断当事人是否构成违约的关键，具备明确的合同义务是当事人履行义务以及判断当事人是否违约的前提条件。据统计，在专利合同纠纷案件中，因为当事人违反合同约定而引起的纠纷最为普遍。专利合同亦存在一方拒不付款或不交付标的物等一般合同中普遍存在的违约情形，其他情形还包括在技术开发完成后未按照约定实施、推广技术，跨地区使用被许可技术等。司法实践中，对待技术类知识产权合同纠纷，既要符合合同纠纷处理的公平正义原则，又要考虑技术类知识产权在价值和功能方面的独特性，结合《民法典》所要求的促进技术进步的原则与精神，进行灵活处理：在一方或双方违反合同约定，但违约行为并不必然导致技术合同无法继续履行时，为了鼓励和促进技术知识产权交易的进行和完成，法院通常通过督促违约方继续履行义务或承担违约责任，或者按照公平原则要求合同双方承担相应责任的方式，促使技术类知识产权合同继续履行，而非简单地依照诉讼当事人的请求，直接解除或终止合同。但如果合同违约方的行为导致合同无法继续履行或合同目的无法实现，已经构成根本违约，不解除或终止合同将严重损害对方当事人的利益，法院仍应当判决解除或终止合同，从而维护当事人的合法权益。

在司法实践中，因违反合同约定引起的合同纠纷非常普遍。以下不妨就部分典型案例加以探讨。

在某公司与李某发明专利实施许可合同纠纷案①中，双方当事人于2007年12月20日签订的专利实施许可合同约定，本专利的许可方式是独占许可，且2008年3月4日签订的专利实施许可合同补充协议也约定许可方式为独占许可，并约定了专利独占适用许可范围。某公司在签订专利许可合同以及支付专利使用费，享有在集成灶炉具盖板上涉案专利的独占实施权后，李某在双方约定的许可实施范围内作为专利实施许可的让与人，亦不得实施该专利，即在集成灶炉具盖板上不得实施涉案专利。某公司主张，李某向某公司销售落入涉案专利保护范围的集成灶炉具盖板，已违反了许可合同的约定，构成违约。法院经审理认为，涉案合同合法有效，不存在李某辩称的“非法垄断技术、阻碍技术进步”的情形，李某对外销售落入专利保护范围的集成灶炉具盖板，损害了某公司的独占实施权，构成违约。同时，法院考虑到某公司仍在实施涉案专利，且要求合同继续履行，故“以涉案许可合同继续履行为考虑基础，兼顾涉案专利实施许可合同许可费和年限等履行情况、李某的过错程度

① 浙江省高级人民法院（2010）浙知终字第268号民事判决书。

以及预期利益等综合因素，根据公平原则和诚实信用原则予以衡量”，判决涉案合同继续履行，且适当调整了李某的违约赔偿责任，推动双方合作的继续进行。

在山西某技术公司、山西某科技公司与某自来水公司技术合同纠纷案[①]中，2014 年 6 月 9 日，原告方与被告签订了《节能技改协议》及相关补充协议，双方一直执行至 2016 年 11 月 18 日，被告某自来水公司不再按照涉案技术合同约定按期结算，故原告方请求法院判决被告继续履行合同，并支付拖欠的技改节能款及违约金。法院认为，双方签订的涉案技术合同及补充协议均为当事人真实意思表示，且不违反法律法规强制性规定，各方应依照合同约定履行义务。就原告方主张的技改节能款而言，本案不存在无法确认系统运行时间及节能数据的情形，被告某自来水公司应负责将月付费金额支付给原告方，被告拖欠款项的行为构成违约，应承担相应的违约责任。考虑到双方合同继续履行的可能性，法院认为涉案合同应继续履行，但原告方主张的违约金过分高于实际损失，应作适当的调整，故最终判决原告、被告双方继续履行涉案合同及补充协议，被告某自来水公司承担违约责任，向原告方支付相应的违约金。

在某置业公司与某能源公司技术合同纠纷案[②]中，2016 年 5 月 19 日，双方当事人签订了涉案《技术服务合同》，该合同为双方真实意思表示，不违反法律、行政法规禁止性规定，是合法有效的合同，双方当事人均应当按照合同约定履行自己的义务。在合同履行过程中，某能源公司要求某置业公司按照“系统每个阶段服务开始后 30 天内，付该阶段占比例的 45%”的合同约定支付系统设计阶段和施工阶段首付款，但某置业公司拒绝支付。法院审理认为，涉案合同约定的工作周期为 45 天，双方履约至 30 天已到第一个付款节点，某置业公司应当按合同约定支付款项以保证合同的正常履行。但某置业公司以工作联系单方式明确表示

---

① 山西省高级人民法院（2018）晋民终 485 号民事判决书。

② 山东省高级人民法院（2018）鲁民终 901 号民事判决书。

暂缓支付某能源公司合同款并解除合同，构成根本违约，应当承担相应的违约责任。而某能源公司于 2016 年 7 月向某置业公司发送的工作联系单以及《暂停服务通知函》，表达的是暂停技术服务，出于合同继续履行、最大限度减少双方损失的目的，希望双方进行协商的意思表示，未违反双方签订涉案合同的约定。某置业公司单方面违约，且在某能源公司采取暂缓措施后仍未继续履约，导致合同无法继续进行，故法院判决解除双方签订的涉案合同，并要求某置业公司支付拖欠款项。

在某涂料公司与周某技术委托开发合同纠纷案①中，2008 年 7 月 1 日，某涂料公司与周某签订合作协议一份，约定由某涂料公司投入场地、资金、项目，周某投入技术、精力，双方共同在涂料公司现有产品的基础上从事产品的延伸、研发等科研、技术改进工作。周某在本案中主要承担开发新产品和提升现有产品的合同义务，按照合同约定，周某应努力让所研发的产品达到国内空白、世界领先的水平（该等指标应以省级以上的科技部门的鉴定为依据），或研发出专有技术或专利产品。法院经审理认为，双方签订的合作协议为合法有效的技术委托开发合同，某涂料公司已经按照该合作协议全面履行了合同义务，而周某应当依照合作协议履行的两项主要义务均未达到约定标准，应承担相应的违约责任。本案中，法院未因周某违约行为直接解除合同，而是基于对本案的综合考量以及合同继续履行的可能性，对原告某涂料公司要求周某继续履行合作协议的诉讼请求予以驳回，由周某承担相应的违约赔偿责任。

在某科技公司与某空调设备公司实用新型专利实施许可合同纠纷案②中，根据双方于 2005 年 4 月 20 日签订的《专利使用合同》，某科技公司允许某空调设备公司使用相关专利，使用涉案专利仅限于北京地区，不允许跨地区使用，但 2008 年 7 月 8 日，某空调设备公司与位于吉林省的一家热电厂签订了《安装合同》，其中某设备与合同中的涉案实用新

① 江苏省常州市中级人民法院（2013）常知民终字第 0004 号民事判决书。

② 北京市高级人民法院（2011）高民终字第 133 号民事裁定书。

型专利之间具有同一性，原告某科技公司认为某空调设备公司使用涉案专利的行为，违反了合同对专利使用范围的约定，构成违约，故向法院提起诉讼。虽然法院在审理中着重判断的是某空调设备公司与热电厂的交易中使用的设备与涉案实用新型专利是否具有同一性，但本案纠纷仍是因合同一方违反合同约定，未按照约定的专利使用地区进行活动而引发的，具有一定的代表性。

2. 因合同约定内容不明确引起的合同纠纷

在双方当事人达成合意订立合同后，基于种种原因，或是因文字本身表达不明晰，或是因当事人对法律或专业相关知识了解甚少，合同虽然对当事人义务或履约完成的标准进行了约定，但双方对于该项义务或标准的理解存在分歧，进而导致一方当事人认为自己履约完成，而另一方则认为对方当事人违约的情形。因合同约定内容不明确引起的合同纠纷，通常是在合同订立后，双方均进入履约阶段时发生，而且当事人双方往往已经为履行合同义务投入了一定的时间成本和经济成本。法院在审理此类案件时，需要权衡解除合同与继续履行合同两种选择哪一种给当事人带来的损害最小，并秉持公平正义的原则作出判断。考虑到技术类知识产权交易合同对科技进步、经济发展的独特作用，如果继续履行合同更符合当事人的利益诉求，法院应尽可能为技术类知识产权交易合同的继续履行创造条件，如双方对某一项义务或标准理解不一致时，法院可以根据合同解释规则、法律相关规定或专业人士解答等，为当事人提供或者确立可以参照履行的标准。以专利合同纠纷为例，若专利合同双方针对专利技术的验收标准存在理解上的分歧，或者对专利技术涉及的某一专业类名词出现误读，法院可以向专门的组织、部门或负责机关进行调查或咨询来进行解答；如果约定不明确的内容能够通过法律规定的合同解释规则予以明晰，法院可以参照相关规定进行明确，以尽可能维持技术类知识产权交易合同的继续履行，减少当事人不必要的经济损失，促进技术成果的创造和技术类知识产权的实现。

以许某与某餐饮公司技术服务合同纠纷案[①]为例，2011 年 8 月 19 日，许某与某餐饮公司签订《技术合作合同》，约定双方进行技术合作，导入许某操作系统对某餐饮公司进行模式改造，技术升级，更新产品，扩大产能，共同打造新型餐饮企业。在合同履行过程中，双方当事人就义务履行的时间存在争议，许某认为，某餐饮公司应当向许某支付“技术转移、工厂改造设计及建立《中央工厂标准化生产中式菜肴》操作系统、建立产品研发及技术管理体系费用 20 万元”而未支付，某餐饮公司则主张其支付义务与许某的合同义务是同时进行的，因许某未完成合同义务，某餐饮公司也无法支付相应的技术转移费。此外，在许某是否应于 2012 年 1 月 1 日前完成合同约定的义务以及许某交付的技术指标是否应送相关部门检查合格等问题上，双方当事人均存在不同的意见。法院经审理查明，合同中明确约定了涉案费用的付款期限，且该项费用的支付在合同中并未设置前提条件，某餐饮公司的主张缺少合同依据。案件中其他约定不明确事项因与当事人之间 20 万元付款义务并无直接对应关系，不影响某餐饮公司向许某支付 20 万元的义务，遂判决某餐饮公司向许某限期支付拖欠款项。在本案中，双方当事人因订立的涉案合同对原告应完成技术服务义务的期限及双方合作过程中的相互配合、验收等条款未作约定或约定不明而引发纠纷。法院认为，应将全部合同条款和构成作为一个统一有机的整体进行理解，首先遵循文义解释，对涉案合同约定内容的歧义部分进行解读，再根据双方的合同目的，对歧义部分作出理解和判断，从而尽可能使双方当事人形成统一的理解，促成合同的继续履行。

在陈某与某公司专利实施许可合同纠纷案[②]中，原告陈某与被告某公司之间签订的协议书合法有效，且已进入履行阶段，双方之间的专利实施许可合同依法成立。法院审理后认为，虽然协议书中未写明陈某许

---

① 上海市闵行区人民法院（2014）闵民三（知）初字第 1180 号民事判决书。

② 浙江省高级人民法院（2007）浙民三终字第 37 号民事判决书。

可某公司实施的是哪些专利，但结合本案发生事实可以认定原告陈某对于实施专利的类型表示同意。涉案协议中亦未对专利使用费进行明确规定，法院根据本案的实际情况，酌情确定某公司应当支付的专利使用费。因当事人双方均表示不愿继续合作，被告某公司同意解除双方之间的专利实施许可合同，故法院判决解除涉案合同，由被告某公司向陈某支付专利使用费。本案中，涉案技术类知识产权交易合同对诸多合同关键要素没有进行明确约定，导致双方当事人在履行合同约定时存在困难。法院基于对现实情况的判断，尊重双方当事人的意愿，作出解除合同的判决，符合公平正义的法治理念。

在胡某与某实业公司技术合作开发合同纠纷案①中，双方签署的涉案三份协议均为技术合作开发合同，由胡某提供技术、开发新产品并送检达标，某实业公司负责提供开发条件、支付胡某报酬。因双方未就合同中“国际先进水平”这一用语的具体内涵作出约定，在判断合同第一阶段是否完成时出现了理解上的矛盾，且双方在庭审中也没有对该措辞的内涵达成一致，故法院结合专门机关的专业检测结果，依据公平原则作出判断，认定第一阶段条件未达成，胡某主张某实业公司按照标准支付报酬的请求缺乏合同依据，不予支持。

3. 因合同属性产生争议引起的合同纠纷

合同的属性，是指合同属于什么类型、合同本身具有什么法律特征。判断合同具有何种属性，直接影响合同当事人权利义务的履行，也对法院管辖权的确定、纠纷应适用的法律等问题有着重要的影响。合同属性通常在合同名称中能够体现，但合同名称并非一定代表合同的性质。在实践中，许多技术类知识产权交易合同由合同双方当事人自行拟定，而当事人作为经济活动的主体通常缺乏专业的法律知识，在订立合同时往往忽视对合同本身性质的约定，或错误地理解、使用相关法律概念，导

① 浙江省温州市中级人民法院（2013）浙温知终字第57号民事判决书。

致双方在行使权利、履行义务等问题上出现理解冲突，进而发生合同纠纷。法院不能仅停留在文义理解的层面，简单地以合同名称界定技术类知识产权交易合同的属性，而是应当结合合同签订目的、双方当事人在合同中主要条款的相关内容、合同约定当事人的权利义务来进行确定。只有厘清双方当事人之间的法律关系，从合同本身约定内容进行理解，探究当事人在订立合同时的本意，才能准确地判断合同属性，在双方当事人的利益之间进行公平的权衡。

以技术类开发合同为例，因对合同属性产生争议引发的纠纷，通常表现为虽然合同名称有“技术开发合同”字样，但一方当事人不认可涉案合同属于技术开发合同，而认为合同属于劳务服务合同等其他类型的合同，或是当事人认为在订立合同时双方形成的合意属于另一属性的合同，从而导致当事人之间就合同属性产生分歧。如果涉案合同属于技术开发合同，其对双方当事人权利义务的约束可能延续至技术开发的后续工作，比劳务服务合同等对当事人提出了更严格的要求。在技术开发合同中，双方当事人也可能就涉案合同是合作开发合同还是委托开发合同产生争议，这都要求法院结合实际情况以及双方当事人之间的权利义务关系，作出判断和审理。

在某仪器公司与屈某技术委托开发合同纠纷案①中，原告某仪器公司与被告屈某于2009年3月31日签订了《技术开发合同书》，约定了开发原子荧光分光光度计的各项权利义务，其中第5条约定由被告负责研制、提供该项目的全部技术，原告向被告支付技术设计费等款项，第6条约定由原告负责对本合同项目进行实施，被告对合作项目进行全面的技术负责等工作。在2010年1月22日的会议中，原告要求被告尽快提供新仪器，加快原子荧光的项目进度，后被告未继续履行合同，故原告诉至法院。被告屈某在答辩中称，双方签订的《技术开发合同书》实际

① 浙江省台州市中级人民法院（2012）浙台知民终字第2号民事判决书。

是合作开发合同，而非委托开发合同，根据合同第6条约定，双方有着明确的分工与合作，产品实际研制负责人是原告某仪器公司，其只负责提供新产品的技术设计和技术指导，不对产品的实施和开发负责。法院经审理认为，系争合同的属性，应当按照合同约定的权利义务进行判断，本案中根据涉案合同第5条、第6条约定的双方权利义务分析，被告屈某为全部研发过程的主导人，对全部技术的研制、完整技术资料的提交以及后续技术的指导发挥着关键作用，而原告某仪器公司仅仅是提供相应的技术报酬，负责研究开发的辅助协作事项，据此认定涉案合同为技术委托开发合同，即当事人一方委托另一方进行新技术、新产品、新工艺或者新材料及其系统的研究开发所订立的合同，而非被告屈某主张的合作开发合同。

再如前文提到的某医药科技公司与某制药公司技术合作开发合同纠纷案[①]，同样涉及因合同属性不明确产生的争议。某制药公司与某医药科技公司于2009年3月签订《厄贝沙坦分散片合作协议》，约定由某制药公司投入已经取得的厄贝沙坦分散片的临床批件，某医药科技公司投入临床试验、申报、申请所涉及的一切相关费用。在协议履行过程中，某医药科技公司调查发现，某制药公司私自生产并向市场销售双方的协议产品即厄贝沙坦分散片，该行为已经构成严重违约，应承担相应的违约和赔偿责任，据此，某医药科技公司将某制药公司诉至法院。某制药公司提起反诉，辩称双方之间系买卖合同关系。法院经审理认为，无论是从涉案协议的名称还是从协议内容来看，双方当事人之间不仅仅是某制药公司作为出卖人转移标的物所有权给某医药科技公司，某医药科技公司作为买受人支付相应对价的买卖合同关系。双方之间的协议内容重点突出的是技术研究开发和合作生产销售的特点，包括对合作与分工、研发成果及知识产权归属、研发成果的使用及利益分配的具体约定，其

---

① 山东省高级人民法院（2016）鲁民终32号民事判决书。

具备了技术合作开发合同的合同属性及特征，涉案合同认定为技术合作开发合同更为妥当，而某制药公司主张的产品销售关系，仅仅作为涉案合同约定业务当中的一个环节，而非对整个合同性质的描述。

从上述案例我们可以观察到，对技术类知识产权开发合同属性的准确判断，对合同双方当事人的权利义务有着重要的约束作用，法院必须结合合同内容谨慎地进行评价，避免出现放任合同一方当事人投机取巧、违背诚实信用原则的情形。

技术类知识产权转让合同中，因对合同属性的理解产生分歧引发纠纷的情况也广泛存在，对合同属性准确认定的重要性在转让合同中同样适用，影响着合同双方权利的行使和义务的履行。在某医药公司与某药业公司技术转让合同纠纷案①中，一审被告某医药公司对一审法院认定涉案合同性质为技术转让合同的判决不服，上诉称本案涉案合同性质应属于技术合作开发合同，双方事实上形成的是合作开发关系，进行合作开发。被上诉人某药业公司则辩称，一审认定涉案合同系技术转让合同正确。基于双方对于本案合同属性的争议，法院经审理认为，“技术转让合同”是指合法拥有技术的权利人，包括其他有权对外转让技术的人，将现有特定的专利、专利申请、技术秘密的相关权利让与他人，或者许可他人实施、使用所订立的合同。在本案中，双方当事人签订的合同名为《技术转让（技术秘密）合同》，其中让与人向受让人提供实施技术的专用设备、原材料或者提供有关的技术咨询、技术服务的约定，属于技术转让合同的组成部分，由此产生的纠纷，按照技术转让合同处理。涉案合同不仅约定转让涉案技术，还约定了进行技术指导等问题，合同应当属于技术转让合同。根据本案合同的属性及履行情况，二审法院认定一审法院判决结果正确，予以维持。

（二）技术开发合同纠纷

有学者认为，从广义上讲，知识产权开发合同包括技术开发合同和

---

① 山东省高级人民（2018）鲁民终994号民事判决书。

委托创作作品的合同，而我国原《合同法》中只有针对技术开发合同的条款，没有针对委托创作合同作出相关规定。[①] 在技术类知识产权开发合同中，较少涉及委托创作合同类型，故在此主要探讨技术开发合同。技术开发合同针对的是尚未研究开发完备的技术类知识成果。鉴于技术开发合同在订立时技术成果仍处在有待开发的阶段，若双方在合同中约定不明确或者没有约定，技术成果研究完成后，极易就该标的成果的知识产权权属发生争议和纠纷。此外，技术开发合同中所涉技术或合同本身可能存在因违反法律法规的相关规定而导致合同无效的纠纷、技术开发风险责任承担主体纠纷，也都成为司法实践中技术开发合同纠纷的常见类型。

具体而言，技术开发合同纠纷中，最典型的纠纷缘由是对技术成果的知识产权权属约定不明或没有约定。前已述及，我国《民法典》规定技术开发合同既可以是委托开发合同，也可以是合作开发合同。不论是委托开发技术还是合作开发技术，都涉及不同主体的合作与分工问题，各主体都对技术成果的研究开发付出了人力或物力，也会尽可能追求对等的回报，通常情况下体现在对技术成果的知识产权权属的追求上。同时，技术开发合同往往涉及对技术成果的后续合作开发等问题，这都造成技术类知识产权开发合同中涉及的纠纷往往与知识产权权属问题相关。在合同订立时双方对于技术类知识产权的归属没有约定、约定不明确或者不完善，会导致该技术成果的知识产权归属约定出现空白或模糊，引发纠纷。此处讨论的纠纷风险与第一部分中探讨的技术类知识产权权属纠纷风险相衔接，在纠纷的应对和处理上也可以参考第一部分的内容。

第二种可能引起技术类知识产权开发合同无效的风险，是约定开发的技术合同违反法律法规的规定，进而导致合同无效的情形。由于技术开发前与技术完成后面对的客观情形和法律环境不同，一旦出现此种风

① 张耕：《知识产权民事诉讼研究》，法律出版社2004年版，第294页。

险导致技术合同无效，各方主体都可能承担一定的损失。在委托开发技术合同中，技术委托方承担的风险在于，因委托开发的技术违反法律法规的规定，即使有了研发成果也无法进行生产或投入市场进行销售，其对该项技术所付出的委托研制费用和生产费用等成本无法得到回报，面临巨大的经济损失；对于技术开发方来说，由于研究开发的技术成果在实践中无法进行生产或销售，合同目的无法实现，其面临委托方要求退还委托研制费用的风险，开发方为该技术成果所投入的脑力工作和时间成本也无法得到回报。

第三类风险是在技术开发完成后，技术成果出现风险时责任主体如何确定而引发的纠纷。该类纠纷并非技术成果本身出现问题，而是针对技术成果出现问题时该由哪方主体来承担责任。例如，在委托开发合同中，当一项技术产品涉及人身安全时，技术成果开发完成并投入使用后一旦造成人身伤害，该损害赔偿责任由技术委托方还是开发方承担，或在两方主体之间如何分配责任，都是容易引发纠纷的问题。

（三）技术转让合同纠纷

技术成果的转让是科学技术获得广泛运用、有效推广的重要方式。在技术转让合同中，涉及约定交付的技术与实际交付的技术两种客体，合同目的的实现更加强调双方义务的履行。《民法典》第870条规定，技术转让合同的让与人和技术许可合同的许可人应当保证自己是所提供的技术的合法拥有者，并保证所提供的技术完整、无误、有效，能够达到约定的目标。该条规定了转让方或许可方应当尽到的义务，既要保证自己的转让或许可的技术的处分权没有瑕疵，也要保证转让或许可的技术符合合同的约定。对于技术的受让方而言，其承担的主要义务是按照约定使用技术、支付相应的技术使用费，在有特殊要求的情况下还需承担保密义务。

在司法实务中，技术转让方是否按照合同约定转让技术类知识产权、实际转让的技术类知识产权是否与合同中约定的技术类知识产权相一致，技术受让方是否按照约定使用标的技术成果、是否支付技术类知识产权使用费、是否履行保密义务，都是技术类知识产权转让合同常见的法律纠纷风险。这些法律风险的本质仍是因当事人未按照合同约定履行义务，可以纳入一般合同法律风险中“因违反合同约定”而引起的合同纠纷范畴，在此不再加以赘述。需要注意的是，基于技术类知识产权转让合同自身的特殊性，在转让合同中存在几种特殊的法律风险。

首先，技术转让合同的转让方对转让技术类知识产权须有相应的处分权，有权进行转让。即使技术转让方在未取得技术类知识产权处分权时主观上没有恶意，订立技术转让合同后积极协助受让方取得相应技术类知识产权，但因客观上其不具有法律规定的处分权，该处分行为仍可能被推定为欺诈，转让方不仅要承担合同违约赔偿，还可能面临欺诈行为的法律责任。对于受让方而言，在支付使用费后，受让方可能已经着手进行生产或生产准备，作出了一定的经济和人力投入，但因转让方权利上的瑕疵而导致其不能取得该技术类知识产权的实际所有权或实施权，也会遭受一定的经济损失。

其次，对于需要特定的技术转让手续才能进行转让的技术类知识产权，可能出现技术转让合同成立并生效，但实际技术类知识产权并未转移的风险。以专利为例，双方当事人在意思自治的前提下达成合意并签订合同，该专利转让合同有效并生效，但由于案件所涉专利的转让需要在国家专利主管部门进行登记和公告，而转让方未按照此流程进行转让，导致专利权不能有效转移。专利转让合同生效但专利权未转移，受让方未实际取得相应专利权，也会遭受损失。

在技术类知识产权转让后，技术成果的后续改进权利问题也容易产生纠纷。一方面，合同中转让方对技术成果的后续开发进行限制，不允许受让方对技术进行改进的不公平行为，极有可能导致合同因非法垄断技术、阻碍科技进步而无效；另一方面，转让方在取得受让方同意的前提下，出于对自身权益的合理保护，对技术成果的后续改进作出限制，即使双方主观认为这一约定不会垄断市场和阻碍技术发展，也存在被法院认定合同无效的可能，此时合同双方均须承担不利后果。在技术类知识产权转让合同中，合同双方不仅要考虑自身利益，同时也需要立足于我国科技进步发展的宏观立场，进行权利与义务的约定。

（四）技术许可合同纠纷

《民法典》第862条规定，技术许可合同是合法拥有技术的权利人，将现有特定的专利、技术秘密的相关权利许可他人实施、使用所订立的合同。《民法典》将技术许可合同从技术转让合同中分离，无论是从技术合同法理还是从技术合同保护实务来讲，这一修改都是适当的。不过，基于技术转让合同与许可合同实施的一些共同特点，《民法典》在涉及相关当事人义务、保密义务和违约责任方面，有一些相同的规定。[①] 在发生技术许可合同纠纷时，上述技术转让合同纠纷案件的处理策略同样适用于技术许可纠纷，在此不再赘述。

（五）技术咨询合同与技术服务合同纠纷

技术咨询合同中，提供咨询方又称作顾问方，具体的咨询服务包括就特定技术项目提供可行性论证、技术预测、专题技术调查、分析评价报告等。技术咨询合同与委托技术开发合同中委托方的义务有一定类似之处，例如委托方按照约定明确说明咨询的问题内容，说明问题提出的相关技术背景并提供必要的数据和资料以辅助顾问方进行参考，在顾问方解答问题或提供专业报告后及时接受，支付合同约定的相应报酬等。如果合同中有对保密范围和期限的特别约定，委托方在接受咨询成果后还应当严格按照约定，在保密期限内对涉密内容进行谨慎保管，承担保密责任。相应地，技术咨询合同中顾问方的主要义务是根据委托方提出的咨询问题，根据相关的技术背景、数据和资料，按照合同约定作出符

① 参见《民法典》第864条、第868条、第869条、第870条、第871条、第873条、第874条。

合标准的专业性、技术性解答或报告。委托方或顾问方未按照合同约定履行义务，仍是引起技术咨询合同纠纷最主要的原因。此外，在顾问方提出问题解决方案或专业技术报告后，需要注意以下几点容易引发技术咨询合同纠纷的情形：第一点是在未取得顾问方许可的前提下，委托方不能擅自使用或发表顾问方的知识成果，否则顾问方可能以侵犯著作权为名要求委托方进行损害赔偿；第二点是在接受顾问方咨询后，委托方按照该解答或报告作出的相关决策或技术研究而导致的风险或实际损害责任由谁承担的争议，这也是技术咨询合同中常见的法律纠纷。

技术服务合同与技术咨询合同类似，服务方也是以自己的专业技术或知识为委托方提供帮助。技术服务合同中委托方须按照合同约定为服务方提供便利的工作条件，配合服务方完成约定事项，接受服务方提供的技术工作成果并支付相应的报酬。服务方要按照合同约定完成服务内容，保证工作成果符合约定的质量和数量指标，解决委托方面临的相关技术问题。技术培训合同是技术服务合同中较为典型的一类，在技术培训合同中，除合同双方当事人都有可能面临对方违约的风险外，培训方如果难以提供证据，证明委托方或委托方指派的人员已经掌握培训的内容，则培训方还面临技术培训成果未达到合同约定的风险。

技术咨询合同和技术服务合同两类合同在实践中面临的风险大概率是由一方或双方违反合同约定的义务而造成的，依然属于前文所述的“违反合同约定”的问题。法院在审理过程中，可以参照一般合同违约纠纷的处理原则进行纠纷的解决，由违约方承担过错责任或根据公平原则在双方之间合理分配责任，同时也要遵循技术合同促进科技进步、推动技术发展的理念，尽可能维护技术合同的继续履行。

（六）技术类知识产权交易合同纠纷的实证分析

除前面分析的与一般合同纠纷相同的特征外，技术类知识产权交易合同纠纷还具有自身的“技术性”特性，在技术开发合同、技术转让合同、技术许可合同、技术咨询合同和技术服务合同中都有不同的体现。本部分内容旨在整理不同类型的技术类知识产权交易合同中具有典型代表性的合同纠纷，以更具体详细地了解技术类知识产权交易合同的独特性。

1. 技术类知识产权开发合同纠纷

（1）成果权属未约定或约定不明的风险

在技术类知识产权开发合同中，不论是委托开发合同还是合作开发合同，因合同订立时缺乏明确的权属约定而导致技术成果的产权归属发生纠纷的情况经常发生。

第一类权属纠纷是发生在一方当事人内部，在单位与本单位人员内部之间发生纠纷。以某钢杆公司与张某、李某专利权权属纠纷案①为例，某钢杆公司作为委托方、某科技大学航天与材料工程学院作为受托方，于2005年5月28日签订了系列复合材料芯铝绞线及金具研制技术开发合同（以下简称“第一份委托开发合同”）一份，张某在甲方某钢杆公司委托代理人一栏签字，李某在甲方某钢杆公司联系人一栏签字。该合同明确约定了研究过程中及最终产生的技术成果及由此申请的专利权属由某钢杆公司及某科技大学共有。此后，张某与李某等人就相同的技术委托相同的受托方签订了关于“系列复合材料芯铝绞线及金具研制”的技术开发合同（以下简称“第二份委托开发合同”），将委托开发合同的委托方约定为张某、李某等人。2007年4月16日，申请专利时，李某、张某将某钢杆公司名称换为自己的名字，导致涉案专利的专利权人改为李某、张某等主体。某钢杆公司认为，李某、张某的行为剽窃了某钢杆公司的技术成果，故诉至法院，请求确认涉案专利的专利权人为某钢杆公司。法院经审理查明，第二份委托开发合同系倒签形成，其真实的签订时间并非合同上显示的时间，且张某、李某并未对涉案专利的研发作出实质性的贡献，法院最终认定第二份委托开发合同属于以合法形式掩盖非法目的的无效合同，涉案专利权人应为某钢杆公司与某科技大学。

① 江苏省高级人民法院（2014）苏知民终字第0048号民事判决书。

第二类权属纠纷是发生在合同双方当事人之间，即就涉案技术成果产权应当归属于哪一方当事人而产生的争议，这一风险可能是因一方违反合同约定导致，也可能是由合同中未约定或约定不明引起的。一方违约导致的技术开发合同权属纠纷，以深圳某公司与广东某公司专利申请权权属纠纷案①为例，原告深圳某公司与被告广东某公司于 2014 年 8 月 30 日签订技术开发委托合同，约定由被告委托原告开发“等离子电磁传动式旋转枪头”，该合同第 14 条第（2）项约定，研究开发产品的专利及相关知识产权归属甲乙双方共同所有。2015 年 1 月 12 日，被告向国家知识产权局申请名称为“一种等离子电磁式旋转喷枪”的发明专利，原告深圳某公司认为该项申请的核心内容即双方技术开发合同约定的项目，故请求法院认定原告是涉案发明专利的申请权人。法院经审理认为，原告、被告双方签订的涉案技术开发合同是双方真实意思表示且没有违反法律强制性规定，是合法有效的，合同中明确了涉案专利的申请权利归属原告、被告双方共同所有，被告以单方名义申请专利的行为违反合同约定。因技术开发合同中对技术成果相关的知识产权没有约定或约定不明造成的法律纠纷，可以参考前文的宁德某科技有限公司与深圳市某机器人有限公司专利权权属纠纷案②，双方就涉案合同第 7.7 条相关用语的含义产生分歧，对该条款中“技术参数、设计标准等技术数据、图纸、规格”的理解不同，直接影响了涉案专利权在双方之间的归属问题。法院通过认定该条款为格式条款，结合合同的语句文义、合同目的、交易习惯以及诚实信用原则，作出不利于提供格式条款一方的解释，对诉争专利权的权属作出了判断。

（2）因技术合同涉及无效引发的纠纷

在技术开发中，可能存在合同本身因违反法律法规的强制性规定而无效，或因客观条件或法律环境改变而导致开发的技术无效，进而造成

---

① 广东省广州知识产权法院（2017）粤 73 民初 197 号民事判决书。

② 广东省深圳市中级人民法院（2018）粤 03 民初 834 号民事判决书。

合同无效的情形，基于此些情形产生的法律纠纷也时常出现。某研究所与某制药公司技术合作开发合同纠纷案①中，某研究所于2004年4月28日与某制药公司签订了《联合开发新药“许氏烫伤灵”协议书》及《补充协议书》，约定双方联合开发“许氏烫伤灵”，某研究所以技术投入，某制药公司注入资金，所得利润诉讼双方按比例分配。该协议符合技术开发合同特征，为技术合作开发合同，双方系技术合作开发关系。某研究所认为，某制药公司在取得处方并可以依此处方自行生产后，单方提前解除协议，违反了合作协议约定，应当承担赔偿责任。某制药公司辩称，某研究所存在明显欺诈行为，双方签订的涉案合同无效，某制药公司已适当履行合同义务，不存在违约情形。法院审理认为，根据国务院于1998年10月25日颁布的《民办非企业单位登记管理暂行条例》第4条第2款规定，民办非企业单位不得从事营利性经营活动。在本案中，某研究所作为民办非企业单位，与某制药公司签订的涉案合同不但超出其业务范围，而且从事经营活动具有明显的营利目的，涉案技术合作开发合同因“违反法律、行政法规的强制性规定”而无效，双方签订的协议书自始没有法律效力，故判决驳回某研究所的诉讼请求。

在钦州某公司与北京某大学技术合同纠纷案②中，2008年10月8日，中国有色金属工业协会在北京某大学召开由北京某公司、北京某大学等单位完成的“钒钛磁铁砂矿综合利用技术”科技成果鉴定会。随后，中国有色金属工业协会出具了《鉴定证书》，其中记载成果名称为“钒钛磁铁砂矿综合利用技术”，完成单位为北京某公司和北京某大学，鉴定形式为会议鉴定。2009年3月3日，北京某公司、北京某大学申请名称为“从钒钛磁铁矿砂中直接制取铁和钒钛铝合金的工业化生产方法”的发明专利，并于2011年6月15日获得授权，专利权人为北京某公司、北京某大学，发明人为卢某。2010年3月30日，香港某公司作为

---

① 福建省高级人民法院（2007）闽民终字第395号民事判决书。

② 最高人民法院（2015）民三终字第8号民事判决书。

甲方与乙方北京某公司签订《技术使用合同》，约定香港某公司以人民币 700 万元的价格取得北京某公司滨海钒钛磁铁矿砂半工业试验技术成果使用权。2010 年 4 月 10 日，香港某公司与广西钦州市人民政府签订协议，决定将钒钛铁分离技术工业化示范项目落户钦州，2011 年 6 月 24 日以香港某公司为股东在中国大陆成立独资企业钦州某公司。2010 年 8 月 10 日，甲方钦州某公司作为委托方与乙方北京某大学作为受托方在北京某大学签订了《技术开发（委托）合同》，合同约定双方共同研究开发钒钛铁分离技术工业化示范项目。此外，双方还签订了《技术开发（委托）合同》的技术附件、合同附件（1）、合同附件（2）。2011 年 1 月 28 日，广西环境保护厅出具《关于钦州某公司钒钛铁分离技术工业化示范项目（一期工程）环境影响报告书的批复》，认为环境影响预测结论基本可信。2012 年 12 月 24 日，中国有色金属工业协会在北京组织召开了由北京某大学、某公司编制的《示范项目补充报告》评审会，出具了《有色金属协会评审意见》，对该项目总体内容给予认可。2013 年 7 月 26 日，广西交通实业有限公司组织了钦州某钒钛磁铁矿项目技术交流会，并于 2013 年 8 月 1 日形成了《广西交通公司专家评审意见》，对项目的可行性和成果提出意见，北京某大学作出说明认为项目可行。2014 年 4 月 12 日，广西某会计师事务所有限公司出具了《审计报告》，其中记载：钦州某公司截至 2013 年 12 月 31 日已投入资金达人民币 248243194.45 元。此外，双方均认可钦州某公司为履行《技术开发（委托）合同》已实际向北京某大学支付了人民币 5796 万元。一审判决驳回钦州某公司全部诉讼请求，钦州某公司上诉请求撤销合同、赔偿损失。

本案所涉争议焦点如下：（1）北京某大学是否实施了欺诈行为；（2）钦州某公司是否因受欺诈而陷于错误判断，并在此基础上作出了违背其真意的意思表示。经审理，二审法院驳回上诉，维持原判，认定北京某大学不构成合同欺诈。

技术合作协议广泛存在于企业知识产权交易之中，技术效果取决于多方面的因素，在这一过程中，存在以下风险：（1）技术开发活动本身存在的风险；（2）商业判断风险；（3）司法鉴定的适用与效果。技术开发活动具有阶段性，其结果具有不确定性，研发阶段的不断递进不只是产量和规模的简单递增，更是不断克服已知和未知困难的复杂过程，技术开发活动中的某些困难可能难以预见、难以预防、难以控制、难以克服。每一个研发阶段的成功都只是为后续研发提供了基础性条件，至于下一个研发阶段是否亦能成功，乃至于技术成果能否最终获得，都不可确知。在该案中，涉案合同是关于钒钛磁铁砂矿综合利用技术规模化工业试验阶段的技术开发合同，其所涉前续研发阶段是该项技术的半工业试验阶段，对于技术委托开发合同中受托方欺诈行为的认定，必须尊重技术开发活动本身的特点和规律，区分技术开发的不同阶段，以合同签订之时的已知事实和受托方当时可以合理预知的情况作为判断其是否告知了虚假情况或隐瞒了真实情况的标准。法院从以下几点认定北京某大学没有实施欺诈行为：（1）北京某大学通过《鉴定证书》说明了钒钛磁铁砂矿综合利用技术半工业试验阶段的相关情况，《鉴定证书》真实合法；（2）北京某大学通过《示范项目申请报告》说明了其关于钒钛磁铁砂矿综合利用技术工业化试验项目的规划，结合报告具体语境，北京某大学未虚报中间产品，项目生产线的制造费用不同于整个技术开发成本，技术开发成本也不同于涉案合同价款，北京某大学未虚报技术开发成本。

北京某医药公司与潍坊某制药公司技术合作开发合同纠纷案①中也发生了同样的法律风险。在该案中，原告北京某医药公司与被告潍坊某制药公司在2009年3月签订《厄贝沙坦分散片合作协议》，约定潍坊某制药公司投入已经取得的厄贝沙坦分散片的临床批件，北京某医药公司投入临床试验、申报、申请所涉及的一切相关费用，双方共同办理厄贝沙坦分散片的生产批件，生产批件的知识产权在双方约定期内归北京某

① 山东省高级人民法院（2016）鲁民终32号民事判决书。

医药公司所有。后经北京某医药公司调查发现，潍坊某制药公司私自生产并向市场销售双方的协议产品厄贝沙坦分散片，该行为是严重违约行为，应当承担违约责任并赔偿损失。潍坊某制药公司主张，根据《药品管理法》第14条规定，因北京某医药公司无《药品经营许可证》，没有药品销售经营资格，不得经营药品，故涉案合同因违反法律规定而无效，其提出反诉请求法院确认涉案合同无效，由北京某医药公司赔偿经济损失。法院认为，技术合作开发合同并未对合作开发主体的资格作出强制性规定，双方均为适格主体，北京某医药公司并非直接的药品出卖人，而是通过具有相应资质的医药公司进行药品销售，其拥有涉案技术产品的总经销权，并未违反法律强制性规定，亦不存在以合法形式掩盖非法目的的情形，故认定涉案协议有效。

在王某与某通用机械厂委托开发合同纠纷案[①]中，某通用机械厂与王某签订技术开发合同，约定王某研制自行车节能电动装置，由某通用机械厂提供技术设备及设计参数，在研制完成后进行验收并支付费用。合同签订后，《道路交通安全管理条例》于同年实行，规定自行车等不得安装机械动力装置，某通用机械厂遂向法院起诉，要求与王某解除合同并退还研制费用。法院经审理认为，涉案合同约定的自行车节能电动装置不符合《道路交通安全管理条例》的规定，属于机械动力装置，该技术违反法律规定，涉案合同无效，由王某返还相关研制费用。

上述几则案例中，不论法院最终认定争议合同是否有效，一旦涉及合同效力问题的认定，就会给双方当事人带来一定的风险。在合同订立过程中，应当尤其注意合同及标的技术是否存在违反法律、法规强制性规定的情形。

（3）技术成果风险责任主体的确定引发纠纷

技术类知识产权开发合同中对技术的研究开发大多是对未知领域的

① 参见许红峰：《技术合同案例评析》，知识产权出版社2007年版，第33页。

探索，尤其是在技术委托开发合同中，接受委托进行研究开发的技术方即使努力尽到合同约定义务，付出大量脑力劳动，投入专业知识、技术和能力，仍不能达到约定的技术成果标准，如果委托方不能举证证明受托方违反合同义务或存在过错，仅以技术开发未成功、合同目的未达成为由主张受托方违反合同约定，在司法实践中通常很难得到法院的支持。以某化工公司与某大学合同纠纷案①为例，2004—2007 年，双方签订了一系列技术开发合同，约定某化工公司委托某大学进行“红薯淀粉制备 APG 工艺开发”项目，技术目标是开发出至少一种以红薯淀粉为原料制备 APG 产品的生产工艺，某化工公司支付研究开发经费及报酬。由于红薯制备 APG 技术成果最终未能进行产业化生产，某化工公司认为 APG 技术产业化不成功系由某大学欺诈行为导致，引发了本案纠纷。最高人民法院二审认定，在技术开发合同履行中，若因不可克服的技术困难致使研发失败或部分失败的，该风险责任由当事人约定。没有约定或约定不明确的，由当事人合理分担。在本案中，双方合作项目最终技术研发失败，双方对风险责任均有所预期，但对责任分担约定不明，应当依法合理分担。法院从社会公正角度，认定双方在技术开发合同风险责任承担中存在权利义务失衡现象，应按照风险共担原则，各自承担 50% 的责任。

2. 技术类知识产权转让合同纠纷

（1）转让方无相应处分权而引发纠纷

在刘某与某投资公司专利权权属纠纷一案②中，刘某在某投资公司的设计院任工程项目设计经理，从事环保脱硫脱硝装置的研发、设计及图纸绘制审核工作，涉案专利系刘某执行某投资公司的工作任务所完成的职务发明。某投资公司发现在诉讼期间，刘某在其无权处分涉案专利权的情况下，擅自将涉案专利的专利权无偿转让给案外人河北某环保设备制造安装有限公司。法院经审理认为，刘某并不享有涉案职务发明的专利权，却

① 最高人民法院（2012）民二终字第 43 号民事判决书。

② 江苏省高级人民法院（2014）苏知民终字第 0103 号民事判决书。

以专利权人名义擅自将技术专利权转让给案外人，该转让行为违背诚实信用原则，涉案合同属于以合法方式掩盖非法目的，应当认定为无效。

德州某制药公司与 R 公司、H 公司技术转让合同纠纷案[①]既涉及技术转让后保密义务的履行，也涉及转让方处分权问题。在本案中，2004 年 12 月 27 日，德州某制药公司与 R 公司签订了《技术转让合同》（以下简称合同一），约定 R 公司将复方阿魏酸钠阿司匹林胶囊的生产、检验等相关技术及其该产品的所有权益一次性独家转让给德州某制药公司，德州某制药公司和 R 公司对本产品的处方、工艺等保守技术秘密。2005 年 4 月 10 日，R 公司与 H 公司就复方阿魏酸钠阿司匹林胶囊的技术转让事宜签订《技术转让合同》（以下简称合同二），约定 R 公司向 H 公司提供该项目的全套技术试验材料、产品的生产技术，直到取得生产批文。2008 年，德州某制药公司向法院提起诉讼，认为 R 公司违反合同一的约定，擅自将涉案技术转让给第三方，违反合同约定的保守技术秘密义务，使德州某制药公司独家获得这一生产技术的目的无法实现。法院经审理最终认定，R 公司行为违反合同一约定，导致德州某制药公司签订合同目的无法实现，属于根本违约，判决解除合同一。合同一依法解除，R 公司据此取得涉案技术的处分权，但自 R 公司与 H 公司签订合同至 H 公司提起诉讼之时，R 公司始终未取得涉案技术的处分权，且未能履行合同约定义务，合同二依法应认定无效。R 公司先后将相同的技术转让给德州某制药公司与 H 公司，致使 H 公司的合同目的无法实现，法院最终亦判决合同二依法予以解除，由 R 公司承担赔偿责任。

（2）技术转让合同生效但知识产权未转移的风险

《专利法》（2020）第 10 条第 3 款规定：“转让专利申请权和专利权的，当事人应当订立书面合同，并向国务院专利行政部门登记，由国务院专利行政部门予以公告，专利申请权或者专利权的转让自登记之日起

① 山东省高级人民法院（2009）鲁民三终字第 72 号民事判决书。

生效。”同时，根据《民法典》规定，技术转让合同在合同双方达成合意并签订时成立生效。因此，当事人办理登记，是技术类知识产权转移生效的要件，而非技术转让合同生效的要件。在实践中会出现技术转让合同生效，但技术类知识产权未实际发生移转，导致受让方不能实际取得相关技术类知识产权的问题。

在毕某与胡某专利技术转让合同纠纷一案①中，毕某与胡某于 2011 年 11 月 30 日签订《道路清雪机国家专利技术转让协议书》，约定由毕某将其所享有专利权的冰雪破碎清除机和冰雪清除机两项实用新型专利一次性转让给胡某，胡某同意以住宅楼的价款按照市场价格抵押。毕某主张其按照约定要求胡某以楼房抵偿转让费时，胡某以种种理由推脱，其行为构成违约，故向法院起诉请求胡某支付合同款项。法院经审理认为，双方签订的技术转让合同，是双方真实意思表示，依法成立并生效，双方应履行合同约定的具体义务，即胡某向毕某支付专利权转让费，毕某与胡某向国务院行政部门进行专利权转让登记。专利权转让合同成立即产生债权法律关系，而在国务院行政部门登记则会产生专利权属变动的结果。在本案中，专利权转让的未生效状态不会影响涉案专利转让合同的生效。由于合同签订后，双方未就专利转让事宜向国务院专利行政部门办理登记，胡某也没有按照协议约定向毕某支付专利转让价款，法院认为涉案专利转让合同并不存在法律规定的合同解除的事由及情形，双方应继续依约履行。

在某医药科技公司与某制药公司技术转让合同纠纷案②中，2014 年 8 月 8 日，某医药科技公司与某制药公司签署《神白散项目转让合同》，约定原告某医药科技公司将自己所有的“神白散”全部知识产权及使用权，包括“神白散”新药报批的主体资格，以优惠对价一次性转让给被告某制药公司，被告向原告支付对价款项。但合同签署后，被告某制药

① 黑龙江省高级人民法院（2014）黑知钟字第 12 号民事判决书。

② 北京市西城区人民法院（2015）西民（知）初字第 03140 号民事判决书。

公司既未按照合同约定支付履约保证金，也没有向原告支付第一期转让款项，故原告诉至法院，请求法院判定被告违约。被告某制药公司辩称，涉案“神白散”转让须经过国家专利局登记才能生效，且新药技术转让有严格的法律程序，需要国家药监局层层审批，原告转让“神白散”的行为存在明显欺诈。法院经审理认为，依法成立的合同，对合同双方当事人具有法律上的约束力，当事人应当按照约定履行自己的义务。在本案中，双方签订合同是真实的意思表示，合同依法成立并生效，因原告认可涉案专利产品因时间届满未续费而失效，被告也没有证据证明涉案项目为专利产品，且有证据证明被告在签订合同之前对“神白散”项目的具体情况和临床试验效果是充分了解并明知的，故本案合同并不涉及专利权的转让，其生效无需履行登记手续，当事人应当按照约定全面履行自己的义务，法院以实际损失为基础，兼顾合同的履行情况、当事人的过错程度以及预期利益等综合因素，根据公平原则和诚实信用原则作出裁决，由合同双方当事人承担相应责任。

（3）技术的后续改进问题存在争议

在技术转让合同中，即使双方就技术后续改进问题达成合意使得合同成立，也可能因违反国家强制性规定而导致合同无效。在某药业公司与某医药技术公司技术转让合同纠纷案①中，某药业公司工作人员肖某多次与某医药技术公司的技术负责人牛某短信及邮件往来，最终双方就合同条款协商一致，2011 年 7 月 13 日肖某向牛某发送其认可并起草的“参灵健骨胶囊合同终稿”，某医药技术公司下载并盖章予以确认。该技术转让合同书约定，某医药技术公司同意转让其拥有的涉案技术项目，本项目的临床批件、专利和相关技术归某医药技术公司独家所有，其拥有该项目的后续改进权，后续改进的成果归其所有，某药业公司无权对该项目进行任何后续改进。法院在就本案中涉案合同效力进行认定时，

① 河北省高级人民法院（2012）冀民三终字第 131 号民事判决书。

认为技术转让合同按照法律规定可以约定让与人和受让人实施专利的范围，但不得限制技术竞争和技术发展。双方合同中对技术后续改进权利的约定，违反了法律的强制性规定，为无效条款，该条款的无效不影响合同其他条款权利义务的效力和履行。

除技术的后续改进权利条款可能因违反法律、法规的强制性规定而无效的情形外，合同双方可能就后续改进成果的权利归属产生纠纷。以王某与某科技公司、某电器公司专利权权属纠纷案①为例，2012 年 4 月 14 日，原告王某与被告某电器公司签订了《专有技术转让合同》，约定王某将其所有的专有技术排他性许可给某电器公司使用，并约定专有技术转让合同当事人参照专利实施许可合同，采取独占、排他、普通许可形式，双方当事人在本转让技术基础上作出的新的发明创造专利权归双方共同所有。另外，王某与某电器公司签订有《劳动合同》，王某作为公司员工按照指令展开各项活动。王某诉称，某电器公司利用雇佣关系，使王某无法获得涉案合同中约定的转让方的应有权益，且处于无法违背某电器公司指令的地位。同时，某电器公司为使用专有技术组建被告某科技公司作为涉案合同中约定的“项目股份公司”开展经营性活动，可以使用专有技术。某电器公司无视涉案合同关于后续改进成果的约定，指令王某进行专利申报，并指定被告某科技公司独自占有专有技术转化成果的专利所有权，剥夺了王某应有的专利共有权。法院经审理认为，涉案合同第 9 条是关于后续改进的条款，基于王某拥有较强的技术研发能力，为了限制王某私下与他人合作或双方合作失败后王某与他人合作，故将由此产生新的与涉案技术相关的发明创造确认为双方共有。涉案电磁阀专利技术是王某与某电器公司签订《劳动合同》之后，组建相应研发团队，利用某电器公司提供的资金、场地、设备等条件，在合同履行期间共同完成的发明创造，涉案专利并非双方“各自”在转让协议基础

① 浙江省金华市中级人民法院（2016）浙 07 民初 665 号民事判决书。

上作出的新发明创造，故《专有技术转让合同》不适用于本案。且王某在主观知悉涉案专利登记在某科技公司名下后，以实际行动默认了这一事实，印证了王某对该涉案专利归属某科技公司无异议，可以认定涉案专利归某科技公司所有。

3. 技术咨询合同纠纷

顾问方提供的专业咨询或报告，仅对委托方面临的问题或困境的解决提供一定的思路和参考，并非必然起到决定性作用。在技术咨询合同中，除合同双方另有约定外，委托方按照顾问方作出的符合合同约定的咨询报告或者意见作出的决策所造成的损失，应由委托方自己负责。①

在某玻璃公司与某大学技术咨询合同纠纷案②中，双方争议既涉及技术合同的属性，也涉及实施咨询成果后风险责任的承担主体问题。在该案中，原告某玻璃公司主张，其与被告某大学于 2015 年 3 月 31 日就原告日产一吨高铝玻璃全电熔炉项目签订了技术咨询合同，约定某大学向某玻璃公司提供技术服务，包括项目工艺图纸的设计、设备的制造，承诺质量标准达到国内先进水平等。协议签订后，某玻璃公司支付了项目设计、制作及咨询费用，某大学将设计图纸交付给某玻璃公司的关联公司上海某硅酸盐工程设计有限公司（以下简称某工程公司）定制了窑炉设备。设备定制完成运抵施工现场后即开始组装，并于 2016 年 7 月 7 日开始点火调试。7 月 25 日，熔炉发生严重漏料安全质量事故，高温的玻璃液体从板电极孔倾泻并引发严重火灾，导致原告厂房被烧毁、玻璃窑炉报废停产等重大损失。经有关专家论证，被告某大学制作的玻璃熔炉存在设计、制作上的重大缺陷是导致此次火灾的主要原因。某玻璃公司认为，从设备运输到厂房安装、点火直至事故发生，都是某大学的技术人员在现场实际操作，而某玻璃公司的人员尚未得到相关技术培训，且设备尚未按照约定交付验收，某大学理应全额赔偿窑炉因设计问题而

---

① 张耕：《知识产权民事诉讼研究》，法律出版社 2004 年版，第 302 页。

② 上海市黄浦区人民法院（2017）沪 0101 民初 9548 号民事判决书。

导致的损失。被告某大学辩称，本案是技术咨询合同纠纷，熔炉产品的全部设计和制造均由某工程公司承担，己方不存在设计制造窑炉设备的义务。而且，漏料事故发生早已超过技术咨询合同有效期，因某玻璃公司未按操作规范操作发生的事故与某大学及某工程公司均无关。

法院经审理认为，关于双方签订的合同性质，涉案合同名称是判断的初步证据，本案双方签订的合同名称为“技术咨询合同”，而原告主张涉案合同为技术咨询合同。根据《最高人民法院关于审理技术合同纠纷案件适用法律若干问题的解释》，技术合同名称与约定的权利义务关系不一致的，应当按照约定的权利义务内容，确定合同的类型和案由。原告某玻璃公司未提供约定的权利义务与合同名称不一致的相关证据，同时结合合同约定内容，难以推断被告负责设计、制作窑炉的结论，故该合同性质应当为技术咨询合同。关于事故责任的承担，涉案技术咨询合同明确合同有效期为一年，事故发生时已超过合同有效期，且原告某玻璃公司无法提供证据证明被告某大学存在现场指导中的违约行为，故法院认定原告的各项主张缺乏事实和法律依据，驳回原告请求。在本案中，无法证明技术咨询合同中顾问方提供的咨询报告存在违反约定的行为，当实施咨询报告成果发生风险或损害时，通常由委托人承担。

另一则因实施技术咨询报告发生风险而出现责任主体争议的典型案例是某机械制造有限公司与某研究院技术咨询合同纠纷案。[①] 本案中双方当事人签订技术咨询合同，约定由某研究院对某机械制造有限公司生产线改进及构配件材料调整等项目进行全面的分析、评估，某机械制造有限公司提供全部基础技术材料并保证技术材料的真实性和完整性，由某机械制造有限公司分批次向某研究院支付技术服务费用。合同签订后，某研究院依照合同约定，向某机械制造有限公司提供了专业的分析、评估报告，结论为该生产线改进技术较为成熟，某机械制造有限公司依约

---

① 四川省大英县人民法院（2017）川0923民初1771号民事判决书。

支付技术咨询费用，并按照该咨询报告对生产线进行改进和调整。在改进和调整过程中，因出现多个技术障碍，某机械制造有限公司的生产线比预计多停产数日，由该生产线生产的配件因材料问题导致合格率只有30%，故某机械制造有限公司向法院起诉，要求某研究院承担违约赔偿责任，退还技术咨询费用并赔偿损失。某研究院辩称，其已经按照合同约定履行技术咨询义务，某机械制造有限公司也已经接收并认可技术咨询报告，按照报告生产是某机械制造有限公司自行决策的事项，应当由其自行承担造成的损失。法院经审理认为，涉案合同中对于技术咨询报告实施的风险责任的承担约定不明确，委托人按照受托人符合约定要求的咨询报告和意见作出的决策造成的损失，由委托人承担，故驳回某机械制造有限公司的诉讼请求。①

在本案中，虽然涉案合同中约定“如任何一方不认真履行合同而导致双方损失，后果自负”，对损害赔偿的责任主体作出了一定的约定，但该约定旨在督促合同双方当事人依约履行义务，强调一方不认真履行合同义务时承担相应的违约责任，而不适用于此案情形，即受托方按照合同约定履行技术咨询义务后造成的对方损失。某机械制造有限公司主张由某研究院承担生产线的损失赔偿，缺少事实和法律依据，无法得到法院的支持。

4. 技术服务合同纠纷

由于技术服务的提供具有一定的抽象性和主观性，在技术服务合同中双方对技术服务目的的达成标准进行约定时，可能出现约定不明或判断标准不一致的情形。在某信息科技公司与某光电公司服务合同纠纷案②中，某信息科技公司于2012年6月11日与某光电公司签订《技术服务合同》，约定由某信息科技公司向某光电公司提供技术服务，服务期限自合同签订后至验收完毕，安装服务实施后，某信息科技公司提出验

① 参见程永顺：《技术合同判例》，知识产权出版社2010年版，第114页。

② 上海市第一中级人民法院（2014）沪一中民四（商）终字第687号民事判决书。

收报告并经某光电公司验收合格后系统稳定运行10天视为验收合格。某光电公司至迟应于安装实施服务完成后15个工作日内验收。合同签订后，某信息科技公司及时按约向某光电公司提供了相关技术服务，但某光电公司始终未按约支付款项，故向法院提起诉讼。被告某光电公司辩称，合同签订后，原告某信息科技公司虽开展了部分服务工作，但合同约定的系统迁移服务、储存设定服务均未及时完成，被告在《VPN及培训验收文档》中明确"暂不列入验收"，其付款条件尚未成就。法院认为，某信息科技公司已经提供相应证据证明其已按约向某光电公司提供了服务，并经某光电公司的验收确认。被告某光电公司认为原告未完成VPN及培训工作，但原告提供的《VPN及培训验收文档》显示，某光电公司对原告针对此项服务所作的工作均表示部署成功，并有相关人员签字确认。某光电公司并未提供原告针对此项服务有部分工作尚未完成的相应证据，因此其仅凭工作人员在验收文档上记载"暂不列入验收"而否认原告已完成服务，依据不足，故判决认定某光电公司违约，承担相应的赔偿责任。

在技术培训合同中，如果合同双方对合同目的达成的标准约定不明确，可能出现受托方无法证明委托方在接受培训后掌握培训内容，技术能力或水平已经达到合同目的的情形。在这种情况下，受托方可能承担不利后果。在吕某等诉某技术研究院技术服务合同纠纷案①中，2004年4月，原告吕某在某刊物中看到被告某技术研究院刊载的植物克隆技术、驱蚊香草的广告，遂到某技术研究院处学习植物克隆技术，并于2004年4月16日向某技术研究院交纳学习费用14000元。此后，某技术研究院向原告交付了《植物克隆技术手册》及驱蚊香草克隆技术资料，进行了一天半的培训。2004年7月26日，双方补签了《技术服务合同》，约定吕某一次性支付植物克隆技术费，并负有相应保密义务，某技术研究院

① 北京市第二中级人民法院（2004）二中民初字第12774号民事判决书。

安排1—2名人员对吕某进行技术培训，时间不限，学会为止，包教包会；某技术研究院培训吕某，直到合格并颁发结业证书。但吕某经学习后多次试制驱蚊香草均未成功，发现被告某技术研究院提供的植物克隆技术的出苗期为一个月至半年不等，驱蚊香草技术的驱蚊有效率仅为50%—80%，与广告承诺明显不符。原告吕某诉称某技术研究院是以欺诈的手段骗取吕某与之签订技术合同，对此应负法律责任，返还学习及相关费用。某技术研究院辩称，其广告宣传无虚假成分，双方签订合同真实有效且己方已经如约履行合同，不存在违约行为。法院经审理认为，虽涉案广告在驱蚊香草的驱蚊效果的描述上存在夸大之处，但不能仅以此就认定某技术研究院实施了欺诈行为。根据涉案合同约定，某技术研究院负有培训吕某的义务，由于其缺乏证据证明经过培训吕某可以独立掌握并实施涉案技术，也缺乏证据证明其对吕某的培训已经合格并向吕某颁发结业证书，因此某技术研究院的行为构成违约，应当赔偿相应的违约金。法院综合案件实际情况，认定涉案合同应终止履行，吕某负有对知悉的涉案技术的保密义务，而某技术研究院应酌情赔偿吕某因履行合同所造成的经济损失。

三、技术类知识产权侵权纠纷

技术类知识产权侵权纠纷，是指在没有事实及法律依据的情形下，他人非法实施知识产权人依法取得的技术类知识产权的行为，从而引起的法律纠纷，侵权者应当承担相应的法律责任。侵犯技术类知识产权的行为，会挫伤技术类知识产权人的创造积极性，妨碍科学技术的使用、推广和普及，不利于社会经济的发展和科学、文化的进步。因此，必须通过国家强制力进行规范和制约。以《专利法》为例，国家通过严格规范和惩治专利侵权行为，以维护专利权人权利，保障社会创新创造机制的正常运行。

技术类知识产权侵权行为的构成要件分为形式要件和实质要件两部

分，其中形式要件又分为客观要件和主观要件。首先，客观要件要求侵权者有非法实施他人合法有效的技术类知识产权的行为。具体而言，侵权者须为法律法规所认定的实施技术类知识产权的行为，该实施行为未经知识产权专有人的许可或授权，亦没有相关法律法规的依据，且该技术类知识产权在实施时为合法有效的状态。同时，主观要件要求侵权者主观上以生产经营为目的，非以生产经营为目的的实施行为，如专为科学研究和实验而使用有关专利的，不属于技术类知识产权侵权行为，因为技术类知识产权人的利益从根本上讲是通过专有性地占据市场份额、进行市场交易而取得的，他人以生产经营为目的实施该技术类知识产权，会对专有权人的经济利益造成侵害，影响专有权人的合法利益。其次，实质要件是对侵权者实施的技术成果是否属于标的技术类知识产权保护范围的判断，即侵权者实施的技术成果是否落入了专有权人所有的技术类知识产权的保护范围。对侵权行为实质要件的判断，往往需要结合专业领域的研究水平及专业技术人员的鉴定意见，进行专业的分析和对比。技术类知识产权侵权行为的法律责任包括民事责任，严重情形下还需承担行政责任甚至刑事责任，使侵权者承担惩戒性的不利后果。

（一）技术类知识产权侵权纠纷的常见类型

在司法实践中，专利侵权和技术秘密侵权是技术类知识产权侵权纠纷中最为常见的两种类型，以下也以这两类具有代表性的技术类知识产权侵权纠纷为典型，进行实证分析和防范策略的探讨。

1. 专利侵权纠纷

专利权具有排他性和专有性，是一项保护专利权人智力劳动成果的排他权利。专利侵权，是指未经专利权人许可，也没有法律依据，擅自以生产经营为目的，实施依法有效的专利的违法行为。侵犯发明专利和实用新型专利的行为，属于侵犯技术类知识产权的范畴，在此作统一的探讨。

从形式要件看，对于侵权者实施专利的侵权行为方式，《专利法》

（2020）第 11 条作了具体规定："发明和实用新型专利被授予后，除本法另有规定的以外，任何单位或者个人未经专利权人许可，都不得实施其专利，即不得为生产经营目的制造、使用、许诺销售、销售、进口其专利产品，或者使用其专利方法以及使用、许诺销售、销售、进口依照该专利方法直接获得的产品。"其中，以生产经营为目的非法制造、使用和销售专利产品的侵权性质在实践中最为常见，成为专利侵权的主要表现形式。同时，出于对社会公共利益的保护，在不影响专利权人合法权益的前提下，《专利法》（2020）第 75 条规定了不视为专利侵权的几种情形，包括专利权人自行或许可他人售出后的使用、销售等行为，在原有范围内继续使用的在先使用权，临时过境，专为科学研究和实验需要的使用，以及为提供行政审批所需要的信息，制造、使用、进口专利药品或专利医疗器械的，以及专门为其制造、进口专利药品或者专利医疗器械等行为。符合上述第 11 条规定的情形，又不能满足上述除外情形的，即构成专利侵权，须承担停止侵权行为和消除影响的责任。

被认定为专利侵权后，侵权人并非一定承担相应的赔偿责任。《专利法》（2020）第 77 条规定："为生产经营目的使用、许诺销售或者销售不知道是未经专利权人许可而制造并售出的专利侵权产品，能证明该产品合法来源的，不承担赔偿责任。"根据我国当前的立法规定，可以看出在确定行为人侵权责任时，不考虑行为人过错；在赔偿责任的认定中则适用过错责任原则，善意且不知情的销售或使用者不承担侵权赔偿的责任，赔偿责任的承担与否不影响侵权行为性质的判断。此外，如果受托方接受他人委托，按照委托人提供的技术方案对专利产品进行加工，没有证据证明受托人明知或应当知道加工的产品属于侵权专利产品，则受托人不承担侵权赔偿责任。

对侵权行为实质要件的判断，即解决涉案产品是否落入专利产品的保护范围，需要明确发明专利和实用新型专利的保护范围界限，这也是司法审判实践中最常涉及也是最为重要的核心问题。《专利法》（2020）

第 64 条第 1 款规定："发明或者实用新型专利权的保护范围以其权利要求的内容为准，说明书及附图可以用于解释权利要求的内容。"这表明我国对发明专利、实用新型专利保护范围的确定以权利要求书的内容为主要依据。

确定专利产品的保护范围后，还需要从技术特征上将涉案产品与专利产品进行比对分析，根据全面覆盖原则、等同原则、禁止反悔原则等，进行严格的比较。《最高人民法院关于审理侵犯专利权纠纷案件应用法律若干问题的解释》第 7 条对全面覆盖原则进行了阐释。该条规定："人民法院判定被诉侵权技术方案是否落入专利权的保护范围，应当审查权利人主张的权利要求所记载的全部技术特征。被诉侵权技术方案包含与权利要求记载的全部技术特征相同或者等同的技术特征的，人民法院应当认定其落入专利权的保护范围；被诉侵权技术方案的技术特征与权利要求记载的全部技术特征相比，缺少权利要求记载的一个以上的技术特征，或者有一个以上技术特征不相同也不等同的，人民法院应当认定其没有落入专利权的保护范围。"《最高人民法院关于审理专利纠纷案件适用法律问题的若干规定》（2020）第 13 条明确了等同特征的概念："专利权的保护范围应当以权利要求记载的全部技术特征所确定的范围为准，也包括与该技术特征相等同的特征所确定的范围。等同特征，是指与所记载的技术特征以基本相同的手段，实现基本相同的功能，达到基本相同的效果，并且本领域普通技术人员在被诉侵权行为发生时无需经过创造性劳动就能够联想到的特征。"禁止反悔原则规定在自 2010 年 1 月 1 日起施行的《最高人民法院关于审理侵犯专利权纠纷案件应用法律若干问题的解释》第 6 条有明确规定："专利申请人、专利权人在专利授权或者无效宣告程序中，通过对权利要求、说明书的修改或者意见陈述而放弃的技术方案，权利人在侵犯专利权纠纷案件中又将其纳入专利权保护范围的，人民法院不予支持。"这些规定对法院审理专利侵权案件提供了原则性的指导。

2. 技术秘密侵权纠纷

对技术秘密侵权纠纷进行审理的前提，是判断涉案权利是否属于技术秘密类知识产权。先从商业秘密这一概念入手，依据 2019 年修订的《反不正当竞争法》第 9 条第 3 款对“商业秘密”的法律定义，商业秘密是指不为公众所知悉、具有商业价值并经权利人采取相应保密措施的技术信息、经营信息等商业信息。商业秘密在不同行业和领域包含不同的内容。根据该条规定，商业秘密应当具有以下特征：非公知性、商业价值性、保密性。

非公知性，即商业秘密不为社会公众普遍知悉，《最高人民法院关于审理不正当竞争民事案件应用法律若干问题的解释》（2020）［以下简称《审理不正当竞争民事案件应用法律解释》（2020）］第 9 条列举了不构成不为公众所知悉的六种情形。① 2020 年 9 月 12 日起施行的《最高人民法院关于审理侵犯商业秘密民事案件适用法律若干问题的规定》（以下简称《审理商业秘密民事案件适用法律规定》）第 4 条则规定，具有下列情形之一的，人民法院可以认定有关信息为公众所知悉：（1）该信息在所属领域属于一般常识或者行业惯例的；（2）该信息仅涉及产品的尺寸、结构、材料、部件的简单组合等内容，所属领域的相关人员通过观察上市产品即可直接获得的；（3）该信息已经在公开出版物或者其他媒体上公开披露的；（4）该信息已通过公开的报告会、展览等方式公开的；（5）所属领域的相关人员从其他公开渠道可以获得该信息的。将为公众所知悉的信息进行整理、改进、加工后形成的新信息，符合本规定第 3 条规定的，应当认定该新信息不为公众所知悉。“知悉”不能只停留在“知晓”层面，而应理解为对相关技术或经营信息的完全了解和掌握。

---

① 具体内容是：（1）该信息为其所属技术或者经济领域的人的一般常识或者行业惯例；（2）该信息仅涉及产品的尺寸、结构、材料、部件的简单组合等内容，进入市场后相关公众通过观察产品即可直接获得；（3）该信息已经在公开出版物或者其他媒体上公开披露；（4）该信息已通过公开的报告会、展览等方式公开；（5）该信息从其他公开渠道可以获得；（6）该信息无需付出一定的代价而容易获得。

商业价值性，是指商业秘密具有现实的或潜在的经济性，能够为权利人在市场竞争中带来竞争优势和经济利益。《审理商业秘密民事案件适用法律规定》第7条规定："权利人请求保护的信息因不为公众所知悉而具有现实的或者潜在的商业价值的，人民法院经审查可以认定为反不正当竞争法第九条第四款所称的具有商业价值。生产经营活动中形成的阶段性成果符合前款规定的，人民法院经审查可以认定该成果具有商业价值。"根据《审理不正当竞争民事案件应用法律解释》（2020），法院在审理案件时，应当根据所涉信息载体的特性、权利人保密的意愿、保密措施的可识别程度、他人通过正当方式获得的难易程度等因素，认定权利人是否采取了保密措施。《审理商业秘密民事案件适用法律规定》则对上述规定进行了完善。其第5条规定，权利人为防止商业秘密泄露，在被诉侵权行为发生以前所采取的合理保密措施，人民法院应当认定为反不正当竞争法第九条第四款所称的相应保密措施。人民法院应当根据商业秘密及其载体的性质、商业秘密的商业价值、保密措施的可识别程度、保密措施与商业秘密的对应程度以及权利人的保密意愿等因素，认定权利人是否采取了相应保密措施。其第6条规定，具有下列情形之一，在正常情况下足以防止商业秘密泄露的，人民法院应当认定权利人采取了相应保密措施：（1）签订保密协议或者在合同中约定保密义务的；（2）通过章程、培训、规章制度、书面告知等方式，对能够接触、获取商业秘密的员工、前员工、供应商、客户、来访者等提出保密要求的；（3）对涉密的厂房、车间等生产经营场所限制来访者或者进行区分管理的；（4）以标记、分类、隔离、加密、封存、限制能够接触或者获取的人员范围等方式，对商业秘密及其载体进行区分和管理的；（5）对能够接触、获取商业秘密的计算机设备、电子设备、网络设备、存储设备、软件等，采取禁止或者限制使用、访问、存储、复制等措施的；（6）要求离职员工登记、返还、清除、销毁其接触或者获取的商业秘密及其载体，继续承担保密义务的；（7）采取其他合理保密措施的。

在商业秘密保护实践中，技术秘密占据了很大比重。根据《审理商业秘密民事案件适用法律规定》第1条规定，与技术有关的结构、原料、组分、配方、材料、样品、样式、植物新品种繁殖材料、工艺、方法或其步骤、算法、数据、计算机程序及其有关文档等信息，人民法院可以认定构成反不正当竞争法第九条第四款所称的技术信息。在商业秘密司法实践中，其通常体现为凭借经验或技能产生的，在工业化生产中适用的技术情报、数据或知识，包括产品配方、工艺流程、技术秘密、设计、图纸（含草图）、试验数据和记录、计算机程序等，而且这些技术信息尚未获得专利等其他知识产权法的保护。[①] 广义的技术秘密还包含涉及国家安全利益的国家技术秘密，其具有极强的保密性和国家专有性，侵犯国家技术秘密要承担更严重的法律责任。本书探讨的是狭义的技术秘密，即能够为一般企业或单位、个人所获得并采取技术保密措施，不为公众知悉并能够为权利人带来经济利益的设计、程序、配方、工艺等技术信息。作为商业秘密的重要组成部分，在判定涉案信息是否属于技术秘密时，同样需要从非公知性、商业价值性和保密性方面进行判断。

就技术秘密司法实践而言，在认定涉案信息属于技术秘密的基础上，法院还需结合侵犯技术秘密的手段和方式对侵权行为进行审理。《反不正当竞争法》第9条规定："经营者不得实施下列侵犯商业秘密的行为：（一）以盗窃、贿赂、欺诈、胁迫、电子侵入或者其他不正当手段获取权利人的商业秘密；（二）披露、使用或者允许他人使用以前项手段获取的权利人的商业秘密；（三）违反保密义务或者违反权利人有关保守商业秘密的要求，披露、使用或者允许他人使用其所掌握的商业秘密；（四）教唆、引诱、帮助他人违反保密义务或者违反权利人有关保守商业秘密的要求，获取、披露、使用或者允许他人使用权利人的商业秘密。"除经营者外，《反不正当竞争法》还对其他主体进行了规制，"经

① 齐敬思：《齐敬思谈技术秘密之——解读技术秘密》，载《中国发明与专利》2011年第9期。

营者以外的其他自然人、法人和非法人组织实施前款所列违法行为的，视为侵犯商业秘密”，“第三人明知或者应知商业秘密权利人的员工、前员工或者其他单位、个人实施本条第一款所列违法行为，仍获取、披露、使用或者允许他人使用该商业秘密的，视为侵犯商业秘密”。该法的规定为法院对侵犯技术秘密行为的判定提供了指导和依据。

（二）技术类知识产权侵权纠纷的实证分析

1. 专利侵权纠纷

专利权作为一种工业产权，需要通过市场交易实现其自身的价值，在判断专利侵权时，需要考虑侵权者主观上是否以生产经营为目的。以胡某诉某水环境办公室、某设计研究院侵犯实用新型专利权纠纷案①为例，原告胡某诉称，胡某是名称为“清除水面漂浮物装置”的实用新型专利的专利权人，该专利至今有效。原告于 2006 年 12 月 1 日发现位于北京市朝阳公园郡王府前的河段施工采用的是涉案专利技术，后胡某经调查发现该施工河段为“朝阳公园、红领巾公园水系连通工程”。胡某长期宣传推广涉案技术，未得到相应回复，故诉至法院请求认定某水环境办公室、某设计研究院侵犯其实用新型专利，并赔礼道歉。被告水环境办公室答辩理由之一，即涉案工程是出于社会公益，无任何生产经营目的，不符合专利侵权要件，不构成专利侵权行为。法院经审理认为，原告胡某享有“清除水面漂浮物装置”实用新型专利并现仍有效，受我国专利法保护，任何单位或个人未经其许可，不得以生产经营为目的制造、使用、许诺销售、销售、进口其专利产品，在本案中，法院经技术对比及现场勘验，确认涉案工程的必要技术特征与涉案专利权利要求的必要技术特征有所不同，未落入胡某专利保护范围中，故两被告的行为不构成专利侵权。虽然案件的主要争议点在于两项专利产品的对比上，但从某水环境办公室的答辩以及法院审理态度仍可以看出，“以生产经

---

① 北京市第二中级人民法院（2009）二中民初字第 7441 号民事判决书。

营为目的”是判断专利侵权与否的关键条件。

过错责任与无过错责任相结合的认定方式，决定了在专利侵权案件中，赔偿责任的承担与否不影响侵权行为的认定。作为专利侵权产品的销售者，如果能够提供证据证明侵权产品的合法来源，证明自己是善意且对销售产品系侵犯专利权的产品这一事实不知情，就可以免除赔偿损失责任，反之，应当承担停止侵权、赔偿损失的民事责任。以陈某诉裴某侵犯实用新型专利权纠纷案①为例，原告陈某主张，2001 年 7 月 24 日，其向国家知识产权局提出“一种衣架推拉装置”的实用新型专利申请，国家知识产权局于 2002 年 10 月 2 日授予其实用新型专利权。被告裴某未经专利权人陈某许可，擅自在市场上大量销售领带架，该产品是与涉案实用新型专利技术方案相同的侵权产品，裴某未经许可擅自销售产品结构与原告陈某实用新型专利的权利要求一致的技术产品，构成侵权，诉请法院判令裴某停止侵权行为，赔偿陈某经济损失。裴某答辩称，自己不知道所销售的产品为侵权产品，其只是从某建材市场购买后进行销售，并不知道被控侵权产品由谁生产。法院根据双方当事人的陈述、举证及质证意见，查明原告陈某于 2002 年 10 月 2 日获得的涉案实用新型专利权现仍合法有效，受我国专利法保护。被告裴某作为北京某五金商行的经营者，应对其销售的产品负责。由于被控侵权产品由裴某在其经营场所内销售，且裴某未提交证据证明被控侵权产品的合法来源，其作为销售者，销售涉案侵权产品的行为构成对陈某专利权的侵犯，应停止侵权行为，并赔偿相应的损失。同时，二审法院还指出，如果裴某能够提供涉案侵权产品的合法来源，其应可以避免承担赔偿责任。

证明产品有合法来源，使用者至少应当证明涉案专利产品是通过合法渠道和连贯流程获得的。在某工程公司诉某工程总队发明专利权纠纷案②中，原告某工程公司是“底端带有夯扩头的混凝土桩的施工设备”

---

① 北京市高级人民法院（2009）高民终字第 5094 号民事判决书。

② 北京市高级人民法院（2009）高民终字第 3023 号民事判决书。

发明专利的权利人，其经调查发现，施工人即某工程总队在位于北京市丰台区六圈的道丰科技园商务区东区的地基基础施工中，有使用与某工程公司专利相同的设备的行为，故某工程公司认为某工程总队的行为侵犯其专利权，诉请法院判令某工程总队停止涉案侵权行为，赔偿经济损失。被告某工程总队辩称，其将地基工程分包给沧州市机械公司及欣程信达公司，在现场使用的被控侵权设备一部分是沧州市机械公司享有专利权的设备，一部分是欣程信达公司从他处购买的，某工程总队不是被控侵权设备的直接使用者，不应承担赔偿责任。法院认为，某工程公司作为涉案专利的专利权人，享有的专利权合法有效，而被控侵权产品具备涉案专利的全部必要技术特征落入涉案专利的保护范围。被告某工程总队作为该工程的承包方，是侵权产品的使用者，其主张侵权产品系由欣程信达公司购买，但提供的收据不能证明购买人为欣程信达公司，无法证明侵权产品的合法来源，故被告某工程总队的抗辩理由不成立，应当承担停止侵权和赔偿损失的民事责任。

接受委托方委托进行产品的加工时，如果能够证明受托方善意且不知情，仅仅是按照委托方提供的技术方案加工被控侵权产品，受托方无须承担赔偿责任。但如果受托方没有使用委托方提供的技术方案，而是自行设计技术方案制造、销售被控侵权产品，则受托方无法对侵权责任免责。在林某诉某机械配件厂侵犯实用新型专利权纠纷案[①]中，林某系涉案实用新型专利“环保节能生石灰消化器”和“镶嵌硬质合金块的高耐磨叶片”的专利权人。2009 年 1 月 9 日，林某发现某机械配件厂生产的产品使用了林某的上述两项专利技术，认为某机械配件厂非法使用林某的专利技术制造专利产品，并在明知侵权的情况下将侵权产品销售，已构成侵权，请求法院判令某机械配件厂停止侵权并赔偿损失、赔礼道歉。被告某机械配件厂辩称，其生产的生石灰消化器，是由于四川某集

① 北京市高级人民法院（2009）高民终字第 4471 号民事判决书。

团钢铁有限公司提出改造要求，由北京某商贸有限公司出资，某机械配件厂组织技术人员到四川某集团钢铁有限公司炼铁厂进行实物考察，回厂后根据考察结果并结合其他厂商生产的生石灰消化器工作原理进行改造的，不构成对涉案专利的侵权。法院认为，被控侵权产品与涉案专利的权利要求中保护的技术方案相比，存在的技术特征并无本质区别，某机械配件厂生产、销售的产品构成对林某专利权的侵犯。某机械配件厂虽主张其是为四川某集团钢铁有限公司炼钢厂改造的被控侵权产品，但某机械配件厂并非按照该炼钢厂的技术方案，而是按照自己的技术方案制造的被控侵权产品，因此认定被控侵权产品系由某机械配件厂制造的，某机械配件厂的行为构成对林某所有的涉案专利权的侵犯，应当承担停止侵权、赔偿损失的侵权责任。

全面覆盖原则、等同原则和禁止反悔原则，是法院在对被控侵权产品的技术特征与涉案专利产品的技术特征进行对比时运用的重要方法。以L公司与某制药公司侵害发明专利权纠纷案[①]为例，2013年7月25日，L公司向江苏省高级人民法院诉称，L公司拥有“制备一种噻吩并苯二氮杂化合物的方法”，该涉案专利方法制备的药物奥氮平为新产品。某制药公司使用落入涉案专利权保护范围的制备方法生产药物奥氮平并面向市场销售，侵害了L公司的涉案方法发明专利权，故请求法院判令某制药公司停止侵权行为、赔偿L公司经济损失并消除影响。某制药公司则主张，其按照国家药监局备案的“原料药生产工艺的研究资料及文献资料”中记载的工艺进行实验操作，可以实现化合物的制备，制造原料奥氮平。江苏省高级人民法院一审认为，L公司主张涉案方法专利涉及的奥氮平属于新产品，并对此作出了说明，某制药公司应当就该产品非新产品承担举证责任，但其未能在指定期限内提供证据证明涉案奥氮平在专利申请日前在中国市场上出现过，因此可以认定奥氮平属于我国

① 最高人民法院（2015）民三终字第1号民事判决书。

专利法规定的新产品，某制药公司应当就其生产奥氮平的方法不同于涉案专利方法承担举证责任。某制药公司主张其按照向国家药监局申报备案资料中记载的工艺方法进行生产，但上海市科技咨询服务中心出具的鉴定报告书证明该备案方法无法生产奥氮平，因此某制药公司应承担举证不能的法律后果，认定某制药公司对L公司构成专利侵权，并对赔偿金额进行了调整。原被告双方均对原审判决不服，上诉至最高人民法院。最高人民法院在判断某制药公司奥氮平制备工艺是否落入涉案专利权保护范围时，从三个方面进行考量：首先，关于涉案专利权的保护范围，L公司要求保护的涉案专利的权利要求采取开放式的撰写方式，其保护范围涵盖了所有采用特定元素的生成奥氮平的制备方法。其次，从某制药公司实际使用的奥氮平制备工艺来看，法院经过专业调查测验判断，某制药公司2008年补充备案工艺真实可信，2003年至涉案专利权到期日期间某制药公司一直使用2008年补充备案工艺的反应路线生产奥氮平。最后，判断L公司的侵权指控是否成立，对比某制药公司奥氮平制备工艺的反应路线和涉案方法专利，二者的区别在于反应步骤不同，关键中间体不同，因此某制药公司的奥氮平制备工艺与涉案专利方法不同，相应的技术特征也不属于基本相同的技术手段，达到的技术效果存在较大差异，未构成等同特征，最终认定某制药公司制备奥氮平工艺未侵犯L公司的发明专利权，对一审判决予以纠正。

在对比被诉侵权技术方案与涉案专利的权利要求时，不能仅进行形式上的对比，从文字表述层面判断侵权行为是否成立，而应进行实质性对比来认定两者是否属于相等同的两项技术特征。若被诉侵权技术方案与涉案专利的权利要求之间相区别的技术特征，不足以影响两者在技术效果上的基本类似，则法院仍可以认定两者构成等同。以某热陶瓷纺织公司诉某门窗厂侵犯发明专利权纠纷一案①为例，原告某热陶瓷纺织公

① 北京市高级人民法院（2009）高民终字第4721号民事判决书。

司为涉案“防火隔热卷帘用耐火纤维复合卷帘及其应用”发明专利权人，该专利于2000年4月28日申请，于2003年2月12日取得授权。2009年原告在第七届中国花卉博览会北京国际花卉物流港项目内发现大量由被告某门窗厂生产的防火卷帘。经比对，该防火卷帘覆盖了涉案发明专利的主要技术特征，构成等同侵权。故原告诉至法院，请求判令被告停止侵权，赔偿经济损失。法院经审理认为，涉案被控侵权防火卷帘产品的帘面与涉案专利相比，区别技术特征在于被控侵权产品的不锈钢钢丝绳在耐火纤维毯夹芯中间。但是，帘面中加入钢丝绳系起增强作用，其位置的改变不影响其技术效果的实现，因此被控侵权产品的上述特征属于以基本相同的手段，实现基本相同的功能，达到基本相同的效果，并且本领域的普通技术人员无需经过创造性劳动就能够联想到与涉案专利所记载的技术特征等同的特征，故被控侵权产品落入涉案专利保护范围，构成侵权。

被诉侵权方案与涉案专利权利要求相比，虽缺少某一必要技术特征，但该技术特征系通用部件的，被告仍可构成侵权。在沈某某诉某科技公司侵犯实用新型专利权纠纷案①中，原告沈某某系名称为“汽车地桩锁”的实用新型专利的专利权人，其发现被告生产、销售的手动小A锁、三角形锁等车位锁产品侵犯了沈某某的专利权。被告某科技公司辩称，其生产、销售的是自己拥有专利权的产品，被控侵权产品是往里折的，而涉案专利的汽车地桩锁是往外翻的，二者的技术特征有所区别。法院经审理认为，沈某某是涉案“汽车地桩锁”的专利权人，该专利处于合法有效的状态。涉案被控侵权产品与专利权利要求的区别特征在于专利权利要求包含锁具而涉案产品不包括，但就地桩锁而言，一般消费者购买被控产品后，为实现使用目的必然会购买锁具配合使用。尽管涉案产品未覆盖专利权利要求的全部技术特征，但在一般消费者购买锁具与涉案

---

① 北京市高级人民法院（2009）高民终字第4011号民事判决书。

产品配合使用时，即落入涉案专利权利要求的保护范围，某科技公司许诺销售涉案产品的行为构成对涉案专利权的侵犯。

在田某与某科技公司、某建材市场侵害实用新型专利权纠纷案①中，法院从专利产品技术效果、发明目的等方面进行实质性对比，认定被控侵权产品与涉案专利产品不构成等同。原告田某是“一种下水管返水装置”实用新型专利的专利权人。2008 年 12 月 11 日，田某在东方家园建材北厅购买了某科技公司生产的地漏一个，该地漏产品的下水管返水装置的技术特征与涉案专利技术特征近似，构成对涉案专利技术的侵权，故诉至法院，要求某科技公司、某建材市场承担停止侵权、公开赔礼道歉、消除影响的民事责任，并要求某科技公司销毁侵权产品及模具。法院认为，田某的实用新型专利权利要求中对涉案专利的说明为“一种下水管返水装置，其特征在于，该下水管返水装置由下水管杯形补芯，齿形隔栅蓄水槽组成；下水管杯形补芯上端为一有沿口的杯形管，下段为一截管芯，杯形管与管芯光滑连接；齿形隔栅蓄水槽上端为齿形隔栅，下部底端为半球体形状；齿形隔栅蓄水槽各齿端与杯形补芯的外端焊接为一个整体”。被控侵权的地漏产品的下水管返水装置与涉案专利都具有水封防臭的功能，但由于产品的构造不同，产生了不同的技术效果。两种产品的技术特征存在两点差异：其一在于被控侵权产品的构造使其进行清洗时不必将整体装置取出，与涉案专利相比具有不同的技术效果；其二在于涉案专利设计为齿形隔栅的目的是阻拦住头发、织物等污物，而被控侵权产品设计成半开口，目的是加大水的冲击力，将污物冲出蓄水槽，二者发明目的不同、技术效果也不同。据此法院认定涉案专利与被控侵权产品的技术方案不构成等同，驳回田某的诉讼请求。

2. 技术秘密侵权纠纷

技术秘密类知识产权案件中，法院首先需要结合技术秘密的构成要

① 北京市高级人民法院（2009）高民终字第 5390 号民事判决书。

件，判断涉案技术信息是否属于技术秘密。以某合成材料厂、某塑胶公司、某合成材料公司与某实业公司、陈某等侵害技术秘密纠纷案[①]为例，法院就涉案信息是否采取合理的保密措施进行判断，进而认定本案是否涉及侵犯技术秘密、能否获得《反不正当竞争法》的保护。在本案中，原告某合成材料厂、某塑胶公司、某合成材料公司三方只有明确涉案各项技术、经营信息形成的具体时间以及对应的权利人的情况下，才能确定其三方主张的各项涉案信息是否采取了合理的保密措施，构成商业秘密，但原告三方不能作出合理说明或证明，且三方原告主张共有之前，某合成材料公司作为涉案信息唯一权利人，提供证据不足以证明其就涉案信息采取了合理保密措施。因此，三方原告主张的涉案信息不构成《反不正当竞争法》规定的商业秘密，不能受到《反不正当竞争法》的保护。

在认定涉案信息属于技术秘密的基础上，判断是否构成技术秘密侵权，法院还需要结合具体侵犯技术秘密的手段和方式。以某机器制造公司与钟某等侵害商业秘密纠纷案[②]为例，案涉有关“CWE”系列行星螺杆挤出机等技术图纸由邹某等人设计，权利人为原告某机器制造公司。2004 年 1 月 11 日，某机器制造公司与钟某签订了《劳动合同》，聘请钟某担任生产部总监（后任厂长）。合同第 9 条约定，接触某机器制造公司核心商业秘密的钟某，在合同终止三年内，必须保守商业秘密，不得以任何形式从事与某机器制造公司相同的商业活动。2007 年 2 月 5 日，某机器制造公司与钟某签订《竞业禁止及保密合同》，同样约定了钟某应当严格履行保密义务。2009 年 3 月 23 日，钟某提交了《辞职书》，同月 29 日，双方解除劳动关系。2009 年 6 月 24 日，钟某等在上海市注册登记某制造公司，开始销售与某机器制造公司相同的多型号行星螺杆挤出机“三件套”产品。某机器制造公司发现后，认为钟某及某制造公司的行为侵害了自己的商业秘密，向法院起诉。法院经审理认为，依据

① 最高人民法院（2014）民三终字第 3 号民事判决书。

② 江西省高级人民法院（2015）赣民三终字第 22 号民事判决书。

《反不正当竞争法》对商业秘密的规定以及双方《竞业禁止及保密合同》中对商业秘密的约定，本案中“CWE”系列行星螺杆挤出机和核心部件“三件套”技术图纸均盖有“秘密印章”，并由相关人员保管，并非向涉密人员以外的人开放，不为其所属领域的其他人员普遍知悉和容易获得，符合秘密性的要求，认定案涉技术信息属于某机器制造公司的商业秘密。钟某曾在某机器制造公司担任生产总监、副厂长、厂长，具有接触案涉商业秘密的条件，钟某在辞职后三个月内就与妻子李某成立某制造公司开展与某机器制造公司具有竞争性的行星挤出机的生产销售，经鉴定，其生产的系列行星挤出机技术图纸与某公司的技术图纸出自同一个电子版原图，仅是在复制的图样上做了一些非关键性修改，产品的结构、工作原理、功能都没有实质性的改变和突破，据此认定钟某非法获取、复制并使用了某机器制造公司的技术图纸秘密，构成对某机器制造公司技术秘密的侵害，应承担相应的侵权赔偿责任。

在某机械公司、某科技开发公司侵害商业秘密纠纷案①中，法院对案涉客户信息和齿纹刀加工方法是否构成商业秘密进行认定，依据《反不正当竞争法》和《审理不正当竞争民事案件应用法律解释》规定，特殊客户信息作为商业秘密予以保护，不允许他人以不正当手段获取和使用。某科技开发公司涉案客户信息及加工方法不为其所属领域相关人员普遍知悉和获得，具有现实的商业价值，为保护以上的技术秘密及经营信息，某科技开发公司采取了制定公司保密制度、签订保密协议等与实际情况相适应的合理保密措施，符合《反不正当竞争法》及《审理不正当竞争民事案件应用法律解释》等相关法律规定，属于某科技开发公司的技术秘密。王某在某科技开发公司工作期间，掌握涉案技术秘密，但违反与某科技开发公司的保密协议，擅自在其经营的湖州林科公司使用该技术秘密，用于生产经营同类产品，侵犯了某科技开发公司的技术秘

① 黑龙江省高级人民法院（2018）黑民终636号民事判决书。

密，构成商业秘密侵权。某机械公司在已经预见职员使用某科技开发公司技术秘密进行经营活动的情况下，没有尽到应有的审查义务，法院认定其主观上具有过错，视为侵犯某科技开发公司的商业秘密。

四、技术类知识产权纠纷解决的对策与建议

（一）技术类知识产权纠纷解决的总体思路与原则

鉴于专利等案件特殊的专业性、高度的复杂性，全国人大常委会通过的《关于专利等知识产权案件诉讼程序若干问题的决定》（以下简称《决定》），将全国范围内原本归各地高级人民法院管辖的专业技术性较强的知识产权民事和行政二审案件的管辖权归为最高人民法院知识产权法庭，“建立国家层面知识产权案件上诉审理机制，是十九届中央全面深化改革领导小组第一次会议的重大部署，是激励和保护科技创新、营造良好营商环境、统一和规范裁判尺度的需要”。《决定》旨在实现知识产权效力判断与侵权判断两大诉讼程序和裁判标准的对接，有利于从机制上解决制约科技创新的裁判尺度不统一等问题。从我国对技术类知识产权纠纷解决的关注和重视，可以看出技术类知识产权在我国进步和发展中所处的日益重要的地位。

技术类知识产权发挥着激励技术产品创造者积极性、保护知识产权人的专有权利的直接作用和促进技术成果使用、传播和推广、推动社会进步和技术发展的宏观功能。考虑到技术类知识产权的价值功能，在解决技术类知识产权纠纷时，需要从利于发挥技术类知识产权作用的思路和原则出发，推动其功能的最大化实现。

首先，要尊重当事人意思自治，对于合法有效的合同，双方有约定的，优先按照约定进行处理。技术类知识产权纠纷属于知识产权纠纷的一类，归于民事纠纷的范畴，此类纠纷受民法基本原则的约束。解决当事人之间的争议事项，需查明相关合同中是否存在有关约定，有约定的，法院按照双方约定进行处理。

其次，对技术类知识产权纠纷的解决要秉持有利于技术发展和社会进步的原则，在技术产品研究阶段尽可能完成技术开发和研究工作，在技术成果交易阶段推动技术产品市场价值的实现，在技术产品应用阶段减轻对技术类知识产权的侵害程度，从而加速科技革新，提高我国技术发展水平。

最后，出现技术类知识产权纠纷时，不应仅依靠诉讼的方式通过法院予以审理，还可以通过协商、调解、仲裁等方式，在纠纷当事人之间进行谈判解决，实现矛盾解决的多元化。在双方自愿互谅的基础上，实现合作的继续进行，有利于促进技术类知识产权价值更好地实现。

（二）技术类知识产权权属纠纷的防范

从经济利益角度来讲，技术类知识产权是知识产权人的专有权利，作为一项无形财产，能够通过对其使用、实施以及市场交易等方式实现向有形财产的转化，为产权所有人带来一定的经济利益。对技术类知识产权权属的有效界定，可以明晰产权相关利益的分配关系，协调不同知识产权主体之间的利益冲突，减少实践中的经济纠纷，更好地发挥技术类知识产权的经济效益。从利用效益来看，技术类知识产权的归属，包括技术类知识产权由谁申请及归谁所有，可以直接影响到产权的利用、实施以及在该技术成果基础上进行创造而形成的后续权利的相关问题，明确的产权归属可以提高技术成果在实施或交易过程中的效率，减少或避免不必要的权属纠纷，提高技术成果的利用效率，发挥技术类知识产权的最大效益。基于此，须重视技术类知识产权权属的明确，在实践中尽量减少和防范权属纠纷的发生，尤其在委托开发、合作开发和职务关系等存在多个相关主体的情形中，应注意技术类知识产权在不同主体之间的分配和划归。

1. 委托开发技术成果的知识产权归属问题

按照《民法典》和《专利法》（2020）的规定，技术类知识产权的归属尊重委托方与被委托方之间的意思自治，按照约定优先的原则，首先根据当事人约定，确定技术类知识产权的申请权及所有权由谁行使。在确定技术成果的知识产权归谁所有时，如果双方当事人形成了合意，最好通过书面形式达成协议，对产权归属进行明确，一方面直接避免日后因产权归属发生纠纷，另一方面若纠纷产生也能够直接提供书面证据，以证明双方已就产权归属问题达成合意，形成真实的意思表示，为己方争取技术成果知识产权提供有力的保护。

根据《专利法》（2020），若双方未就技术成果的产权归属进行约定，则由受委托进行研究开发的一方享有专利的申请权。受委托开发方作为专利申请的合法主体，能够通过申请专利进而成为原始专利权的合法主体，因此，争取专利申请权对于取得专利权有预决性的作用。在委托开发技术成果的情形下，委托方若想取得专利权，应考虑专利申请权的归属。首先，最有效的方式还是协商、约定，在合同中明确；其次，若合同未约定或未与受委托方达成合意，产权并非必然归属于受委托方，委托方可以提供与受委托方的口头约定证据，或通过证明己方技术、资金的投入来主张自己为实际的研究开发方，提高获得专利申请权的可能性。

2. 合作开发技术成果的知识产权归属问题

在合作开发技术成果的产权归属上，仍遵循约定优先，由合作开发的当事人约定产权归谁所有。当事人若未对技术成果的产权作出约定或约定不明确，则申请专利的权利由合作开发方共同享有。但仅凭权利共有这一原则很难解决技术成果知识产权在申请、转让、交易等环节中的复杂问题，所以在合作开发合同中应当明确约定技术成果产权归属，并对其进行细化，以书面形式确定合作各方的权利义务，尽可能平衡各方利益。在权利共有的状态下，一方权利共有人要遵守合同约定及诚实信用的原则，注意己方权利界限，尤其在申请、转让或放弃技术成果的知识产权时，不得损害其他权利共有人的合法权益，且应给予其他权利共有人必要的补偿。

在合作开发技术成果的实践中可能存在一种情形，即开发技术成果的委托方亦参与了研究开发，在研究过程中进行了部分技术研发工作，应从客观而非主观上对技术成果的参与方进行认定。这种情形在本质上应当认定为委托方与受委托方的合作开发，该技术成果的知识产权应由双方共同享有。

3. 因职务形成的技术类知识产权归属问题

参照《专利法》（2020）第 6 条规定，对于涉及职务形成的技术类知识产权，认定该技术成果是否属于职务成果，应当严格按照相关法律规定，综合考虑成果完成人与所在单位之间的人事关系、成果完成人的工作任务与研发内容的相关性，以及是否是主要利用单位的物质技术条件完成的研究开发等多重因素进行判断。不符合其中任一条件，则会导致职务成果无法成立，技术成果的产权可能直接归员工所有。在司法实践中，作为提供物质技术条件的单位，要注意员工恶意将单位研发成果据为己有的情形，单位在进行成果研发前可以与员工协商产权归属，或在技术成果开发后尽快与员工就产权归属达成合意，以避免单位资产的损失；作为研究开发技术成果的员工，为实现自身利益的最大化，可以与所属单位进行协商，预先对技术成果的产权归属进行约定。这有利于调动员工研究开发的积极性，也有利于减少单位与员工之间因技术成果的产权归属而产生的矛盾与纠纷。

（三）技术类知识产权合同纠纷的防范

如前所述，与一般合同纠纷类似，在技术类知识产权交易合同中，违约是造成当事人利益受损的最主要风险。合同义务是否全面、及时地履行，是判断当事人是否违约的基本标准。预防或避免技术类知识产权交易合同纠纷，最首要的是降低合同相对方违反合同约定的可能性。一方面，从合同本身入手，明晰合同的属性和技术类知识产权合同的内容，明确界定双方的权利义务，使双方当事人了解自己签署合同的性质以及应当承担的合同义务，可以减少双方对基于真实意思表示订立的合同中内容的分歧，有效降低善意当事人的违约风险；另一方面，合同应当明确违反合同约定义务时应当承担的违约责任，以严苛的违约责任督促合同双方义务的履行。

在合同内容约定不明导致合同纠纷时，可以参照法律规定，利用合同解释的相关规则对合同内容进行诠释，必要时可以向有关部门或机关咨询，尽可能实现合同的继续履行。要求技术类知识产权合同违约方承担违约责任的方式与一般类型合同相同，主要为实际履行、支付违约金以及损失赔偿等，但对于因违约导致合同目的无法实现，已经构成根本违约的情形，当事人可以主张解除或终止合同，由违约方承担违约责任，在技术秘密领域，还应注意解除合同后违约方仍负有保密义务。

对于技术类知识产权开发合同，要注意提防涉案合同无效的风险，避免合同因违反《民法典》规定或因涉案技术违反法律法规而导致合同无效。在技术类知识产权转让及许可合同中，首先要判断权利转让方或许可方是否对涉案技术类知识产权享有处分权，以及被转让或许可的产权是否合法有效；其次要关注产权转让应履行的相关手续和步骤，需办理登记、公告等手续才能完成产权的转让，应督促义务人履行该项义务，实现产权的真正转移。

在技术类知识产权合同，尤其是技术咨询合同或技术服务合同中，需要注意合同内容或成果的著作权问题。作为提供技术咨询的顾问方，咨询报告能否发表、哪些内容可以发表、何时才能发表以及在哪些地区范围或专业领域可以发表，都需要按照合同约定，尊重委托方的意愿。在双方合同没有约定的情况下，顾问方应当尊重委托方的意愿，不得损害委托方的合法权益，也不应透露涉及委托方商业秘密的相关信息。委托方接受顾问方的专业咨询后，顾问方对其作出的问题解答或专业报告仍享有著作权，委托方未经顾问方同意，不得擅自使用或者发表该咨询成果。此外，签订技术服务合同类型中的技术培训合同时，要注意约定明晰技术培训完成的成果审查标准，避免因无法证明义务履行完毕或培训完成而造成不必要的损失。

（四）技术类知识产权侵权纠纷的防范

参照我国《专利法》规定[①]，判断专利类知识产权是否侵权，需要以权利要求书的内容为依据，观察侵权专利的技术特征是否与权利要求书中明确的技术特征相同或等同。专利的权利要求书所记载的技术特征的功能、效果、作用，以及说明书作出的说明，对于专利的保护范围有着十分重要的影响。在专利类知识产权侵权的风险防范中，对于专利持有方，最重要的就是通过权利要求书和说明书对专利保护范围进行确定，为了更完整、更有效地保护自己的专利不受非法侵害，权利人应当在权利要求书中对专利技术特征进行完整准确的描述，在说明书中作出清楚、完整的说明，尽可能扩大专利保护范围，更为全面地保护相关专利。法院对侵权技术方案与专利权利要求进行的是等同对比，对于不足以影响技术效果的基本类似，司法实践中法院往往认定两者构成等同。对于被诉侵权方，可以考虑从专利技术手段、技术效果、整体方案等标准，主张己方产品与涉案专利在实质上相区别，从而不构成专利侵权。

若被诉侵权产品是受他人委托进行加工的产品，没有证据证明受托人明知或应知该加工产品为侵权产品的，受托人不承担侵权赔偿责任；作为被诉侵权产品的销售方或制造方，可以通过证明涉案侵权产品的合法来源或渠道，以避免侵权赔偿责任的承担。在接受委托进行加工或制造、销售技术产品时，要注意技术产品的来源并保管证明产品渠道的相关票据，这对自己善意不知情的主观状态有一定的证明作用。

技术秘密具有不为所属领域其他人员普遍知悉和获得的特性，且能够为权利人带来一定的经济利益，需要注意的是技术秘密持有方须对该项技术秘密采取合理的保密措施，例如通过公司与员工签订保密协议、制定公司保密制度等方式，才能使技术秘密在认定上符合《反不正当竞争法》关于保密措施的法定要求。在技术秘密类知识产权侵权防范问题上，

---

① 《专利法》（2020）第11条、第64条。

"技术秘密"的认定对于产权的保护起着关键性的作用，技术秘密持有方通过提供证据证明该项技术的秘密性、商业价值性，证明已经采取合理措施对该项秘密进行保密，能够在诉讼中有效提高胜诉率，维护自身权益。

本章小结

信息技术的发展和技术水平的提高，为从事科学技术研究的科研人员和单位提出了新的挑战，他们需要更多的技术协作和战略合作来完成一项技术成果。与此同时，市场经济的发展和技术贸易的增加，使得技术成果进入交易市场的数量不断上升，技术类知识产权成为市场交易中重要的组成部分。技术协作的需要以及市场交易的进行，是导致技术类知识产权纠纷频发最直接的原因。因技术类知识产权的归属引发的权属纠纷、基于技术类知识产权合同而出现的合同争议、侵犯技术类知识产权导致的侵权纠纷，是常见和典型的技术类知识产权纠纷类型，本章也着重针对这些纠纷类型作出分析和整理。

技术类知识产权纠纷解决的途径具有多元性，诉讼、仲裁、调解和协商都是有效的纠纷化解方式。但就实证研究而言，仲裁通常具有保密性，仲裁的过程与仲裁结果在实践中难以获取，而调解和协商往往在非正式场合下进行，缺少客观数据统计和记录，因此本章集中于法院受理的技术类知识产权诉讼案件，对技术类知识产权纠纷通过诉讼方式解决的司法现状进行了总结和归纳。通过对法院具有代表性的司法判例的梳理，可以概括出容易引起技术类知识产权各类纠纷的原因，探讨我国司法审判实践对待技术类知识产权的态度和形势，并为防范技术类知识产权纠纷提供相应的建议。对技术类知识产权纠纷进行实证分析和研究，有利于对相关主体进行自身权利保护，防范侵权和被侵权风险，减少合同纠纷起到参考和借鉴的作用，激励我国科研人员对技术类产品的研究创造，完善我国技术类知识产权理论，实现技术类知识产权保护专有权人的直接目的和推动知识成果运用、推广，进而提高社会科学技术水平的最终目的。

参考文献

一、著作类

1. 冯晓青：《知识产权法利益平衡理论》，中国政法大学出版社 2006 年版。

2. 冯晓青：《知识产权法（第三版）》，中国政法大学出版社 2015 年版。

3. 冯晓青：《技术创新与企业知识产权战略》，知识产权出版社 2015 年版。

4. 许红峰：《技术合同案例评析（第二版）》，知识产权出版社 2007 年版。

5. 程永顺：《技术合同判例》，知识产权出版社 2010 年版。

6. 郜志雄：《专利技术转移机制》，中国时代经济出版社 2016 年版。

7. 郑成思：《知识产权论》，法律出版社 2003 年版。

8. 马碧玉：《专利权交易法律制度研究》，中国社会科学出版社 2016 年版。

9. 赵华：《智慧经营——企业知识产权管理实务》，科学技术文献出版社 2017 年版。

10. 张耕：《知识产权民事诉讼研究》，法律出版社 2004 年版。

11. 谭启平：《专利制度研究》，法律出版社 2005 年版。

12. 王肃：《企业知识产权管理》，知识产权出版社 2017 年版。

13. 王悦、张丽瑛：《知识产权运营融资与评估》，知识产权出版社 2017 年版。

14. 安雪梅:《知识产权管理》,法律出版社 2015 年版。

15. 任凤珍:《企业知识产权交易实施机制研究》,地质出版社 2016 年版。

16. 陈际红、王桂香:《专利运营实战解码丛书:专利保护》,知识产权出版社 2018 年版。

17. 冯晓青、江锋涛:《恒都知识产权案例研究》,中国政法大学出版社 2017 年版。

18. 北京科学技术协会:《企业知识产权运用引导与实践》,科学普及出版社 2016 年版。

19. 王淑芳:《企业的研究开发问题研究》,北京师范大学出版社 2010 年版。

20. 范长军:《德国专利法研究》,科学出版社 2011 年版。

21. 戴力新、郑宁、朱晨晨等:《技术交易服务规范及其应用》,东南大学出版社 2015 年版。

22. 肖延高等:《知识产权管理:理论与实践》,科学出版社 2016 年版。

23. 吴汉东:《知识产权基本问题研究》,中国人民大学出版社 2005 年版。

24. 蒋坡:《知识产权管理》,知识产权出版社 2007 年版。

25. 隋彭生:《合同法要义》,中国人民大学出版社 2015 年版。

26. 王利明:《违约责任论》,中国政法大学出版社 2003 年版。

27. 葛云松:《期前违约规则研究——兼论不安抗辩权》,中国政法大学出版社 2003 年版。

28. 李玉香:《科技成果转化法律问题研究》,知识产权出版社 2015 年版。

29. 冯晓青:《企业知识产权战略(第四版)》,知识产权出版社 2015 年版。

30. ［德］乌尔里希·贝克：《风险社会》，何博闻译，译林出版社2004年版。

二、期刊论文类

1. 周云祥：《论技术类知识产权保护方式的选择》，载《科技管理研究》2009年第5期。

2. 劳东燕：《风险社会与变动中的刑法理论》，载《中外法学》2014年第1期。

3. 张素华、孙畅：《合乘车法律规制的缺漏与完善路径——以风险社会理论为视角》，载《上海政法学院学报》2009年第3期。

4. 欧阳恩钱：《风险社会的经济法适应》，载《法学评论》2012年第11期。

5. 张友轩、于爱丽、刘冬、刘柱：《技术转移与交易的风险分析》，载《天津科技》2014年第11期。

6. 吴汉东：《知识产权的制度风险与法律控制》，载《法学研究》2012年第4期。

7. 田增瑞、段秉乾：《技术产权交易的风险规避及其监管体系研究》，载《研究与发展管理》2007年第2期。

8. 李文超：《基于知识产权管理体系的企业知识产权风险管理》，载《中国发明与专利》2017年第12期。

9. 张广良：《专利交易中的欺诈防范及救济》，载《中国发明与专利》2004年第3期。

10. 齐敬思：《齐敬思谈技术秘密之——解读技术秘密》，载《中国发明与专利》2011年第9期。

11. 李文江：《我国专利当然许可制度分析》，载《知识产权》2006年第6期。

12. 岳贤平、李廉水、顾海英：《专利交叉许可的微观机理研究》，载《情报理论与实践》2007年第3期。

13. 谢黎伟：《专利权质押设立制度之比较分析》，载《电子知识产权》2011 年第 7 期。

14. 李建伟：《瑕疵出资股东的资本充实责任》，载《人民司法》2008 年第 17 期。

15. 黄宏斌、苑泽明：《论我国高新技术企业知识产权融资问题与成因》，载《经济与法制》2011 年第 8 期。

16. 张冬、尹若凝：《专利运营风险与法律控制》，载《学术交流》2016 年第 1 期。

17. 李双利、魏大海：《合法来源条款文本新探》，载《中华商标》2011 年第 5 期。

18. 袁真富：《专利交易的风险调查——以法律风险为主要视角》，载《中国发明与专利》2009 年第 12 期。

19. 鲁瑛、蔡志勇、夏昕：《领先企业先进技术的专利跟踪预警》，载《数字图书馆论坛》2016 年第 11 期。

20. 宁军明：《知识溢出的机理分析》，载《科技与经济》2008 年第 3 期。

21. 吴亚娅：《我国技术交易市场现状与发展对策研究》，载《江苏科技信息》2018 年第 18 期。

22. 雷光继、林耕：《我国技术市场发展面临的机遇、问题和对策研究》，载《科学管理研究》2013 年第 10 期。

23. 姜慧敏、崔颖：《基于技术合同分析的我国技术交易发展现状与对策研究》，载《科技管理研究》2018 年第 19 期。

24. 吴寿仁：《科技成果转化若干热点问题解析（十四）——科研人员科技成果所有权探析》，载《科技中国》2018 年第 7 期。

25. 古村：《技术转移与知识产权问题》，载《科技创新与知识产权》2010 年第 12 期。

26. 林慧岳：《试论知识产权交易的市场化》，载《科学学研究》

1999 年第 4 期。

27. 王建萍：《技术合同中的违约责任问题》，载《成都大学学报（社科版）》1997 年第 2 期。

28. 戴建志：《尊重科学规律是技术合同审判的重要原则》，载《人民司法》2000 年第 1 期。

29. 李扬、蓝小燕：《引诱违约行为的反不正当竞争法评价》，载《知识产权》2018 年第 7 期。

30. 刘凯湘、张海峡：《论不可抗力》，载《法学研究》2000 年第 6 期。

31. 王利明：《预期违约与不安抗辩权》，载《华东政法大学学报》2016 年第 6 期。

32. 韩世远：《履行迟延的理论问题》，载《清华大学学报（哲学社会科学版）》2002 年第 4 期。

33. 冯晓青：《企业知识产权管理基本问题研究》，载《湖南社会科学》2010 年第 4 期。

34. 陈何嵩：《与技术合同有关的风险防范》，载《安徽科技》2008 年第 4 期。

35. 邓益志：《应对技术合同纠纷从签约开始》，载《中国发明与专利》2008 年第 4 期。

36. 雷舒雅、舒涛：《技术合同风险防范策略研究》，载《成都大学学报（社科版）》2013 年第 4 期。

37. 梁剑：《技术合同中的非对称信息问题研究》，载《西南大学学报（社会科学版）》2010 年第 1 期。

38. 广东省高级人民法院民三庭：《审理技术合同纠纷案件中难点热点问题综述》，载《人民司法》2013 年第 5 期。

39. 姚明斌：《违约金双重功能论》，载《清华法学》2016 年第 5 期。

40. 何薇：《技术合同违约责任探析》，载《中国科技信息》2010 年第 10 期。

41. 李军：《默示预期违约与不安抗辩权制度法系适应性之探讨》，载《政法论坛（中国政法大学学报）》2004 年第 4 期。

42. 王利明：《预期违约与不安抗辩权》，载《华东政法大学学报》2016 年第 6 期。

43. 冯晓青：《企业知识产权运营及其法律规制研究》，载《南京社会科学》2013 年第 6 期。

44. 魏宁、张伟玮：《产学研协同创新中的高校知识产权权属问题研究》，载《法制博览》2018 年第 15 期。

45. 王景、王淳佳：《技术转移中的知识产权问题探讨》，载《价值工程》2017 年第 2 期。

46. 张玲：《论职务发明创造与职务技术成果》，载《天津大学学报（社会科学版）》2000 年第 1 期。

47. 斯哥特·派克、陈兆霞：《职务发明英国相关法规之简介》，载《家电科技》2010 年第 6 期。

48. 刘涛、顾晓月：《从域外经验看我国职务发明制度的权属问题》，载《法制在线》2008 年第 4 期。

49. 毛明强、洪婧：《浙江大丰实业股份有限公司与解某专利申请权权属纠纷上诉案——离职后作出的发明创造专利申请权权属认定》，载《人民司法·案例》2016 年第 23 期。

50. 刘鑫：《论劳务派遣中职务发明的权利归属和利益分配——专利法和劳动法双重视角的探析》，载《电子知识产权》2015 年第 7 期。

51. 向波：《职务发明的判定及其权利归属问题研究——兼论〈专利法修改草案〉第 6 条的修改和完善》，载《知识产权》2016 年第 9 期。

52. 刘强、陈卉：《职务发明奖酬司法实证研究》，载《科技与法律》2017 年第 5 期。

53. 曹爱红：《职务科技成果所有权的法律归属研究》，载《科技中国》2018 年第 5 期。

54. 万浩、黄武双：《论国有科技成果权属制度——使用权“类所有权”化》，载《科技与法律》2019 年第 1 期。

55. 丁明磊：《地方探索职务科技成果权属混合所有制改革的思考和建议》，载《科学管理研究》2018 年第 1 期。

图书在版编目（CIP）数据

技术类知识产权交易的权利识别、侵权防范与违约责任／冯晓青等著．—北京：中国法制出版社，2021.3
ISBN 978-7-5216-1767-2

Ⅰ.①技… Ⅱ.①冯… Ⅲ.①知识产权-产权转让-研究-中国 Ⅳ.①D923.404

中国版本图书馆CIP数据核字（2021）第053866号

策划编辑：李小草　赵律玮　　责任编辑：王　熹　　封面设计：杨泽江

技术类知识产权交易的权利识别、侵权防范与违约责任

JISHULEI ZHISHI CHANQUAN JIAOYI DE QUANLI SHIBIE、QINQUAN FANGFAN YU WEIYUE ZEREN

著者/冯晓青等

经销/新华书店

印刷/三河市紫恒印装有限公司

开本/710毫米×1000毫米　16开　　印张/21.75　字数/270千

版次/2021年3月第1版　　2021年3月第1次印刷

中国法制出版社出版

书号 ISBN 978-7-5216-1767-2　　定价：78.00元

北京市西城区西便门西里甲16号西便门办公区

邮政编码100053　　传真：010-63141852

网址：http://www.zgfzs.com　　**编辑部电话：010-63141793**

市场营销部电话：010-63141612　　**印务部电话：010-63141606**

（如有印装质量问题，请与本社印务部联系。）